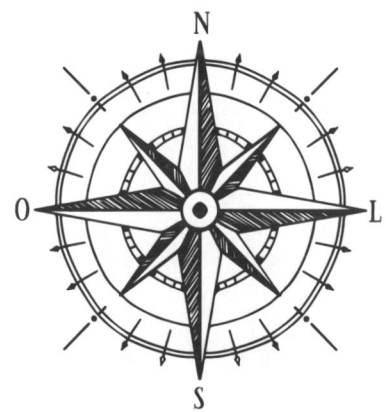

Mônica Barguil

MOCHILANDO COM AS DEUSAS

*Um guia para
a viajante solo*

Copyright © 2018 de Mônica Barguil
Todos os direitos desta edição reservados à Editora Labrador.

Coordenação editorial
Diana Szylit

Projeto gráfico, diagramação e capa
Felipe Rosa

Revisão
Rena Signer
Mariana Almeida
Tarsila Lucena

Foto da capa
CC Hua/Shayne Adam

Dados Internacionais de Catalogação na Publicação (CIP)
Angelica Ilacqua CRB-8/7057

Barguil, Mônica
   Mochilando com as deusas / Mônica Barguil. -- São Paulo : Labrador, 2018.
   208 p.

ISBN 978-85-87740-32-8

1. Mulheres 2. Feminismo 3. Mulheres - Psicologia 4. Deusas 5. Viagem 6. Mitologia I. Título

18-1864   CDD 305.42

Índice para catálogo sistemático:
1. Mulheres - Feminino

EDITORA
Labrador

Editora Labrador
Diretor editorial: Daniel Pinsky
Rua Dr. José Elias, 520 - Alto da Lapa
05083-030 - São Paulo - SP
+55 (11) 3641-7446
contato@editoralabrador.com.br
www.editoralabrador.com.br

A reprodução de qualquer parte desta obra é ilegal e configura uma apropriação indevida dos direitos intelectuais e patrimoniais da autora.

A editora não é responsável pelo conteúdo deste livro.
A autora conhece os fatos narrados, pelos quais é responsável, assim como se responsabiliza pelos juízos emitidos.

*Ao meu padrasto Helder:
você é muito mais do que um pai.*

Sumário

Agradecimentos 8

O mito e as mulheres 10

A viagem à Grécia 44

Ásia: Japão 80

África: Egito 110

Islândia 134

Epílogo: o fim (ou início) da jornada 166

Apêndice (arruma a mala aê) 188

Bibliografia 203

Agradecimentos

Às mulheres da minha vida:

Izete Ricelli, por me incentivar, admoestar, dar bronca e acolhida, acreditar num potencial que nem eu sabia que existia e ler mil vezes todas as modificações que fiz neste livro.

Rena Signer, por corrigir de maneira surreal este material, por nunca ter me elogiado, por me ensinar a me afastar quando eu não aguentava mais e me manter a uma distância segura para voltar renovada; por esperar quando eu caí na estrada e respeitar meu espaço.

Cláudia, que me recebe no Rio (sempre lindo), como amiga e amada, não somente prima de sangue.

Rita Vecchi, por cuidar do meu itinerário nas minhas viagens solo e se preocupar com cada destino que eu escolho. Por ser essa amiga-mãe-irmã e me incluir em sua família amada.

Maíra Vecchi, que me fez descobrir o que é amor incondicional.

Karen, por ser a melhor companheira de viagem que alguém pode ter.

Patrícia, Piedade e Vera (minha família portuguesa), por estarem sempre presentes em meus roteiros/viagens/escolhas, me animarem a fazer um *blog* de viagens e me incluírem nessa família além-mar. Por todo o amor que transborda nesse Atlântico.

Às minhas alunas (e alunos) que fizeram parte da minha vida, em especial Gisele e Sara, que permanecem. Amo vocês, minhas pequenas.

Maria Diva, que consolidou o meu amor pela língua francesa e me ensinou a ter paciência com meus erros. *Merci beaucoup, madame le professeur*.

Ana, por conversar comigo sobre os mais diversos assuntos e me emprestar livros, abrindo minha mente para universos jamais imaginados.

O livro que os acompanha é sobre destinos, deusas e relacionamentos. Tripulação, preparar para a decolagem!

Boa viagem a vocês, leitores.

O mito e as mulheres

A representação da Deusa está em muitos lugares: Maria, mãe de Deus, é uma delas; Isis, com Hórus no colo, inspirou quadros e pinturas de Maria com Jesus e, quem sabe, a história contada na tradição cristã. A *Pietà* (piedade, em português) é uma escultura de Michelangelo que representa Jesus morto, amparado pelos braços de Maria, e está presente de diversas formas na arte sacra, em quadros e esculturas. É um tema recorrente até na AGO, uma galeria de Arte Moderna de Toronto, no Canadá, na qual a *Pietà* é representada de uma forma não convencional: vemos um extraterrestre com uma criança no colo, e a criança é o mestre Yoda. Ressalto que não foi convencional para mim, porque fui criada na tradição cristã.

Mesmo com aquela imagem – a princípio bizarra –, eu reconheci a Deusa-mãe. Reconheci Maria, mãe de Deus. Ela representa uma ponte entre nós (mortais, que do pó viemos e ao pó retornaremos) e Deus. Ninguém pode chegar a Ele sozinho, por isso rogamos a Maria (como Nossa Senhora, Nazaré, Aparecida etc.) para que nos aproxime do Deus supremo. Assim, segundo Campbell (2017:270):

> Os deuses representam princípios místicos, possibilidades de experiência humana, e assumem formas diferentes em culturas diferentes, segundo o meio ambiente, a história e as exigências da cultura enquanto inflexão da vida espiritual. Assim como a própria forma humana sofre modificações variadas em diferentes partes do mundo, também os mitos que representam os níveis invisíveis da psique sofrem inflexões. Quando se tem uma cultura da mitologia da Deusa, é a mãe natureza quem fala mais alto, e a mitologia da Mãe natureza é profunda; ela é universal.

O meu propósito não é discutir religião, mas demonstrar que o princípio feminino, na imagem da Deusa, foi suprimido ao longo do tempo. O resultado é essa confusão de não sabermos quem somos (mulheres e homens), com papéis muitas vezes trocados, destruídos ou misturados.

Quero resgatar, principalmente nas mulheres, o feminino como valor primordial, e a apreciação de séculos de história esquecidos propositadamente pelo patriarcado. Na verdade, é o valor que nos foi arrancando, destituído e roubado. Para Robles (2013:41):

> Do ponto de vista do Gênesis, do Novo Testamento, do Talmude, do Alcorão, do *hadith* [conjunto dos atos de Maomé] e da mariologia [estudos sobre a Virgem Maria], a mulher é menos racional, a mais profana do casal e a culpada pela queda da humanidade. Responsável pelo pecado original e herdeira do poderoso caráter das deusas pagãs, inspira uma doutrina que somente adquire sentido através da expiação purificadora. Eva, além disso, é portadora do signo perverso da palavra, já que tudo indica que a serpente falava e que a linguagem resultou de uma conspiração entre o réptil com cabeça e línguas masculinas e a sedutora criada para ser ajudante e serva dos desígnios de Deus por meio do homem.

Ao citar a Deusa e suas inúmeras formas (em cada país), quero mostrar que cada aspecto (personalidade, caráter, jeito de ser) pode ser usado em nosso benefício. Não sou a primeira a fazer isso, haja vista a vasta bibliografia usada para a confecção deste estudo. Em cada país que visitei, havia deusas esquecidas, relegadas ao porão, ao ostracismo, e cuja consequência é o quadro sociocultural que temos. É uma visão particular, eu sei. Mas não única.

Citarei as deusas (as gregas e outras), as mulheres que viveram e realizaram feitos históricos, as escritoras, as exploradoras, as aviadoras. A utilização do arquétipo da Deusa é o artifício para discutir a supressão do feminino. Para Campbell (2017:137):

> Deuses são metáforas transparentes que deixam ver a transcendência. Na minha visão de mitologia, as deidades, e até mesmo as pessoas, devem ser compreendidas dessa mesma maneira, como metáforas. Essa é uma visão poética.

Na cultura cristã, fomos criados para adorar a um único Deus (masculino), Senhor dos Exércitos, Rei dos Reis. Maria não é adorada, é venerada. Adorar é a ação de prestar culto a um ser superior. "Adorarás a teu Deus em espírito e em verdade?", pergunta a Bíblia. Venerar, por outro lado, é dedicar respeito, demonstrar admiração por alguém. Veneramos Maria e adoramos a Deus na tradição católica. Maria intercede por nós. Ela é uma intérprete, uma advogada (de defesa) que atua em nosso favor.

Ela é uma mãe, aquela que acolhe, cuida e nutre. Essa é a imagem que temos da Mãe primordial (mãe de todos e de tudo), que, aliás, foi representada de diversas formas ao longo dos séculos. De esculturas descobertas a pinturas em cavernas, a Deusa-mãe é encontrada em todos os lugares. Na Suméria, como Inana; como Deméter, na Grécia clássica; no Peru dos Incas é Pachamama. Logo, a imagem é coletiva.

A Deusa como "imagem" é a mais antiga de todas. Por isso, está em nosso inconsciente desde sempre, e foi fácil reconhecer Maria (da tradição católica em que fui criada) na instalação da galeria de arte moderna em Toronto. Afinal, para mim, ela é a imagem universal da Deusa, ou um arquétipo, na linguagem da Psicologia. Para Jung, o inconsciente coletivo organiza-se em padrões e símbolos, os quais denominou de arquétipos. Na análise de Bolen (1990:37):

> C. G. Jung viu os arquétipos como padrões de comportamento instintivo que estavam contidos no inconsciente coletivo, que não é individual, mas universal, com conteúdos e maneiras de comportamento que são mais ou menos os mesmos em toda parte e em todos os indivíduos.

Os sonhos, a arte, a religião e, acima de tudo, os mitos são maneiras que o homem encontrou para expressar esses arquétipos. Jung explica que os mitos têm algumas características em comum – personagens como deuses e heróis, temas como amor e vingança e enredos que envolvem combates de gerações pelo controle de um trono ou a jornada de um herói – fundamentais para nossa humanidade (Kenneth, 2017:37).

Essa imagem universal ou arquétipo encontra-se nas representações das deusas e remete ao feminino ou ao princípio feminino: a intuição, a receptividade, o acolhimento. Não pertence apenas às mulheres, que nascem com o princípio mais forte (arquétipos as influenciam sobremaneira, ainda que não percebam). Para Bolen (1990:25):

> A psicologia junguiana tornou-me consciente de que as mulheres são influenciadas por poderosas forças interiores, os arquétipos, que podem ser personificadas pelas deusas gregas. E a perspectiva feminista me deu a com-

preensão de como as forças exteriores, os estereótipos – papéis com os quais a sociedade espera que a mulher se conforme – reforçam alguns padrões de deusa e refreiam outros. Como resultado eu vejo cada mulher em dois campos de influência: intimamente por arquétipos divinos, e exteriormente por estereótipos culturais.

O Antigo Testamento bíblico chamou a Deusa e todos os cultos pagãos encontrados naquela época – nas diversas regiões – de abominação, e suas divindades, de demônios. Ao não reconhecer sua condição divina:

> predomina o sentimento de que a vida divina está em algum lugar lá fora. A atitude de oração agora se exterioriza, ao passo que nos tempos antigos se buscava a interiorização voltada para o divino imanente. Depois dessa mudança como chegar ao divino? Através de um grupo social especialmente bem-dotado: a tribo, a casta, a igreja (Campbell, 2017:123).

Somos compartimentadas em igrejas, em classes sociais, em locais de trabalho. Esta é a filosofia do "dividir para conquistar", espelhada na *Arte da guerra*, de Sun Tzu. A Deusa é fragmentada no período clássico grego. Em latim: *divide et impera*. Assim, se você (como povo, etnia, gênero, classe, casta, cultura etc.) está dividido, não pode se unir. Se não se unir, não terá força suficiente (seja física ou intelectual) para lutar contra o "inimigo". Maquiavel, em sua obra *O Príncipe*, ressalta que semear a intriga entre aqueles que governam é a melhor forma de obter a separação.

Separar, dividir, fragmentar para governar. Na verdade, para ganhar o controle, tanto nos locais de trabalho como em qualquer comunidade. A fofoca, a intriga, é garantia de controle por um determinado grupo ou "panelinha". Lembra-se do colégio?

Quando o masculino entra, há divisão, ao passo que, quando o feminino entra, cria-se união. Para Campbell (2017:122), quando o primeiro acontece, há uma supervalorização do papel do pai: repudia-se a natureza, repudiam-se as mulheres.

Robles (2013:37) apresenta a ideia de uma mulher boa e outra má, representadas pelas figuras de Eva e Lilith[1] e que permanece até nossos

---

1. Da mitologia da antiga Suméria, teria sido a primeira mulher de Adão, sendo mencionada nas Escrituras hebraicas, que datam de 4000 a.C.

dias. No entanto, é sobre Eva que recai a maldição atribuída ao seu pecado de orgulho, que congrega todas as superstições vinculadas à sedução feminina e que, através dos mitos, manifesta-se a partir do simples desejo de igualdade. Para tanto, utiliza até os encantamentos da feiticeira, que persuade a vontade dos homens por meio de procedimentos ilícitos:

> A imagem do demônio noturno que desliza para o leito daquele que dorme incauto é a preferida das religiões modernas. O protótipo de uma instigadora inclinada para o mal é o que melhor expressa os preconceitos em relação à função perturbadora das mulheres, eternas responsáveis pelo pecado original que levou os homens a perderem sua pureza, a se envergonharem do próprio corpo e a atentar contra os ditames divinos ao aspirarem à imortalidade.

Esse mesmo repúdio verifica-se na atitude de todos nós. As mulheres odeiam seus corpos diante da exposição de modelos desnutridas, com anorexia e magérrimas. Os homens (e as mulheres) com gordofobia generalizada. Odiamos nossos corpos. Menos, por favor!

A chamada depilação "brasileira", menos gordura, menos gente. O Brasil está em segundo lugar (atrás apenas dos Estados Unidos) em cirurgia plástica. A natureza é feia e ficamos absurdamente preconceituosos. O anormal é visto como aceitável, nos corpos e no caráter de nossa gente.

O arquétipo da Deusa foi relegado a uma segunda categoria (o segundo sexo), compartimentado em pequenas gavetas de uma cômoda com diferentes formas: deusa do amor, da caça, da agricultura e do casamento, para um melhor domínio do patriarcado. E, por meio de sua filiação com Zeus, tornaram-na filha, amante e esposa de algum deus.

Zeus surgiu na mitologia grega clássica para introduzir o masculino como uma base, um fundamento para a cultura grega e, assim, mais uma vez relegar a Deusa, mãe e criadora de tudo e todos, a uma categoria inferior. De acordo com Campbell (2017:172):

> As principais deidades das tradições patriarcais eram masculinas. O exemplo mais extremo dessa ênfase é o Antigo Testamento, no qual as deusas estão ausentes. Na tradução bíblica, as antigas deusas foram simplesmente eliminadas, ao passo que os gregos trataram de casar o deus com a Deusa. Eles estabeleceram um relacionamento que os amarrava às deidades na terra e ao culto local de modo interativo.

A Deusa, ou Grande-mãe, já existia bem antes de um Deus ser mencionado. A Europa tinha uma cultura matriarcal ou *matrifocal*, como sugerem alguns autores. Joseph Campbell (2017) não acredita que a sociedade tenha sido matriarcal em si.

Bolen (1990:45) menciona a palavra *matrifocal* como sedentária, pacata, amante da arte, ou seja, uma cultura que venerava a Grande Deusa ligada à terra e ao mar. E foram os invasores indo-europeus que iniciaram o destronamento da Grande Deusa e:

> [...] impuseram sua cultura patriarcal e religião bélica aos povos conquistados. A Grande Deusa tornou-se a consorte serviçal dos deuses invasores. Os atributos e poder que originalmente pertenciam à divindade feminina foram desapropriados e dados a uma divindade masculina. A violação apareceu nos mitos pela primeira vez, nos quais os heróis do sexo masculino matavam serpentes, símbolos da Grande Deusa. [...] O destronamento da Grande Deusa, iniciado pelos invasores indo-europeus, foi finalmente concluído pelas religiões hebraica, cristã e maometana, que surgiram mais tarde.

A Grande Deusa era representada por esculturas (pequenas figuras de barro ou de algum material equivalente) e seus feitos eram passados de geração em geração por meio de histórias e lendas, que se tornavam mitos e contos de fada. Assim, estimulava-se não só a imaginação de um povo como também o culto à mãe.

O que é um mito?

Quando a mãe conta uma história de ninar ou a professora abre um livro colorido e cheio de desenhos, e a criança senta com os colegas em círculo, ali espreita o mito, esperando uma oportunidade para emergir. Quando a avó, no almoço de domingo, fala das façanhas de algum neto ou neta, o mito é o convidado especial. Os personagens (imaginários ou não) e suas fantásticas aventuras viviam em forma de narrativa. Você conheceu heróis e heroínas bem antes de ler sobre mitologia ou assistir a um filme. Uma história ou fábula da tradição oral, contada de geração em geração, quando a escrita ainda não existia, relata as realizações de personagens, em geral sobrenaturais, como deuses, semideuses, monstros ou, ainda, os feitos de heróis.

Segundo Davis (2017:47):

O termo mito tem diversos significados, mas, em seu sentido mais básico, um mito pode ser definido como uma história tradicional, em geral antiga, que fala sobre seres sobrenaturais, de ancestrais ou heróis que funcionam como modelo fundamental da visão de mundo de um povo, seja explicando aspectos do mundo natural ou delineando a psicologia, os costumes ou os ideais de uma sociedade.

A Mulher Maravilha, antes do filme mais atual, já era um mito. Talvez não sob a perspectiva das amazonas, mas estava lá. Havia os gibis ou desenhos animados e a heroína era viva na imaginação. O mito da mulher que era uma maravilha e usava superpoderes é vivo há séculos. Pode até ter sido repaginado por Hollywood, mas já foi ouvido e contado milhares de vezes. Quando você lê ou assiste a um filme, reconhece-o. Uma parte de você (seu inconsciente) identifica os personagens e, por vezes, identifica-se com alguns deles. O mito é vivo. É a criação em palavras ou imagens daquilo que foi herdado dos antepassados. Por isso é tão familiar e faz tanto sucesso. De acordo com Bolen (1990:27):

> Quando um mito é interpretado, intelectual ou intuitivamente, isso pode resultar em alcance novo de compreensão. Um mito é como um sonho do qual nos lembramos, até mesmo quando não é compreendido, porque ele é simbolicamente importante.

Para Jung (2015:90), a origem dos mitos remonta ao primitivo contador de histórias, aos seus sonhos e às emoções que a sua imaginação provocava nos ouvintes:

> Estes contadores não foram muito diferentes daqueles a quem gerações posteriores chamaram poetas ou filósofos. Não os preocupava a origem das suas fantasias; só muito mais tarde é que as pessoas passaram a se interrogar de onde vinha uma determinada história. Na Grécia antiga havia espíritos bastante evoluídos para conjeturar que as histórias a respeito dos deuses nada mais eram do que tradições arcaicas e bastante exageradas de reis e chefes há muito sepultados. Os homens daquela época tinham percebido que o mito era inverossímil demais para significar exatamente aquilo que parecia dizer. E tentaram, então, reduzi-lo a uma forma mais acessível a todos.

Os contos de fada e as fábulas funcionam da mesma forma, pois contém uma verdade universal, uma moral a ser seguida. Os personagens sobrenaturais mais comuns são fadas, gnomos, princesas (ainda existem, pois ainda temos monarquia em alguns países), elfos e bruxas. O fantástico em forma de história.

Quem não se lembra da Rapunzel na torre, com suas longas madeixas, ou Cinderela? E a Branca de Neve? As madrastas e irmãs ruins estão presentes desde a hora de dormir na nossa infância. O mais importante é o que essas histórias contam em poucas palavras: a superação, a bondade, a generosidade, o amor que vence. Pequenos contos com uma grande moral imbuída.

Para Davis (2017:56):

> As fábulas são histórias simples, quase sempre breves, e fictícias, que costumam ensinar uma lição de moral ou dar algum tipo de advertência, ou, em alguns casos, satirizar o comportamento humano. Em muitas fábulas, a lição de moral é sita no final, na forma de um provérbio.

Lembro-me de um livro que li quando tinha uns 11 anos. Chamava-se *Um ônibus do tamanho do mundo*, de J. M. Simmel. Na história, algumas crianças estavam numa excursão e o ônibus ficava preso durante uma avalanche. Elas tinham de dividir tudo, a fim de que a pouca comida e a água durassem o suficiente até que o resgate chegasse. O efeito desse livro durou anos. Até hoje o compartilhar ficou como a moral da história para mim, pois compartilhar pode salvar uma vida.

De acordo com Bolen (1990:37-38):

> Os mitos e contos de fada são expressões de arquétipos, assim como muitas imagens e temas dos sonhos. A presença de padrões arquetípicos comuns em todos os povos constata as semelhanças nas mitologias de muitas culturas diferentes. Como padrões preexistentes, eles influenciam o modo como nós nos comportamos e como reagimos aos outros.

Os termos "mito" e "lenda" são usados de forma que, muitas vezes, parecem ser a mesma coisa, mas há diferenças grandes entre eles. O mito deriva de *mythos*, que quer dizer história. Platão achava que era uma história com personagens inventados, ou seja, uma ficção elaborada. Entretanto, para os propósitos deste livro, discordo do filósofo grego nesse aspecto, pois "os mitos são histórias sagradas que podem expressar verdades essenciais, mesmo se forem contados sob a forma de uma narrativa sobre deuses ancestrais que não sabem se comportar muito bem" (Davis, 2017:77).

As lendas baseiam-se em personagens históricos, pois são, como assinala Davis (2017:52), "uma forma antiga de se contar a história de um povo – são narrativas sobre personagens históricos, em geral homens e não deuses, que são, há tempos, transmitidas pelas gerações".

Em geral, os mitos são sobre deuses (estranhamente, com características humanas) ou heróis com superpoderes. Com traços claramente humanos, como inveja, cobiça, raiva, vingança e ciúme, os deuses e as deusas reinavam de modo absoluto, brincando com a raça humana e, às vezes, casando-se com ela e procriando.

Nossas heroínas mais conhecidas são as gregas. Tratemos então de seus mitos que vêm da Grécia clássica, a morada dos deuses. Ao observarmos o Olimpo (Robles, 2013:148):

> ali estão Afrodite, Atena, Hera, Deméter e Perséfone para demonstrar que nenhum aspecto significativo da existência foi alheio aos interesses e olhares femininos. Por elas, os deuses formaram alianças ou sistemas de encobrimento; por elas, os homens se encheram de coragem; e toda a descendência de heróis, ninfas, deidades menores e seres privilegiados espelhou, cedo ou tarde, as marcas do furor amoroso, das argúcias guerreiras ou dos desígnios nem sempre sutis da imaginação feminina.

Assim surgiu o mito "repaginado" de Hera, esposa de Zeus. Hera existia há muitos séculos e não era esposa de ninguém, era senhora de si com identidade própria. A Grécia do Olimpo (com Zeus reinando absoluto) transformou o mito que já existia, amarrando Hera ao próprio Zeus pelo casamento. Uma esposa obsequiosa de um deus promíscuo, com muitos casos extraconjugais, que, de acordo com Davis (2017:50):

> sofria do que chamaríamos hoje de problema com o zíper. Para ele, qualquer tentação era irresistível – fosse ela uma deusa, uma mortal ou até um jovem rapaz. Hera, sua esposa divina, ficava irritadíssima com o comportamento do marido, mas aceitava sua situação, e acabou se tornando uma espécie de modelo de esposa resignada, traída, porém devotada.

Da cabeça de Zeus nasceu Atena (ou Atenas), deusa da sabedoria. Ártemis, deusa da caça e dos caçadores (com o arco e flecha ou a lança nas mãos), teve como mãe Leto (que havia sido esposa de Zeus antes de Hera) e um irmão gêmeo (Apolo). Segundo o mito:

> quando Leto estava grávida dos gêmeos foi perseguida por Hera até a ilha de Delfos, onde teve primeiro Ártemis que, depois de nascida, ajudou no parto do irmão Apolo. Ártemis representa a força da natureza e Apolo, a força protetora e a mente racional (Campbell, 2017:148).

Assim, foi necessário criar um pai como Zeus, um ser do sexo masculino para dar um significado a Ártemis, Hera e Atena, entre outras, na Grécia do Olimpo.

Ártemis
Ártemis, como todas as outras deusas, é um arquétipo, uma subdivisão ou variante menor da Grande Deusa que existia no inconsciente coletivo antes de Zeus e era representada por esculturas e imagens muito antes da escrita. A Deusa é da tradição minoica, do período arcaico (570 a. C.), quando as figuras mostravam quem era a senhora dos animais selvagens, a deusa que dava e tirava a vida. Todos os animais selvagens estão sob sua proteção e, numa versão mais leve da literatura, ela aparece como caçadora. Na verdade, ela foi concebida originalmente como a imagem da Deusa-mãe, a mãe mundial. Hoje ela está ligada à ecologia, à proteção ambiental.

No *Greenpeace*, todos têm a natureza como principal fonte de salvação e vida, por isso estão com uma Ártemis bem resolvida dentro de si.

A Deusa-mãe existe desde que o mundo é mundo. Antes de um deus ser representado em esculturas ou pinturas, ela já tinha deixado sua marca e forma. Ela está presente no imaginário coletivo, no dia a dia, nos filmes, nas músicas, nos contos de fada e nas lendas e mitos contados de geração em geração.

Apesar de ter sido modificada ao longo dos séculos, para propósitos políticos e sociais de domínio do patriarcado, a Deusa é.

As deusas mencionadas por Pontes:[2]

são aquelas que nos concedem o dom da transformação. Com sua energia têm o poder de restaurar a vida, podem penetrar na alma e no coração humano e realizar transformações milagrosas. Nelas então nos metamorfoseamos, já que todas elas terão surgido da fragmentação da Grande Deusa, representação mítica do ser humano feminino integral que teria vivido nos tempos anteriores ao patriarcado.

O meu propósito é traçar um perfil das deusas e descobrir como elas podem nos auxiliar nessa jornada. Bolen (1990) divide as deusas gregas em três grupos: as virgens – Ártemis, Atena e Héstia (que não é citada por Robles [2013] nem por Woolger e Woolger [2017]); o grupo de Hera – Deméter e Perséfone – e as deusas transformadoras, como Afrodite.

Para traçar um perfil das deusas, utilizo os conceitos dos livros que li. E, como este é um livro sobre viagens, descrevo as viagens das deusas e suas relações. Apenas Héstia será descartada, pela falta de material de referência.

O primeiro grupo que Bolen (1990:39) menciona, o das deusas virgens, representa a independência e autossuficiência das mulheres:

> Como arquétipos, elas expressam a necessidade de autonomia e capacidade que as mulheres têm de enfocar sua percepção naquilo que é pessoalmente significativo. Ártemis e Atena representam meta direcionada e pensamento lógico, o que as torna arquétipos de realização orientada. Héstia é o arquétipo que enfoca a atenção interior para o centro espiritual da personalidade de uma mulher.

As deusas virgens são as não casadas. Nada a ver com o aspecto sexual da mulher. De acordo com Bolen (1990:63):

> O aspecto da deusa virgem é o da mulher que não pertence ou é impenetrável ao homem – que não é afetada pela necessidade de um homem ou pela

---

2. Pontes, Maria do Rosário. Os contos de fada e os valores do eterno feminino Faculdade de letras do Porto. Disponível em: www.ler.letras.up.pt/uploads/ficheiros/5924.pdf.

necessidade de ser aprovada por ele, que existe completamente separada dele, em seu próprio direito. Quando a mulher vive um arquétipo de virgem, isso significa que um aspecto significativo seu é psicologicamente virginal, e não que ela seja fisicamente ou literalmente virgem.

A palavra de ordem é autonomia. Ártemis não precisa da admiração ou da companhia masculina para que tenha uma identidade. Ela se basta. A natureza, o campo aberto, a vida no mato preenchem o vazio emocional. É o tipo de criatura que prefere bicho à gente, porque gente sufoca. Uma relação emocional tira, ao passo que a natureza dá. Liberdade custa caro e abrir mão dela é quase impensável para essa deusa.
Bolen (1990:39) explica que:

> Ártemis, a quem os romanos chamavam de Diana, era a arqueira de infalível pontaria e protetora da prole de todas as coisas vivas. Atena, conhecida como Minerva entre os romanos, era a deusa da sabedoria e das habilidades manuais, patrona de sua cidade homônima. Héstia, deusa da lareira, a Vesta dos romanos, era a menos conhecida dos deuses Olímpicos. Ela se fazia presente em casas e templos como a chama do centro da lareira.

Quem seriam essas deusas ao viajar? Que tipo de viajante encarna cada uma delas? O que preferem? O que vestem? O que comem? (Não perca no *Globo Repórter* de hoje à noite).

Ártemis seria a mochileira, aquela que não se importa em ficar em albergue, *hostel* ou casa de família. Prefere o ar livre, o contato com a natureza, fazer trilha. Um hotel cinco estrelas? Para quê? Nem entende como alguém pode ficar num *resort* sem sair de lá. Come sanduíche ou qualquer coisa que estiver à mão sem reclamar, experimenta os insetos no Sudeste Asiático bem como carne de baleia, com gosto de soda cáustica, na Islândia, afinal, a comida é a expressão de um povo, e o que não mata, fortalece!

Essa deusa cheia de energia (ligada em 220V) não se sente à vontade nas cidades grandes, porque há muita gente em volta. Prefere os espaços abertos, por onde pode caminhar, se exercitar (para gastar o excesso de energia física), andar a cavalo, falar com os animais, brincar com crianças ou adolescentes, enfim, liberdade é seu sobrenome. Bater papo furado não é com ela, impaciente e deslocada.

Para Woolger e Woolger (2017:78):

> A palavra-chave para Ártemis é *Natureza*. Nesse aspecto, é o oposto daquela com quem tanto se parece em outros aspectos, sua irmã Atena, cujo dom hoje é permitir que as mulheres prestem grandes contribuições à vida intelectual, política e criativa de nossas cidades e, consequentemente, à qualidade de nossa *civilização* (que é sua palavra-chave). Atena e Ártemis ambas cheias de energia e com o espírito independente, têm muito em comum...

Há uma fraca ligação com o mundo moderno. Ela não se veste profissionalmente como sua irmã Atena, quase gêmea em temperamento. Jeans e camiseta, roupas largas, o que for confortável e prático. Nada que sufoque ou tire sua liberdade. Tênis ou bota de *trekking* são seus melhores amigos. Ela vai comprar a roupa adequada para o frio ou para o calor, mas só uma ou duas. E é roupa apropriada, não ditada pela moda ou pela sedução. A calça vira bermuda na Ásia. O casaco de frio impermeável é para o Ártico. Raramente você vai ver essa criatura de salto alto. Maquiagem? Hahaha!

Mas e o que acontece com o coração dessa Deusa?

Os valores convencionais da sociedade a incomodam. Os papéis tradicionais de mãe, esposa e até de filha não combinam com seu estilo de vida. Mais do que um estilo, é sua essência que não comporta o *status* da vida moderna e aquilo que os homens exigem que a mulher cumpra. Ser submissa e delicada é a morte para ela. Ela sofre então de isolamento e/ou alienação. Sente-se excluída e deslocada nos ambientes que são fechados e cheios de convenções sociais. Portanto, fica difícil adaptar-se a um mundo que lhe parece superficial, para dizer o mínimo.

Na análise de Woolger e Woolger (2017:90):

> A chaga de Ártemis envolve a solidão de ser relegada, psicológica e, às vezes, literalmente à margem da sociedade. Foi-lhe negada qualquer verdadeira identidade enquanto mulher. Seu amor ardente pela liberdade e sua atitude mental independente tendem a tornar particularmente difícil para ela aceitar os estilos de vida de mãe, esposa ou profissional, que pertencem a Deméter, a Hera e a Atena. Na realidade, ela muitas vezes sentirá desprezo por valores e formas da sociedade convencional.

Quando uma Ártemis se sente sobrecarregada pelos barulhos e pelo excesso de gente da cidade, ela se retira para ficar em contato com a natureza. Ela recarrega as baterias tirando os sapatos e pisa na terra molhada de orvalho, sente o vento e o Sol no seu rosto, corre pela praia e toma um banho de mar ou entra em uma cachoeira gelada depois de percorrer quilômetros de trilha e suar em bicas. A solidão lhe é importante. Ela se sente completa consigo mesma.

O problema é que ela se isola. Quando digo problema, entenda-se um ponto para ficar atento. Ao tratar do Japão, faço uma homenagem ao isolamento, necessário em certos momentos da vida. Algo como entrar na concha é bom, permanecer nela por tempo indeterminado é o problema. A deusa da caça entra na concha e ali fica exilada. Conviver com pessoas é um grande desafio e, por vezes, ela prefere ficar isolada.

Para Woolger e Woolger (2017:93):

> A mulher-Ártemis não busca no erotismo a intimidade e ternura de um relacionamento que Afrodite tanto procura. Seu verdadeiro relacionamento é consigo; ela deve encontrar o seu próprio equilíbrio interior de masculinidade e feminilidade. É por isso que, numa dessas formas, a mulher-Ártemis pode facilmente viver sozinha.

A vida em sociedade é uma exigência comum a todos. Precisamos estudar e trabalhar, aprender a conviver com nossos colegas e deixar as pessoas entrarem em nosso mundinho interior.

Ela é desconfiada e retraída, o que, em geral, é tido como um sinal de agressividade. Pode ser raivosa e destrutiva também. É a deusa da caça, certo? Vai matar, se necessário for. Relacionamentos não são seu ponto forte. Com o sexo oposto, então, é supercomplicado. Se o homem for possessivo, controlador e ciumento... pode esquecer essa criatura.

O relacionamento amoroso é uma questão complexa para essa deusa. Ela até tem suas aventuras, mas não quer se envolver de verdade com ninguém, pois se sente sufocada e presa. Uma relação fixa com alguém ameaça seu bem mais precioso: a liberdade. Qualquer coisa que seja duradoura e exija dela um compromisso (uma casa própria, um carro com parcelas para pagar, um namoro) vai assustá-la. Ou ela foge (literalmente sai correndo), ou se sabota e entra em relações impossíveis, com caras que moram longe ou são comprometidos, porque assim não ameaçam sua independência e emancipação. Fobia de compromisso não é atributo somente do sexo masculino.

Pode-se contrabalançar o temperamento de Ártemis com um pouquinho de Deméter – que veremos mais adiante –, dar a ela o afeto e acolhimento que lhe faltam, uma gota de Afrodite – precisa aprender a se vestir e ser um pouco mais feminina – e, por que não?, a tenacidade de Hera em manter um companheiro. E sem dúvida a receptividade e maleabilidade de Perséfone.

E por falar em mitos: ô, tarefa hercúlea, própria de Hércules, filho de Zeus, famoso por seus doze trabalhos.

Atena
Atena é a mulher que viaja muito, a negócios, em geral, e cuja preferência pela classe executiva deve-se mais pela disponibilidade do *wi-fi*, para poder trabalhar durante o voo com seu *notebook*, do que pelo conforto em si. A empresa paga o hotel, em geral confortável, sem ser luxuoso. Também providencia algum *tour*, se depois das reuniões ou do congresso houver tempo para isso. Ela é focada em sua carreira. Primeiro o trabalho, depois a diversão. Não se importa com o destino: se há natureza, se é um meio urbano. Não pensa em ter filhos. Até pode acontecer, mas não é sua razão de viver. As viagens são sua ponte para o crescimento profissional, e o desafio que vier para alavancar sua carreira, ela aceita. Do contrário, prefere ficar na cidade, com acesso irrestrito à tecnologia e colocando em dia os seus *e-mails*.

Atena está sempre fazendo alguma coisa. Ela age. É prática e inteligente. Aliás, a energia que emana dela é mental. Ela é a acadêmica, a advogada, a relações públicas de uma empresa. Por ser independente, vai ser bem-sucedida naquilo que fizer. Tem o espírito de camaradagem que vem do seu mito e, portanto, uma boa relação com os homens, pelo menos na superfície. Trata-os de igual para igual, por estar competindo com eles pelas posições numa corporação. É a companheira dos heróis, a amiga dos caras. Por ser leal, ela está sempre rodeada de homens, seus colegas, mas sua independência em geral os assusta.

Essa independência é comum à irmã Ártemis, pois:

> no mito grego, as duas deusas portam armas e nenhuma delas tem um amante ou consorte. Na realidade, ambas eram consideradas deusas virgens, o que

no mundo antigo significava apenas não casadas, e ambas personificavam atributos masculinos e femininos em suas personalidades arquetípicas. O fato de que nem Ártemis nem Atena terem se casado significa, em termos psicológicos, que integraram o masculino dentro de si e não precisam de um homem como parceiro ou consorte para apresentar qualidades do sexo masculino como agressividade, racionalidade ou autoridade (Woolger e Woolger, 2017:43).

Os relacionamentos dessa mulher baseiam-se na mente. Uma forte relação intelectual com um companheiro (se vier a tê-lo) é aquela em que ele é capaz de cuidar de si, pois ela não tem a tendência de Deméter para ser "mãe" do cara. Ela é briguenta e combativa e, desde cedo, domina a linguagem. A comunicação é seu forte. Difícil vencer um argumento com uma criatura que usa toda sua racionalidade e estratégia para enfrentar as questões diárias.

E isso assusta, afinal:

> o que pode perturbar mais o ego masculino do que uma mulher inteligente que não só enxerga as falhas que ele cometeu como também se recusa a desculpá-las pelo simples fato de ele ser homem? Conhecimento – e anterior mesmo a ele, educação – é poder (Woolger e Woolger, 2017:52).

Desde a Academia de Platão, os homens têm mantido as mulheres na ignorância por temerem que elas pudessem retrucar e reduzir os mais grandiosos projetos masculinos à mera mistificação.

Tenho uma amiga advogada que é organizada demais. Faz até planilha de gastos, sabe todas as cotações e me ajuda a preparar os roteiros quando viajamos juntas. Ela se veste como um menino. Ela é pequena (tipo *mignon*) e fica bem nela. Focada, trabalhadora, dedicada. Está na pós-graduação, além de praticar musculação e natação. Tem seu próprio escritório, que divide com um sócio. É uma Atena típica.

Ela me acompanha nas viagens que são a "sua cara". Não gosta muito de deserto ou natureza, prefere as cidades. O Japão foi um brilho só no passaporte. Por causa do trabalho, em geral, eu volto antes, enquanto ela segue em frente em seu voo solo numa boa. Independente, como o arquétipo de Atena, segue sua vida sozinha. Mas, nos últimos tempos, passou a sentir falta de um companheiro para dividir seu dia a dia.

E, como uma boa Atena, acha que o problema está somente nela.

Emagreceu não sei quantos quilos e até contratou uma consultora de imagem (eu nem sabia que isso existia). O gatilho para essa mudança brusca foi um relacionamento com um cara que morava com a esposa, "apesar de estar separado", mas achou que não precisava compartilhar essa informação com minha amiga. Quando ela descobriu, ficou p*** da vida. A frase que ouvi foi:

– Vou ser amante agora? Por acaso nasci para isso?

Terminou o relacionamento (com razão) e se culpa por não conseguir ficar com um "contatinho", isto é: sair com o moço sem haver um afeto envolvido.

O cara faz a lambança (como diria minha avó), e ela se culpa.

A deusa armada é irritável e obstinada. De seu mito, a psicologia junguiana deduziu que há um complexo materno negativo na mulher do tipo Atena. Ela rejeita a mãe e tudo que lembre vagamente a maternidade. Separa as raízes de sua feminilidade e se torna uma intelectual. Ela se identifica com o pai (Zeus) e nega sua mãe (Métis). Zeus engoliu Métis a fim de incorporar sua sabedoria e "deu à luz" Atena, que nasceu de sua cabeça – daí a intelectualidade – já armada e perigosa, pronta para entrar em combate.

Para Woolger e Woolger (2017:69):

> a verdadeira chaga, aquela dor no cerne do seu complexo, raramente será tocada. [...] será absorvida na identidade política do grupo, o que permitirá a ela odiar os homens como se fossem predadores e a encarar a gravidez como *uma deformação temporária do corpo em prol da espécie*. [...] Um irônico círculo vicioso é posto em ação: quanto mais ela se enfurece com a tirania sexista e clama por justiça para suas vítimas, mais afasta de si simpatizantes de ambos os sexos, mesmo os mais liberais. Inconscientemente, é como se tivesse ativado uma das imagens mais fortes e mais enigmáticas da iconografia da Atena mítica: a cabeça de Medusa, o ser monstruoso cuja pele envolvia o peitoral da deusa, apavorando todos os que dela se aproximassem.

Então, o que acontece aqui?

Tirar a armadura e se expor é a morte para Atena. Por isso, a agressividade e a combatividade são suas aliadas. O uso da mente é sua melhor defesa. Ela usa a racionalidade para explicar e afastar o que não lhe convém.

Da mesma forma que alguns sentimentos fazem falta para sua irmã (Ártemis), seriam muito bem-vindos a ela o acolhimento, o afeto e o carinho. O poder de sedução de Afrodite e sua feminilidade seriam um bálsamo para suas feridas. Correr o risco da perda é um sério desafio para as duas deusas. Estar vulnerável, sem a armadura, é um dilema interior. Assim, a maleabilidade de Perséfone ajudaria muito.

Então doses e doses de Deméter e Afrodite para você, minha irmã.

Hera: esposa, mãe e filha
Hera, conhecida como Juno pelos romanos, é considerada a deusa do casamento. Era esposa de Zeus e seu papel mais importante foi o de mãe.

Ela é do tipo que fica em um *resort* patrocinada pelo marido. A despeito de ter estudado, provavelmente largou a possibilidade de uma carreira em prol da família. Então, as viagens servem para acompanhar o marido a um congresso (em algum lugar de luxo, preferencialmente) e, se os filhos forem juntos, melhor ainda. Os filhos de Hera são uma espécie de trunfo. Ela os apresenta com orgulho. É uma mãe que preza pela independência financeira (de meninos e meninas), disciplinadora, com valores como "tradição, família e propriedade". As viagens são para aumentar seu *status* frente aos vizinhos, colegas de trabalho (se tiver) e pais (na reunião anual da escola), mas, principalmente, para acompanhar o marido.

Ela é autoritária, mandona mesmo. Aquela que se destaca de longe na multidão. Há um pouco de arrogância e esnobismo em seu porte. É a matriarca. Sabe a Margaret Thatcher, a primeira-ministra da Grã-Bretanha entre 1979 e 1990? Pois é. Hera pura. Mãe enérgica e disciplinadora, estilo militar. Os filhos (e filhas) vão entrar na linha. Marchar! Se não estiverem na linha, vão entrar em breve, nem que seja embaixo de vara ou taca, como dizia minha avó.

Não há o amor de Deméter em Hera. Ela não ama, ela disciplina, põe na linha. E é linha dura. Todos serão estudiosos e se destacarão na escola por imposição da mãe. Se ela enxergar alguma "ovelha negra", vai tentar endireitar a todo custo. Pois "ela educará os filhos a se sentirem oprimidos e criticados, como se, de algum modo, jamais conseguissem ser suficientemente bons" (Woolger e Woolger, 2017:161).

Ela adora um evento social, no qual poderá apresentar seus filhotes para o mundo e se vangloriar de suas realizações (as que valham a pena). Vai desfilar com o marido e com um vestido, como se fosse uma modelo numa passarela. *Victoria Secrets* perde para esta aqui. É a rainha da noite, do evento, de preferência beneficente (quando se destaca). Rotariana com certeza. E está sempre nas colunas sociais. O *status* é superimportante para essa deusa, juntamente com a reputação e a respeitabilidade social.

A esposa é a mulher com o arquétipo mais forte de Hera. Tudo que ela sempre quis foi casar. Enquanto não estivesse com uma aliança no dedo, não se sentiria realizada. Acima de tudo, sua identificação é como esposa de alguém. O casamento é o centro de sua vida. Ela pode até ter trabalhado antes de casar ou cursado faculdade, mas estava sempre de olho no possível candidato a marido. Enquanto Atena estava megafocada na prova semestral, Hera só pensava nas criaturas do sexo masculino da sala de aula que dariam um bom esposo. Ela vai ser mais convencional, elegante. Veste-se de maneira conservadora e está com os cabelos e mãos feitos.

O problema é haver um candidato a qualquer coisa séria. Está meio difícil. E Hera é a mulher de 35 a 40 anos, que não se sente realizada enquanto não tiver um companheiro. O ponto crucial é que um companheiro pode ser qualquer criatura. Pode ser o primeiro a aparecer e estar disposto a ter algo mais concreto.

Tenho uma amiga que conheceu um cara, morador de outra cidade, e eles começaram a namorar. Ela era do tipo independente, morava sozinha, tinha moto e trabalhava para caramba. Pois bem, depois de três meses de namoro, ela mudou para o interior, foi morar com ele na casa dos pais e conseguiu outro emprego por lá mesmo. Acabaram casando e estão num apartamento próprio. Ela empurra o cara pra frente. Estimula, apoia e está sempre junto.

Quando ela engatou o namoro e me disse que mudaria de cidade, eu disse:

– Você vai se afastar, não tem jeito. É outra cidade e uma nova vida começa agora.

Ela protestou veementemente:

– Claro que não. Não sou esse tipo de mulher que vive para homem.

Já sabe o que aconteceu, cara leitora?

A mulher Hera não mantém as amizades feitas antes do casamento e, se o marido mudar de cidade, ela vai junto. Ou vai atrás dele, antes que ele mude de ideia. Os interesses e os *hobbies* anteriores vão embora. As exposições de arte e visitas a museus não serão frequentes, às vezes nem ocorrem mais. Se o marido sustentar a casa, ela vai deixar de trabalhar para ser esposa em tempo integral. Senão, vai trabalhar para ajudar, ou até manter a casa durante algum tempo, até o marido decolar. Porém, maridos possessivos e ciumentos esperam que a esposa se adapte às suas exigências e acabam reduzindo a mulher a ser somente Hera, inibindo o desenvolvimento de outras deusas.

Ainda que atualmente o casamento não seja mais tão valorizado, espera-se que a mulher cumpra seu papel na sociedade, se case e tenha filhos. Hera não quer nenhuma produção independente ou adotar uma criança. Ela deseja um marido e, com ele, ter uma família. Quer que os dois tenham filhos juntos. Afinal, ela não quer viver e trabalhar sozinha. Em suma, "ela acredita no valor fundamental e na necessidade da família tradicional, e está corajosamente preparada para sacrificar muitas coisas a fim de assegurar sua perpetuação" (Woolger e Woolger, 2017:149).

Hera gostaria de ser como o marido – o "pica das galáxias". Na verdade, ela se acha bem melhor do que ele para representar o papel de política e de mariposa social, mas o marido a exclui do mundo exterior: ela permanece em casa e ele age lá fora, como o homem que é. E ela se sente frustrada, mas não quer pagar o preço de ser livre, como Atena e Ártemis fazem, por ser alto demais.

Portanto, sua chaga é a impotência. Ela:

> sente ciúmes da liberdade que seu marido tem de ser uma força propulsora e uma pessoa-chave no mundo. Bem no fundo, ela quer viver e agir exatamente como um homem num mundo de homens. Quando o mundo dos homens, sob a forma do seu companheiro mais íntimo, a rejeitam, isso é sentido como uma profunda chaga narcísica em sua autoestima, uma chaga em torno da qual as mágoas, os ressentimentos e ciúmes quase inevitavelmente se acumulam (Woolger e Woolger, 2017:159).

O ciúme que acompanha a vida dessa deusa pode ser destruidor. O marido não alcança seus ideais de perfeição (ninguém é capaz de fazer isso). Pode não se consultar com ela para tomar as decisões (o que vai deixá-la putinha da vida) ou pode ter amantes, o que vai enfurecê-la mais ainda. O fato é que irá confrontá-lo e perdoá-lo quantas vezes forem necessárias para manter a instituição casamento. Não só porque depende financeiramente dele (às vezes nem é o caso), mas, sobretudo, porque família é uma tradição que deve ser mantida a qualquer custo.

As escritoras que estudam essa deusa sugerem um pouco de Deméter em sua vida para que aprenda a ser mãe, na concepção primordial da palavra: mãe que ama incondicionalmente. Uma dose de Atena para, quem sabe, ser independente e estrategista e conseguir alcançar seu brilho sem necessitar da presença de um marido em sua vida. Quem sabe, se ela tivesse a autoconfiança das deusas autônomas, conseguiria sobreviver para trazer à tona o seu melhor?

Uma coisa é fato: tenacidade define a mulher do tipo Hera. Ela vai até os confins do mundo para conseguir o que quer. E consegue. É persistente e dura na queda. Ela quer ser companheira de alguém, e nesse ponto temos de admirar essa mulher. Ela não quer só um compromisso, mas está disposta a fazer de tudo para mantê-lo. Enquanto Afrodite pula de galho em galho e Ártemis ou Atena fogem de relacionamentos, lá está Hera, comprometida em ser parceira de alguém.

Deméter
É a mãezona. Vai se hospedar onde couber todo mundo (junto). Um apart--hotel de preferência, onde ela possa cozinhar – expressão do seu amor. Um lugar onde todos possam tomar o café da manhã juntos, para poder observar os filhos de perto. Protetora como é, desejará estar junto de sua cria, providenciando, se possível, todas as necessidades e os desejos. E o marido? Vai estar lá também, claro. Ela vai se encarregar de arrumar as malas e colocar na sacola os salgadinhos e biscoitos para o trajeto.

Para Bolen (1990:242), o arquétipo de mãe motiva as mulheres a nutrirem os outros, a serem generosas no dar e a encontrarem satisfação como alguém que zela e provê a subsistência.

Ela é a entrega, a doação e o acalento, a que acolhe e faz cafuné, a que dá o beijo de boa noite e faz aquele mimo – quase imperceptível – de ajeitar a coberta da filha ou do filho antes que Morfeu (o deus dos sonhos) os abrace. Ela é o cheiro do pão no forno. É o olhar de orgulho sem que você tenha feito nada de especial, apenas existir. É a torcida sentida da arquibancada da vida. A comemoração genuína pelas pequenas vitórias diárias. A oração silenciosa para que os deuses protejam na caminhada, na viagem e na chegada. É a proteção invisível. O abraço dos anjos. É a mão que diz: "Vai dar tudo certo, estou contigo". Deméter é a nutrição da alma.

Essa deusa – um tipo mil e uma utilidades – carrega em si um instinto natural para ser cuidadora e provedora. É o verdadeiro carinho desinteressado. Ela proverá tudo ao indefeso, ao carente ou a quem necessita de atenção. Não se limita aos filhos de sangue, pois nem sempre será mãe biológica, mas se dedica às amigas, vizinhas ou companheiras de colégio. É ela quem organiza as festas em casa e cozinha alguma coisa, quem busca no aeroporto quando você chega de madrugada, quem deixa em cima da sua cama um bilhetinho dizendo "Café da manhã na mesa" antes de sair para o trabalho. É sua amiga confidente e guarda os seus tesouros como se fossem dela.

A relação com a mãe é excelente. Se não for, ela vai cuidar da mãe. Vai ser a provedora das necessidades dela, invertendo os papéis. É tão grande a necessidade de cuidar e amar incondicionalmente que ela substitui as "mães" de órfãos (mesmo que sejam órfãos emocionalmente).

Assim, o amor primordial é a base da vida dessa deusa, a mais meiga de todas, considerada muito mais do que apenas uma mãe e a que participa da vida da comunidade de forma ativa.

Hoje ela parece ter sido confinada ao lar, apenas como mãe de filhos, o que não é considerado uma coisa boa numa sociedade cada vez mais competitiva. As mulheres no ambiente de trabalho (em pé de igualdade, pelo menos na Escandinávia) que decidem ter filhos (ou que os teve acidentalmente) se veem numa sinuca de bico. Tendo de trabalhar e não podendo cuidar das crianças, são obrigadas a contratar uma babá ou colocá-las numa creche. Por sua vez, algumas babás de filhos da classe A também têm de contratar babás para cuidar de seus próprios filhos para poderem trabalhar.

Há um movimento crescente nos países industrializados e de terceiro mundo, como o nosso, anticrianças. Há hotéis e pousadas que não aceitam menores de 16 anos. Eu mesma reclamo – internamente – quando há um bebê chorando num voo de doze horas. Determinados destinos e viagens impõem um limite de idade e não aceitam crianças em seus passeios diários. Há agências de viagem que restringem as idades, especificando a exclusão de adolescentes e infantes.

Não somos estimuladas a ter filhos em São Paulo, e licença maternidade é luxo. A pergunta "Vou ter meu trabalho de volta quando retornar?" ronda nossos pesadelos. Temos de produzir, trabalhar, sermos membros efetivos da população economicamente ativa. A sociedade exige a mulher em forma, com o corpo ajustado aos ditames da moda (do momento) e não "deformado" pela gravidez.

A mulher que amamenta em público é xingada. Vi um vídeo no qual uma mulher jovem amamentava seu filho num banco de praça dos Estados Unidos. A seu lado, havia outra mulher, com um decote e seios avantajados. O repórter se posicionou ao lado da que amamentava. Muitas pessoas (homens, em sua maioria) passavam e falavam para a mãe: "Você deveria se envergonhar de amamentar em público"; "Não tem outro lugar para fazer isso?"; "Que nojento!". O repórter então parou alguns deles e apontou para a mulher com decote: "E aquela moça sentada ali com o decote? Tudo bem?". A resposta – quase sempre gaguejante – era mais ou menos assim: "Ah, isso é diferente".

Amamentar em público virou vergonha.

Assim, a chaga da deusa Deméter é viver num mundo em que sua função primordial é denegrida.

Tenho uma amiga que é mega Deméter. Sabe aquela pessoa que cuida de todo mundo? Pensa nas necessidades do outro em primeiro lugar? Ela faz as compras semanalmente para a família. Quando almoça fora, leva algo para o marido e para a filha, cuida dos cachorros com mimos, quando vai à feira me chama para comer um pastel, entre outras coisas. Mesmo com dores constantes no ciático, ela carrega sacolas e caixas e se preocupa com o que falta na casa dos amigos, dos companheiros de trabalho, da vizinha. Coloca comida no prato e diz: "Come, você está muito magra. Já tomou água de coco? Não pode se desidratar". Liga o ar-condicionado dizendo: "Você não está acostumada com o calor".

Ela antecipa as necessidades dos outros e oferece remédio, comida e colo. Ouve atentamente o desabafo de um coração partido ou de uma insatisfação no trabalho. O ouvido que você clama, espera e deseja é Deméter. Muitas vezes, há um excesso de cuidado. Não importa o quão independente você seja, ela estará lá aguardando para te servir.

Rita, eu te amo.

Entretanto, ela espera que os outros cuidem dela da mesma forma. Como se o amor fosse dado de um só modo. Cada personalidade é única, assim como o amar é pessoal e intransferível. Temos nosso próprio modo de gostar e de demonstrar isso. Nem todo mundo tem Deméter tão resolvida.

A mulher Deméter sofre pela falta de reconhecimento porque é educadora por natureza, provedora e acolhedora. É a mãe esquecida. E, por causa disso, não vai reclamar, mas o corpo vai padecer: dores de cabeça e de coluna serão suas companheiras. Ela sofre em silêncio e, como todo mundo acha que está tudo bem, ninguém se oferece para ajudar.

Tire um tempo só pra você, minha amiga! Inspire-se em Ártemis, que se isola para recarregar as baterias. Faça sua mochila e viaje para algum lugar remoto, sem cobertura para celular. Peça ajuda a Atena, que vai bolar uma estratégia (ou uma planilha) para melhor gerenciar seu tempo; inspire-se no seu espírito combativo e diga "não" mais vezes. Convoque Afrodite para uma sessão no salão de beleza ou em um *spa* (pode ser aquele tipo de *spa* urbano), você vai sair renovada. Faça com ela as compras (*shopping*-terapia); corte o cabelo, faça manicure e pedicure, repagine o visual.

Perséfone
Perséfone, em latim *Prosérpina*, era filha de Deméter. Os gregos a chamavam de Coré, a jovem (Bolen, 1990:40).

Ela vai escolher uma cabana mais isolada ou uma tenda de *camping* onde possa ficar sozinha de vez em quando para meditar ou entrar mais em contato com seu interior. Pode ou não estar acompanhada. Se houver alguém com ela, irá partilhar sua busca espiritual, sua jornada alquímica e respeitar o contato com o sobrenatural e o mundo invernal (o mundo lá de baixo). Se não for vegetariana, está a caminho. Vai comer tudo que for saudável, orgânico e politicamente correto.

Ela é discreta e modesta, mas está sempre disposta a agradar as pessoas à sua volta. Há um termo em inglês que define bem essa característica: *people pleaser*. Aquela pessoa supersimpática que faz de tudo para satisfazer as vontades dos outros. Há certo mistério em seu modo de ser: um exterior extremamente agradável – nada combativo ou agressivo – que guarda um universo interior. A simpatia é uma excelente defesa para seu mundo espiritual riquíssimo.

Se você olhar mais de perto, vai enxergar certa vulnerabilidade espiritual nessa deusa. Por conta dessa intimidade com o mundo sobrenatural, é muito reservada e, a exemplo de Ártemis, precisa de muito tempo sozinha. Ela se sente drenada pela quantidade de gente à sua volta, e, por conta da empatia que vivencia, experimenta o que acontece de maneira muito maior do que as outras pessoas. Ela sabe o que é um vampiro energético e vai te explicar se você for íntima dela. Vai perceber, em algum momento, que sua energia foi roubada e que o modo de recuperá-la, em geral, é se isolar.

> Porque ela não sabe como manter-se dissociada e à parte daqueles cujo sofrimento sente tão agudamente; seu ego carece de fronteiras. Por ser tão aberta ao inconsciente, o seu próprio e o dos outros, ela está constantemente fundindo-se com as personalidades e sofrimentos das pessoas que atrai (Woolger e Woolger, 2017:191).

A palavra "energia" está sempre em seus lábios. Sai do mundo físico e medita, ou utiliza a medicina alternativa para se renovar. Ela precisa estar em comunhão com o sobrenatural, o mundo invisível ou avernal – como conta seu mito.

É aquela amiga que tem sensações estranhas nos lugares. Ela é mais sensível ao ambiente ou à atmosfera do local. Provavelmente é espírita ou tem uma sensibilidade aguçada. Fala sobre o ambiente pesado e tem arrepios em lugares considerados sobrenaturais, ou os vórtices da Terra, para alguns. Sente presenças e algumas vezes revela o que vê. Na maioria das vezes, entretanto, não fala nada. As pessoas não acreditam nessas coisas e ela se retrai, se retira para seu rico mundo interior.

Para a maioria de nós – céticos de carteirinha –, todas essas sensações ou visões inexplicáveis são comuns para a mulher do tipo Perséfone. Ela mora entre os dois mundos. Tem passaporte com visto permanente para o mundo de baixo: seu mito conta que havia uma jovem bela e despreocupada (Perséfone ou Coré, para os gregos), filha de Zeus e Deméter, que estava colhendo flores no campo quando foi raptada por Hades. Este a levou para o mundo inferior, para ser sua noiva à força. Depois de muitas negociações, decidiu-se que ela passaria metade do ano com Hades, como rainha, e metade do ano no mundo superior, com sua mãe Deméter.

Perséfone parece sempre jovem, uma eterna adolescente. Em geral, é conduzida pelos outros, mais passiva do que ativa, mas é levada por seu forte instinto. É aquela amiga mais condescendente, cautelosa e, por vezes, um tanto defensiva. O receio de ser julgada, por habitar o mundo inferior, é tão grande que pode ser que ela não fale sobre sua sensibilidade aguçada e fique mais quieta. E o desejo de agradar à mãe (Deméter, no mito) e às pessoas à sua volta pode ser maior do que sua vontade de ser independente. "Esse desejo a motiva a ser uma boa menina, obediente, condescendente, cautelosa e, muitas vezes, resguardada ou 'protegida' da experiência que carrega até a insinuação do risco", ou seja, ela deixa de ser ela mesma ou de expressar seus próprios desejos por temer a desaprovação da mãe (Bolen, 1990:278).

Ela cria um mundo só dela, no qual pode ficar em paz com suas imagens e desejos. Tem seus cantos escondidos, especiais, e ninguém a encontra facilmente. Pode estar conversando com amigos imaginários ou consigo mesma. É a criança retraída, cujo mundo interior é um universo em si. Nesse sentido, pode estar simplesmente fugindo da mãe dominadora e/ou do pai abusivo e, assim, criar para si um lugar especial.

Perséfone, a exemplo de Ártemis, se isola. Retrai-se. Esconde-se para entrar em comunhão com um mundo onde se sente mais à vontade, ao qual pertence. Porém, esse isolamento pode levar à depressão.

Perséfone pode surgir em nós – ou se manifestar de forma mais aguda em quem já tem a deusa como ponto forte – depois de algum trauma, invariavelmente no qual ocorreu uma "morte psíquica". Woolger e Woolger (2017:183) verificam que:

> depressão e retraimento, acompanhados ou não de fantasias suicidas, podem seguir-se de uma grande perda, separação ou trauma violento em qualquer idade. De modo que a descida ao mundo avernal não é restrita somente à infância. Podemos ser atraídos ao mundo tenebroso de Perséfone após um divórcio, uma mudança não desejada para um lugar distante, um aborto, a perda de um emprego, algum trauma severo ou quando somos a única pessoa a sobreviver a um acidente de automóvel. Em tudo isso há sempre alguma espécie de morte psíquica, ainda que não física. A perda é, afinal, exatamente isso: sentir arrancada de si a energia da imagem de alguma pessoa, lugar ou modo de vida amado, que é substituída por um enorme ermo, vazio emocional. Freud caracterizou toda depressão como um tipo de luto pela perda de algum objeto amado.

Viver o luto é muito importante. Não fazer de conta que está tudo bem, sabe? Entupir-se de remédio para poder aguentar o dia não resolve a causa nem a dor da perda. E o retraimento não ajuda. É importante chorar e desabafar, buscar ajuda profissional se necessário for. Ninguém é Mulher-Maravilha (a não ser a própria). Terapia não é vergonha. Nem sempre conseguimos sair sozinhas do buraco e, às vezes, o buraco é muito fundo.

Quantas perdas escondemos de todos à nossa volta, por vergonha de nossos fracassos? Muitas vezes são fracassos na concepção do mundo (superficial) e não na nossa. O que é ser bem-sucedido? Isso só você pode decidir. É tão subjetivo como o conceito de Deus para cada um. Creio que há uma lição importante para nós que, às vezes, somos Perséfones: sermos mais tolerantes. Primeiramente, conosco. Falhei, ok. Vou levantar, sacudir a poeira e dar a volta por cima, como diz a música. Que bom que fracassei. Significa que eu tentei.

A cicatriz é aquele tecido mais grosso, fibroso, que substitui o tecido lesionado. Ela restaura a pele machucada e ferida, deixando uma marca. E, como o calo, é mais resistente.

Quando você fracassa, torna-se mais resistente às perdas ou, pelo menos, àquele tipo de perda. Sua pele vira uma espécie de couro animal. Uma armadura contra o ataque do inimigo. A cicatriz é seu escudo repaginado. Use-a com orgulho. Não precisa mostrar para ninguém. Mas lembre-se dela, acaricie-a de vez em quando, recorde que você sobreviveu à queda. E aqui está: nova em folha. Com uma marca de batalha, que é seu brasão.

As perdas sempre virão, e desenvolver o potencial espiritual é um bom caminho. Procurar a ajuda de sua amiga Afrodite para ser um pouco mais sensual é uma boa ideia, pois, em geral, Perséfones não liga para sexo e pode se sentir cativa do marido, a exemplo de seu mito com Hades. Afrodite cai bem aqui. Deméter, sua mãe, também pode ser de grande ajuda, assim como as amigas que possuem essa deusa como arquétipo maior. Pode ser o colo que você precisa quando se sentir perdida.

Afrodite
Afrodite, a deusa do amor e da beleza, mais conhecida pelo nome romano Vênus, está na categoria das deusas alquímicas, a mais bela e irresistível das deusas. Teve muitos romances e uma grande descendência. É também a deusa da atração erótica, da sensualidade e da sexualidade e da vida nova.

Todos têm uma amiga mais Afrodite, por assim dizer. Ela vai escolher o hotel cinco estrelas, para não ter problema em usar seus mil acessórios: o secador, a chapinha, o *babyliss*, a maquiagem e todas as joias e bijuterias, tudo seguro no cofre. Todos os vestidos e saias e qualquer coisa sensual para vestir estarão pendurados meticulosamente no armário, de preferência por algum funcionário do hotel. Ela vai jantar fora todas as noites e também vai para a balada. Os melhores restaurantes e o clube da moda estão na sua lista. Pode ou não estar acompanhada, mas, se estiver, o cara é bem-sucedido, nos moldes do mundo moderno.

Essa deusa se sente super à vontade com seu corpo. É aquela amiga que não caminha, desliza. Tem uma relação descomplicada e saudável com sua sexualidade; veste-se e despe-se na frente das amigas sem virar de costas. Ela é parceira do seu próprio corpo. Amadureceu cedo fisicamente e logo percebeu que os meninos ficavam fascinados por seus atributos femininos. Assim, aprendeu a usá-los em seu benefício bem cedo. Ela seduz não somente homens com sensualidade e sexualidade mas também por meio de uma voz doce e suave. Sabe as regras do jogo e utiliza todas. Aquele instinto de exibicionismo, presente na quantidade exagerada de *selfies*, vem dela.

Afrodite pura se mostra em todo o seu esplendor. Ela provoca, incita e estimula a imaginação dos homens – e das mulheres! – com seu fascínio sexual, ao qual os homens são incapazes de resistir. Woolger e Woolger (2017:123) verificaram que os gregos racionalizavam a sua paranoia conferindo à Afrodite uma cinta mágica capaz de desarmar todos os homens e deuses que a ameaçassem.

Todavia, há algo altamente suspeito nesses exemplos, pois, em todos eles, os homens são apresentados como vítimas. Vítimas de seus próprios sentimentos, talvez não admitidos, mas certamente não vítimas efetivas das mulheres. Isso tudo cheira a culpa deslocada, pois, se houve um grupo social vitimado no Ocidente patriarcal, foi o das mulheres.

Você já deve ter ouvido que homem trai por conta de sua natureza. Tem muita testosterona. É do seu instinto. A culpa é da mulher que seduz. Joga pedra na Geni (da música "Geni e o Zepelim", de Chico Buarque).

Culpemos Afrodite, e somente a ela, pelas infidelidades, ou, como chamavam antigamente, indiscrições.

Esquecemos que seu maior dom é o relacionamento. Ao culpar a sua sexualidade desenfreada, no julgamento de muitos, separamos Afrodite de Deméter e Hera, que podem ser mães e ocupar um lugar de destaque no Olimpo, ao passo que Afrodite teve de ser destronada. Rotulada de deusa do sexo e da sedução, ela pode ser a amante, a outra, mas só poderá ocupar o lugar de esposa na condição de troféu.

As mulheres foram mantidas sem cultura pelos maridos, por medo de serem traídos. Afinal, desde Platão, acredita-se que:

> a amizade verdadeira e comunhão espiritual só podem existir entre homens, e o amor das mulheres é inferior. Os gregos, os romanos, a Renascença, o império britânico, e é claro, a Igreja católica romana, fundamentaram seu poder político em algum tipo bem coeso de elite masculina com homens obrigados entre si por uma lealdade homossexual. Com a exceção do clero católico, os homens dessas sociedades eram todos casados, mas às esposas era negado acesso ao mundo masculino, sendo valorizadas, principalmente, pelas suas conexões dinásticas e funções procriadoras – entre as quais a principal sempre foi gerar um herdeiro homem. A ordem patriarcal não permitiu que Deméter e Afrodite se misturassem (Woolger e Woolger, 2017:124).

Certa vez, na Austrália, conheci uma super-Afrodite. Era meu primeiro dia de mergulho e, como eu estava sozinha, colocaram-me com ela para fazer dupla. Por acaso, descobri que era brasileira e ficamos juntas na cidade nos dias seguintes, pois ela também viajava sozinha.

Decidimos sair juntas à noite para jantar. Fui encontrá-la no hotel em que ela estava hospedada. Ela demorou uma hora e meia para se arrumar: fumei uns dois cigarros, caminhei em volta do quarteirão, fiz sudoku e cantei enquanto esperava. Ao sair do quarto, estava linda, com um vestido bem colante e de salto alto. Gentilmente – não sei se fui tão gentil assim –, convenci a criatura a trocar o salto por uma rasteira, porque iríamos caminhar para caramba.

Quando por fim saímos, ela sabia o nome do melhor restaurante à beira-mar, o mais badalado da cidadezinha minúscula de Cairns (do estado de Queensland, a 2.500 km de Sydney), de onde saem os barcos de mergulho para a Grande Barreira de Corais. Terminou a noite acompanhada por um australiano que conhecemos no barco e encontramos, não por acaso, no bar/restaurante. Mas ele não era exatamente seu tipo. Nessa mesma viagem, ela seguiu sozinha para a Nova Zelândia (eu voltei para o Brasil) e lá conheceu um americano, com o qual se casou dois anos depois em Las Vegas. Hoje está morando nos Estados Unidos.

Vai que é tua, Afrodite!

Se for isso que a mulher deseja, conhecer um cara e se casar, ser feliz para sempre ou até que dure a paixão, por que não seduzir? Seduzir o cara que você deseja. Nada de errado nisso. O que não é legal é seduzir o marido ou namorado da amiga, não é, colega? Aí você está sendo desleal à sua própria espécie.

Certa está a Afrodite que conheci naquela terra distante, em uma das ilhas da Oceania banhada pelo Oceano Índico.

Afrodite ameaça pelo seu poder. Apenas o de sedução? É a mulher fatal. Costumo chamar a geração de homens da minha idade de *Atração fatal*, como no filme de 1987 com a Glenn Close e o Michael Douglas. Alguns homens acham que, ao se envolverem com uma mulher e a dispensarem em seguida, ela vai enlouquecer e começar a persegui-los, a perseguir suas famílias e, no fim, vai até a casa deles cozinhar o coelhinho fofo de sua filha.

Perdão pelo *spoiler*.

Convenhamos que uma generalização não é muito inteligente. Não nego que haja pessoas, de ambos os sexos, que não conseguem lidar com a rejeição de um modo mais civilizado e apelam para tais expedientes (o filme retrata o extremo). Entretanto, há pessoas que não estão nem aí para você, caro colega. Tudo que queriam era aliviar a solidão por uma noite, divertir-se ou mesmo afogar as mágoas com um desconhecido. Há de tudo nessa vida.

Infelizmente, até na sétima arte a mulher era, e ainda é, algumas vezes, retratada como louca, desvairada, *femme fatale*.

Afrodite, sua louca!

E o que resta à Afrodite é a depreciação. Pelos homens, que a usam e descartam ou a utilizam como troféu, para mostrar aos amigos e à sociedade, e pelas mulheres, que a consideram uma ameaça ao seu relacionamento. Desse modo, ela é depreciada e acuada, sendo que podia nos trazer tantos benefícios.

Jung explica o retrocesso no desenvolvimento dos homens. Em sua grande maioria, enxergam dois tipos de mulheres: a para se divertir, Afrodite, e a para se casar, Deméter ou Hera.

A maioria dos homens deprecia a mulher ao projetar sobre ela o lado negro da força (da sombra, na verdade). De um lado, a bruxa (a mulher perseguida implacavelmente na Idade Média e condenada à fogueira da

Inquisição); de outro, a Virgem Maria. O diabo (que não veste Prada, mas é uma mulher) e a santa, dedicada e provedora de comida e acolhida, que ainda por cima é virgem, no sentido estrito da palavra. Afrodite representa as tentações mundanas, a luxúria e o pecado; Hera e Deméter representam a mulher preparada para as núpcias, colocada em um altar, digna de adoração. A devassa e a santa.

Assim, a sociedade hostiliza e desaprova a deusa. A chaga de Afrodite é a exclusão. Ela é excluída da vida em sociedade. Diferentemente de Ártemis, que se isola fisicamente, ou de Perséfone, cujo isolamento é de cunho espiritual, Afrodite é isolada por homens e mulheres. Ela serve como amante ou como namorada de uma noite, mas não como esposa.

Como diz o velho ditado, não dá pra viver com ela, mas também não dá pra viver sem ela.

Afrodite poderia se beneficiar do intelecto aguçado de Atena e de seu espírito combativo; do respeito social alcançado por Hera, a esposa por direito do Olimpo, e do acolhimento de Deméter, também esposa e mãe por direito. O problema é: como chegar perto dessas mulheres, que, em geral, a hostilizam? Talvez pudesse trocar figurinhas, não é? Ensinar Ártemis a se maquiar e a se vestir – ela bem que precisa de dicas – e ensinar alguns truques de sedução a Atena. Elas vão te acolher, Afrodite. E Deméter vai te acolher também, pois em coração de mãe cabe todo mundo.

#ficaadica

Cada deusa tem seu estilo de viagem. Escolhem um destino ou optam por um que lhe foi imposto. Têm sua preferência por janela ou corredor, tipo de aeronave, acomodação e comida disponível. Há as que preferem comida de rua, as que comem qualquer coisa (pela falta de tempo) e as que fazem *check in* no *Facebook* em um restaurante *Michelin*. Com todas elas, podemos aprender alguma coisa, nem que seja como melhor planejar nossa jornada. Todas têm pontos fortes para nos indicar a maneira adequada de lidar com determinadas situações.

Há as que têm o poder da persuasão, que evitam conflito a qualquer custo. Há também as de pavio curto e que vão reclamar de qualquer coisa que não esteja correta (pelos seus padrões) ou adequada. O ar-condicionado que não funciona direito, o banheiro que não tem uma ducha forte ou a água que não esquenta. Talvez possamos aprender que há momentos em que temos de exigir um melhor serviço, não só porque estamos pagando, mas porque merecemos. Com as que não reclamam de nada, podemos aprender a relaxar: a filosofia do "deixa pra lá, estou de férias".

Talvez uma mescla de todas elas seja o ideal, a fim de aproveitar melhor a viagem.

De tudo que perdemos ao longo dos séculos, o mais significativo foi a nossa essência. As Atenas de hoje se masculinizam, a fim de garantir seu lugar ao sol (na empresa em que trabalham), as Afrodites exageram em seus rituais de sedução (inclusive no ambiente de trabalho), as Ártemis se isolam, pois não há lugar para uma deusa da floresta numa selva de concreto. As Heras perdem o brilho, porque estão muito preocupadas em arrumar um marido. As Perséfones sentem-se mal compreendidas e se isolam ao entrar em depressão. As Deméters que não conseguem ter filhos, nem com inseminação artificial ou fertilização *in vitro*, enlouquecem porque não conseguiram realizar sua "função primordial".

Para Robles (2013:21):

> a mulher vem violentando a própria essência, e uma mesma experiência repetida durante milhares de anos, apesar dos preconceitos e da assombrosa informação que em nossa época confunde o entendimento, afasta a intuição e nos distancia da sabedoria para a qual somos chamadas como seres pensantes.

É devastador ter de usar uma máscara o tempo todo. Não me refiro somente à *persona* profissional, o ser que temos de encarnar durante o horário de serviço, que se comporta de maneira adequada, não fala palavrão, nem mesmo vai ao banheiro se for possível evitar, mas àquele tipo que temos de fazer frente a "amigas" que não são de verdade, ao namorado ou contatinho que não quer nos conhecer a fundo, aos pais que não sabem participar de nossa vida, tão atribulados estão com as suas. Pisamos em ovos o tempo todo. Cansa, não?

Para onde vai nossa essência? O verdadeiro eu? Colocamos no armário, pois é lá que ficam os esqueletos? Temos de encontrar o caminho do meio. Pedir ajuda a todas às deusas para completar o que nos falta, e retirar aquilo que nos bloqueia. Talvez menos agressividade em busca do afeto, que nossa amiga Deméter tem de sobra? Menos ansiedade e aprender a meditar com nossa amiga Perséfone, que tem aliados espirituais? Mais sedutora quando tiver aquele encontro com o cara, pedindo auxílio à nossa Afrodite de plantão? Ter mais foco e observar nossa amiga Atena começar e terminar seus projetos com afinco? Ser resiliente como Hera e aprender a conquistar seu lugar ao sol?

O conselho de sempre continua valendo: conheça-se, pois se souber quem é ou tiver um vislumbre, poderá entender o que falta (ou o que excede e pode ser controlado) e, a partir daí, trilhar um caminho menos doloroso em busca da peça do quebra-cabeça interno.

Muitas vezes, preferimos não enfrentar o lado obscuro de nosso ser, que Jung denomina de sombra. É sempre mais confortável achar que somos melhores do que os outros, mais generosos, mais organizados, menos egoístas, menos competitivos e assim por diante. Temos diante de nossos olhos uma imagem de quase perfeição. Somos espirituais ou tentamos ser. Enfrentar nossas características não tão boas dá medo, mas é essencial para melhorar nossa vida em sociedade. Na verdade, a relação com nosso eu deve vir em primeiro lugar. Jung (2015:85) verifica que:

> Todas as tentativas, até agora, revelaram-se singularmente ineficientes e assim hão de permanecer enquanto estivermos tentando nos convencer – a nós e ao mundo – de que apenas eles (nossos oponentes) é que estão errados. Seria bem melhor fazermos um esforço sério para reconhecermos nossa própria "sombra e sua nefasta atividade". Se pudéssemos ver esta sombra (o lado escuro e tenebroso da nossa natureza), ficaríamos imunizados contra qualquer infecção e contágio moral e intelectual.

Nossa natureza é sempre competitiva. Os seres humanos são assim. Mas por que não mudar? Se pudéssemos reconhecer quem somos e, a partir daí, traçar um plano, uma estratégia para melhorar nosso mundo (entenda-se comunidade, bairro, escola, empresa), seríamos muito mais proveitosos.

Para nós, mulheres, continua mais difícil. Em todas as áreas e aspectos da vida em sociedade, somos encaradas como inimigas ou em uma condição de inferioridade, própria do chamado "sexo frágil". Ou, ainda, como manipuladoras e volúveis, afeitas às mudanças de humor provocadas mensalmente por nosso útero, incapazes de separar emoções e de nos comportar de modo equilibrado nas diversas situações do dia a dia.

É mais difícil. Temos jornada dupla: trabalho e casa. Precisamos contribuir com o orçamento, se o marido trabalha; se não, somos responsáveis por cada centavo que colocamos em nossas casas, pelo alimento e necessidades em geral de nossos filhos, pelo cuidado com os avôs e avós, por cada detalhe da vida doméstica que os homens, em sua grande maioria, nem querem tomar conhecimento.

Quando nos conhecemos melhor, podemos encarar nossos medos, frustrações e desesperos. A partir daí, buscamos ajuda para enfrentar aquilo que podemos modificar, como diz a oração da sabedoria: mudar o que podemos, aceitar o que não podemos e ter sabedoria para distinguir um do outro.

Equilíbrio é o norte de qualquer jornada.

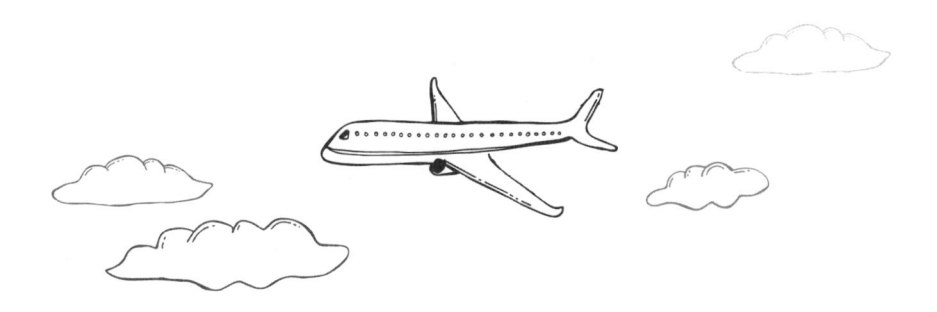

A viagem à Grécia

> Perhaps travel cannot prevent bigotry, but by demonstrating that all peoples cry, laugh, eat, worry, and die, it can introduce the idea that if we try and understand each other, we may even become friends.

> Pode ser que viajar não evite a intolerância, mas, ao mostrar que todas as pessoas choram, riem, comem, preocupam-se e morrem, pode trazer a ideia de que, se nós tentarmos entender uns aos outros, podemos até nos tornar amigos.

MAYA ANGELOU, 1993:12

O cultivo do belo

No berço da democracia, há esculturas de corpos perfeitamente delineados por todos os lados. O povo é muito bonito (se você, como eu, aprecia a cor oliva da pele e cabelos escuros). Se no Japão as coisas são feitas para serem esteticamente perfeitas, na Grécia parece que nasceram assim.

Para Platão (século V a.C.), o conceito do belo está ligado a uma essência universal e não depende de quem observa, pois está contido no próprio objeto, na criação. Para ele, o que existe no mundo sensível é apenas uma cópia do que está no mundo inteligível. Sócrates (470 a.C.) acreditava que o belo é permissível através dos sentidos. A beleza não está associada à aparência de um objeto, mas em sua essência, no quão proveitoso ele pode ser. Aristóteles, discípulo de Platão, acreditava que uma obra só poderia ser considerada bela se fosse capaz de promover a catarse em quem a admirava.

Hoje se discute se a simetria perfeita é de fato o belo. De Mona Lisa a Brad Pitt, muitas beldades têm seus rostos esquadrinhados para verificar que não são perfeitamente alinhados. E talvez seja o que os faz únicos e belos. A beleza está nos olhos de quem vê?

Procuramos incessantemente a beleza de nossos corpos. Projeto verão 2018: como emagrecer e ter o corpo perfeito para a praia etc. Diversas propagandas, academias de ginástica e revistas femininas entoam seus conceitos e divulgam a forma de alcançar o belo. Leia-se: o belo de acordo com eles.

O padrão de beleza muda com o tempo. As mulheres mais fornidas eram consideradas musas, e não faz tanto tempo. No Renascimento, a mulher mais cheia de formas era o ideal de beleza. Veja as pinturas das madonas (até mesmo antes do Renascimento) de Sandro Botticelli, por exemplo. As mais gordas eram também as mais ricas, porque comiam melhor e assim ganhavam peso, ou seja, a forma do corpo na época indicava o status e a posição social da formosura.

Há algum tempo, um estilista decidiu que bonita é anoréxica. A graça está nos ossos, para ressaltar a roupa.

Um dia, vi um curta-metragem brasileiro chamado *A princesa*, com a belíssima Aline Jones. Todos os rituais de beleza a que nos submetemos estavam lá, estampados em uma produção magnífica. Tiramos pelos, pintas e podres. Raspamos, esfregamos, socamos, enfiamos pés em sapatos menores e mais altos, colocamos cintas tal qual o espartilho de sei lá que século, espremem nossa alma. Mutilamos nossa essência em prol de quê? Assista.

O recente filme *O mínimo para viver* (2017) também aborda a questão da anorexia, mas de uma forma diferente: uma artista anoréxica, desenhista, tem uma conta no Tumblr (plataforma de *blog* que permite ao usuário postar vídeos, áudios e diálogos), na qual posta seus desenhos e inspira muitas pessoas a seguir seu exemplo. Uma das seguidoras está no último estágio da doença, no qual a pessoa morre porque o corpo não tem mais nada para queimar de calorias, depois de queimar tecidos e músculos. A artista se sente responsável pela morte, até porque a fã deixa um bilhete suicida para ela, e se interna para tratar a doença.

Não vou dar *spoiler*.

O buraco é mais embaixo do que a gente pensa. E a mídia, de todas as formas, contribui muito para essas compulsões, sejam elas de comer muito ou de comer nada. A coisa vira doença e o tratamento, nos estágios finais, é quase impossível.

Estava assistindo a um episódio de *Black mirror* (na Netflix, abençoada seja), chamado "Engenharia reversa", sobre condicionamento e as máscaras que usamos para ver menos, sentir menos e assim continuar nessa vida insatisfeita mais um pouco. A mesma ideia de *Matrix*. Lembra? Pílula azul ou vermelha? O que vai ser hoje?

É muito difícil enfrentar nossos próprios monstros. Somos a escuridão também. Encarar nosso egoísmo e hipocrisias não é tarefa agradável. A sombra, para Jung, é aquilo que escondemos por trás da nossa máscara condicionada. De um lado, pela sociedade, de outro, por nós mesmos. Condicionados a ser certinhos, a ser ovelha ou gado que vai para o matadouro sem se queixar. Não reclamamos de alguém que cobra a mais ou que nos ilude ou engana propositadamente. Não reclamamos nem de nós mesmos quando agimos assim, não é? Em geral, segundo Campbell (2017:121-122):

> [nos] recusamos a admitir que exista, dentro de nós ou de nossos amigos, de forma plena, a impulsionadora, autoprotetora, malcheirosa, carnívora e voluptuosa febre que constitui a própria natureza da célula orgânica. Em vez disso, costumamos perfumar, lavar e reinterpretar, imaginando, enquanto isso, que as moscas e todos os cabelos que estão na sopa são erros de alguma desagradável pessoa.

Desde a infância, somos condicionados a muitas coisas, levados a pensar que tudo é uma competição. Competimos com as meninas na escola, por mais atenção do professor; pelo garoto que achamos o mais bonito; por notas e corpos melhores. A mídia, a tia, a mãe, a irmã. Tudo é motivo para competir. Queremos um lugar melhor, uma grama mais verde e teremos isso a qualquer custo. Quantas vezes fomos desleais com nossas colegas mulheres?

Fomos levados a acreditar que há pouca comida, menos homens. A Islândia tem mais homens do que mulheres; a Escandinávia inteira ao que parece. A China também, onde, aliás, faltam mulheres, porque matavam as meninas ao nascer, ou deixavam morrer de fome e frio na rua. O objetivo de uma mulher chinesa era produzir filhos homens, então, quando nascia uma menina (só podiam ter um filho ao todo), os pais a matavam. Resultado: não há mulheres suficientes no país atualmente.

Nem tudo que aparece na mídia é verdade. Somos condicionados a pensar que o mundo de hoje é mais perigoso. Na verdade, não é tanto assim. Nunca foi tão seguro. O terrorismo sempre existiu, com outro nome, mais adequado a uma determinada era. Estupradores sempre existiram e, antes, esse crime era até legalizado. Assassinos trabalharam e ainda trabalham, em alguns países e agências mais obscuras, para o governo. Pedofilia é oficial em alguns lugares do mundo. Meninas a partir dos 9 anos são dadas em casamento em troca de dotes.

Há mais doenças? Pode até ser, mas foram criadas em laboratórios, para vender mais remédio. Todos os transtornos e seus nomes exóticos, tratados com Prozac, Rivotril, Lexotan. Ninguém trata a causa. Só vamos deixar as pessoas prontas para funcionar em sociedade. Amáveis, dormentes, mansas, qual ovelhas. Não precisa fazer terapia para saber o que te levou à depressão, à anorexia, ao transtorno bipolar ou à síndrome do pânico. Toma um remedinho aqui: logo, logo passa.

Thoreau (2017:137), ao descrever a natureza, dá uma indicação:

> Qual é a pílula que nos manterá bem, serenos e contentes? Não a do meu ou do teu bisavô, mas a botânica medicinal de nossa bisavó Natureza, com a qual ela mesma se conserva sempre jovem, sobrevivendo a tantos velhos Parrs e alimentando sua saúde com a obesidade decadente deles. Minha panaceia, em vez daqueles frasquinhos dos charlatões com uma mistura tirada do Aqueronte e do Mar Morto, que saem daquelas carroças rasas e compridas, parecendo escunas de piratas, que às vezes vemos transportar garrafas, é sorver um longo trago do ar puro da manhã. Ar da manhã.

Máscaras
Implantes invisíveis, condicionados a não sentir, vamos levando nosso dia a dia sem questionar nada. E quando, por fim, alguém o faz, nós nos posicionamos como? "Não vou me envolver, não é problema meu, vou me queimar." Para que o desgaste?

De fato, há batalhas que não justificam o desgaste, mas a guerra não se vence desviando-se de todas as balas. Faça a sua parte, e qual é ela? Não seja desleal aos princípios, defenda suas irmãs, posicione-se em caso de assédio.

Somos assediadas há séculos. Há todo um sistema que quer nos manter no cabresto, e só falta dar o sininho para mugirmos como as vacas e termos o nome de Mimosa.

Já vivi e presenciei assédio. Na maioria das vezes, é praticado por homem em conluio com outra mulher. Ou ela mesma pratica contra sua funcionária. Ou se junta a outro e intimida, abala psicologicamente uma criatura, que, em geral, é outra de sua espécie. Ou então se senta ali, passivamente, como se nada tivesse acontecido, e nada faz. Não se posiciona, nem defende a sua colega de espécie.

Conheço algumas pessoas que entraram no fictício Ministério da Fofoca e da Intriga. Dois anos depois, tomavam remédios tarja preta para aguentar o sistema. Depois de anos estudando para passar num concurso, ninguém vai pedir exoneração assim tão fácil. Sobrevivem à custa de sua saúde mental. Mas é fictício gente. Não existe Ministério da Fofoca e da Intriga.

Pare de competir com sua irmã. Não é verdade que há menos homem. E se, em alguns países, isso for verdade, o que importa? Vale matar sua irmã por um homem? Competir com ela para mostrar que é melhor? Que ser humano vale isso? Seja você mesma; todas as outras personalidades já estão tomadas. Alguém já disse. Por que ser alguém que você não é? Para conquistar outra pessoa que você nem sabe se vale a pena? Pelo prazer da conquista? Pelo primeiro prêmio. Que bela b****.

Vejo amigas que só são assim até chegar um cara. Vejo colegas de trabalho disputando a atenção do chefe para dizer "Olha como ele me ama, não ama você, mas a mim! Eu posso tudo". Que coisa feia!

Vejo irmãs se matando por um naco de atenção do pai, do irmão, do vizinho. Atenção! Migalhas deixadas na estrada, por misericórdia mesmo. Um carinho na cabeça aqui, um tapinha nas costas acolá, um sonho de valsa. Pronto. Basta isso, já é o cara da sua vida. Divirta-se, amada!

Todos condicionados a se matar. Assim talvez sobre menos gente e mais alimento. O mundo faz isso naturalmente, é a seleção natural. Por isso existem os desastres da natureza. Não precisa empunhar sua arma e liquidar um inimigo que só tem a cara feia porque usa uma máscara. Seu inimigo não é pior do que você: ele é você. E nem inimigo é.

Veja a que ponto nós chegamos! Nossos ancestrais matavam para viver. A mídia nos incita a matar. Nossas mães nos ensinam que o mundo é um lugar perigoso (e é, mas não como é pregado), que precisamos competir com nossas irmãs de espécie por um lugar ao sol. E precisamos mesmo, mas competir não é matar. A influência das pessoas que vemos, dos anúncios a que assistimos e das desgraças televisionadas todo dia, no jornal salpicado de sangue, tudo isso condiciona nossa mente.

Nossos ídolos nos inspiram a morrer. Sim, cigarro mata. Comer muito também. Comer nada, idem. Tudo em excesso mata, nós já sabemos disso. Influência é uma coisa complicada. Que possamos ver as celebridades com olhos críticos e escolher o que é bom para nós, que, mesmo sendo um pouco deuses ou deusas, estamos destinados a morrer.

No final deste filme, todo mundo morre.

Escolha ao que assistir, o que ler, que batalha lutar, por qual celebridade ser influenciado, que música ouvir, que lanche comer.

Escolha, você pode.

Além do condicionamento, carregamos uma herança de dor. Tolle denomina "corpo de dor" (2014:116).

Nossa tataravó já sofria de ostracismo e de separação, pois, antigamente, as mulheres eram separadas quando estavam menstruadas, só para dar um exemplo. Ainda é assim na Índia, em alguns lugares da Ásia e entre as religiões ortodoxas, como as judaicas e muçulmanas. Consideravam-nas impuras, sujas mesmo. E a grande maioria das antigas civilizações achava que, nessa época, a mulher estava possuída por algum ente sobrenatural. Afinal, como pode sangrar e não morrer? Há até música assim, não é? Ou então, que a mulher possuía poderes que diminuíam as forças dos homens e minavam seu poder. Portanto, eram afastadas do convívio de seus maridos, filhos e parentes.

Imagine que isso ocorreu em todas as gerações da sua família.

E até hoje somos consideradas seres emocionais demais. Por isso usamos roupas mais masculinas e tentamos chorar às escondidas, no banheiro da firma, para que não vejam que estamos sendo "muito emotivas". Todos esperam que a mulher tenha um surto, um ataque ou algo do gênero. Inclusive, alguns o provocam e sentam-se na arquibancada, à espera do show.

Quando o homem se esquenta além da conta e parte para cima de outro (ou grita, briga e empina o peito igual pavão), isso é natural, ele está defendendo sua masculinidade, é hormonal, tem muita testosterona. Homem que é homem...

Quando a mulher chora ou se desequilibra de alguma forma, ela é "difícil, emocional demais, cheia de manha, se faz de vítima", dizem alguns. Para outros, é apenas uma mulher sendo mulher. Deve ser TPM, deve estar naqueles dias. "Tá brava mesmo, hein?" Várias piadas são feitas e você certamente já ouviu alguma e deve ter rido, junto com o dono da piada.

Aparentemente, temos de aguentar toda sorte de assédio e desrespeito sem nos manifestarmos. Sem discutir. Mulher tem de ser meiga, amável, doce e submissa.

Quantos séculos sendo vacas de presépio?

Toda essa herança passada de geração em geração: sua avó, deprimida, olhando pela janela; sua mãe tendo um ataque de nervos, como chamavam antigamente; sua irmã sendo ela mesma (eu suponho); você chorando baixinho no travesseiro ao lado do seu marido, que ronca igual caminhão quebrado.

Essa herança de dor é imensa.

Desde aquela que foi legada pela fogueira em uma vila na França, quando sobraram apenas duas mulheres para contar a história,[3] carregamos a dor do silêncio, da tristeza, da anuência a certos costumes, da covardia, da coragem, do medo. Carregamos em nosso coração cicatrizes imensas, que talvez só sejam descobertas na autópsia, de acordo com Solnit (2006).

Sim, é mais difícil para nós mulheres. Entretanto, temos de observar nosso comportamento frente aos homens. E especialmente em frente ao espelho. O condicionamento imposto pelo meio em que vivemos e a herança de dor são pontos a serem observados. Encaramos e entendemos isso. E devemos reagir de forma diferente do esperado. Podemos usar nossa inteligência e aplicar estratégias para driblar a dor, trabalhar o buraco emocional, fechar a ferida. O que não pode é se vitimar. Tampouco atacar os homens, que também sofrem efeitos parecidos – em uma escala bem menor, é fato, mas sofrem.

Os homens também se sentem assediados (e em alguns casos são mesmo), desrespeitados e acuados. Mais de uma vez ouvi de motoristas de Uber que mulheres entraram em seus carros e os tocaram por trás, sentadas no banco do passageiro. Se você não quer ser tocada sem permissão, não toque. Se não quer sofrer assédio, não assedie. Paquerar e se mostrar disponível é uma coisa, colocar a mão em alguém é passar dos limites. Isso vale para ambos.

Temos de encontrar um meio termo. Um espaço onde possamos sentar e discutir nossas mágoas, sem atacar e sem se atracar com os homens. Temos, principalmente, de mudar nosso comportamento,

---

3. No arcebispado francês de Trier, em 1585, 306 bruxas delataram cerca de 1.500 cúmplices. Embora a maior parte das acusadas tenha escapado à morte, isso não impediu que duas aldeias da região ficassem à beira do extermínio: sobraram apenas duas mulheres em cada uma delas.

prestar atenção em palavras e atos, estabelecer limites e respeitá-los em igual medida.

Somos desunidas. Isso é um fato. Sororidade é um lugar que não existe. Não modificaremos uma cultural patriarcal se não aprendermos a nos respeitar. Se não pararmos de competir umas com as outras e de tentarmos destruir a colega. Para sua luz brilhar, não precisa apagar a do outro, alguém disse.

Precisamos modificar nosso comportamento, meninas. Para deixarmos de ser vacas de presépio e participarmos ativamente e respeitosamente de uma mudança, em primeiro lugar, precisamos nos observar.

Aprender a cobrar sim. A ter voz e usá-la, mas também a aprender a ouvir e a ter empatia. Observe-se, amada. Transforme-se. Escolha ao que assistir, o que aprender, ler, ouvir. Modifique seu DNA se preciso for. Só podemos cobrar uma mudança na sociedade se começarmos por nós mesmas.

A Grécia mudou
Quando cheguei, em setembro de 2013, a economia do país ia de mal a pior. Escolhi setembro porque o calor não seria insuportável, é baixa temporada e os preços são menores. E por que não? Havia protestos nas ruas e nas universidades, bem parecido com o que aconteceu aqui no Brasil. De alguma forma, eles conseguiram manter os monumentos, de valor incalculável para a humanidade, em boas condições.

A comida é muito parecida com a nossa: muito verde (saladas) e muito café. E só tomam sopa no inverno. As frutas e verduras são frescas e o café é decente. Não tão bom quanto o nosso, mas se aproxima bastante. Os produtos derivados do leite – iogurtes e queijos – são os melhores que já provei na vida. Não deixe de saborear.

O povo é muito simpático e hospitaleiro. Os homens, a exemplo dos italianos, são paqueradores. Chegam perto e puxam papo. Encaram você de cima a baixo, medindo mesmo. A paquera corre solta.

E por falar em paquera, lembrei-me de um filme passado na Grécia, cuja protagonista é uma dona de casa de meia-idade inglesa, *Shirley Valentine*. Na Inglaterra, onde mora, conversa com a parede da cozinha, dividindo sua solidão, confidenciando desejos e esperanças. O marido não a enxerga mais, se é que alguma vez enxergou. Viajou à Grécia para realizar um sonho antigo e lá encontra um paquerador típico, que a trata muito bem, e eles engatam um romance.

Não vou dar *spoiler*.

Alguns homens desses locais tipicamente turísticos colecionam romances de verão. Não há vontade de se ter nada sério, até porque cada um tem sua vida no país em que mora. É tão intenso, carregado de arroubos e emoções genuínas, que parece verdadeiro. E é verdadeiro. Naquele momento. É uma maneira bastante segura de ter uma relação intensa, pois a outra pessoa está com os dias contados para arrumar sua mala e voar de volta para sua vidinha monótona. Então, tudo que se deve fazer é apresentar seu país da melhor forma possível, encantar a turista desavisada e ser exuberante pelo tempo necessário. Muitos são mestres nisso e, devo acrescentar, fazem-no muito bem, movidos pela pujança da impermanência.[4]

Decidir viver isso e desencanar na volta é o grande dilema. Aproveitar aquele espaço de tempo em que tudo pode acontecer e consequências virão apenas no cartão de crédito (se você abusar, o IOF não perdoa). Usufruir a inconstância da vida. Saborear beijos e polvos que derretem na boca. Experimentar algo que nunca foi feito, mas que secretamente você sempre quis. E voltar para sua vida de escritório ou de casa. Na bagagem vêm as memórias e os dissabores de talvez nunca repetir algo assim. E nunca vai ser igual. Haverá outros romances, outras estradas, outras ilhas além de Mykonos (uma das ilhas do arquipélago de Cíclades, no Mar Egeu, com 85 km² de extensão; significa "ilha branca") e Santorini (também parte do arquipélago de Cíclades, com 76 km²; resulta da explosão de um vulcão, que se vê na sua paisagem singular), mas você não será mais a mesma e o cara também será outro.

Se cada experiência que vivermos, com gregos e troianos, nos ensinar mais a respeito da nossa insegurança, nossos medos, nossas escolhas erradas ou nossos passos bambos, então teremos ganhado mais do que um mundo de ruínas. Reconstruímos nossa autoestima a partir do depauperamento do amor-próprio e do declínio de nossa esperança na humanidade e num mundo mais honesto.

O colapso de um romance traz uma relação mais verdadeira conosco, e conseguimos entender o que é carência e os absurdos que nos leva a fazer e pensar. Talvez possamos discernir dependência emocional de

---

4. A esse respeito, recomendo um texto excelente acerca da impermanência e da ilusão da *Obvious* (obviousmag.org/caramelizando_a_vida/2015/10/a-impermanencia-da-vida.html) e o livro *Ilusões*, de Richard Bach, que por muito tempo esteve na minha cabeceira.

amor e decidir o que queremos de maneira consciente, sem culpar o outro e ser responsável por ela. É necessário estar ciente de que a decisão foi nossa e o resultado não nos incomodará.

Assisti ao filme *W. E.*, o romance do século, que conta a história do Príncipe Edward, que reinou por um breve período antes da morte do pai, e de Wallis Simpson, a plebeia americana. Ele renunciou ao trono para se casar com ela. O filme, excelente, apresenta no final a história verdadeira do ponto de vista da mulher. A vida real não é um conto de fadas. Ninguém nunca questiona do que ela teve de abrir mão: sua privacidade e liberdade, além da reputação, que foi por água abaixo numa Inglaterra mais do que ortodoxa. O preço do casamento levou ao ostracismo dos dois, a inquietude e a lamúria eterna de um príncipe que foi "abandonado" pela família por se casar com uma plebeia divorciada. Num certo ponto, ela escreve numa carta: "Vou ter de ficar com ele agora para sempre, sempre e sempre".

De acordo com Campbell (2013:34), "o conto de fadas e o *foram felizes para sempre* não pode ser levado a sério; ele pertence à Terra do Nunca da infância, que se encontra protegida das realidades que se tornarão terrivelmente conhecidas dentro em pouco".

Queremos o príncipe com seu cavalo branco para nos salvar; queremos um conto de fadas que não existe. Quando, finalmente, tomamos a decisão de ficar com alguém, não ficamos satisfeitas com nossa escolha. Não é consciente. Você não pesou os lados da balança. Seu príncipe pode ser apenas um cara que nunca cresceu e nem vai, com a famosa síndrome de Peter Pan ou, no jargão da psicologia, um *puer*. Um eterno garoto, que nunca sai da barra da saia da mãe. Ou um cara que sempre será um Dom Juan, um conquistador inveterado, o tempo todo tentando provar: mas o que mesmo?

Há conquistadores em todos os cantos do globo. E conquistadoras também, Afrodites de plantão. Seres que desejam ver aquele olhar de paixão nos olhos do outro, a entrega completa, para depois descartar. A conquista como prêmio, ainda que não dê em nada, não tenha futuro. É apenas um momento de atração mútua e desejo sem tamanho, de ter a consciência de que aquele romance não vai durar e que a chave é viver o momento com todo o calor, ardor e sensação de que o tempo para.

Dom Juan é, em geral, bom de cama e bonito. Ou tem cara de menino, mesmo com 50 anos, ou de safado profissional. Fromm (2015:46) discorre sobre isso:

Com frequência, se os traços de caráter masculinos de um homem são enfraquecidos por ter ele, do ponto de vista emocional, permanecido uma criança, ele tenta compensar essa carência dando ênfase exclusivamente a seu papel masculino no sexo. O resultado é um Dom Juan, que precisa provar seu desempenho masculino no sexo, porque não está seguro da sua masculinidade no sentido caracterológico.

Se você quiser aproveitar sua viagem para fazer sexo sem ser julgada, é o momento e a pessoa ideal. Lembre-se apenas de que ele não quer nada duradouro, que esse momento vai passar, e traga na mala (de preferência pequena) as memórias de um belo verão na Grécia, na Itália ou onde for. Tenha em mente que é efêmero. Tenha consciência de que tanta intensidade não foi feita para durar.
A falta de consciência causa dependência.
A escolha de ir a Grécia foi consciente.
Atravessei o país de norte a sul. Fiz um pequeno cruzeiro pelas ilhas principais e peguei um ônibus para Meteora, um complexo de mosteiros a 352 km de Atenas, cuja cidade-base chama-se Kalambaka. Fiz uma parada em Delfos, um patrimônio da Unesco, onde se encontra o Templo de Apolo e o Oráculo de Delfos. Ao voltar à capital, no fim da viagem, hospedei-me em um hotel diferente, para, em seguida, embarcar de volta para casa.
No cruzeiro, esbarrei com alguns brasileiros. É um fenômeno estranho (isso acontece muito comigo) quando encontramos nossos compatriotas lá fora, porque eles não querem muita conversa. Não sei o que pensam exatamente, mas todas as vezes que encontro nosso povo não se engata conversa, não se puxa papo e faz-se questão de manter uma distância segura. Mais de um viajante brazuca me disse que teve experiência similar. Claro, tem exceções, como a brasileira (super-Afrodite) que conheci na Austrália – provavelmente, o fato de ela estar sozinha ajudou (a maioria dos brasileiros que encontro viaja em casal ou em bando).
Fico pensando se acontece o mesmo com outras nacionalidades.
Ao navegar pelo mar Egeu, estava sentada à mesa, na hora do chá (havia cinco refeições por dia!), rodeada por três cadeiras vazias. Uma senhora asiática se aproximou e perguntou se poderia se sentar comigo (todas as mesas estavam ocupadas). Ela sentou-se com o marido e mais um senhor. Eram canadenses, um deles de origem grega, e me convi-

daram para ficar o resto da viagem com eles. Convidaram e insistiram. Passavam na porta da cabine antes das refeições e batiam na porta para que eu os acompanhasse e não me sentasse sozinha.

Ao atracamos em Rodes (ilha do Dodecaneso, o conjunto das doze ilhas gregas a leste do Mar Egeu, com cerca de 1,4 mil km), eu não tinha contratado nenhum passeio. Mão de vaca que sou, pretendia caminhar pela ilha com meu guia de papel *Lonely Planet*. Mas eles me chamaram para ir junto, pois o *tour* que haviam contratado no Canadá incluía o passeio com um guia de carne e osso. Percorremos a ilha de cima a baixo, fomos até (pois é) Lindos (um sítio arqueológico situado na costa leste da ilha de Rodes) e almoçamos (muito bem) numa mesa de madeira ao ar livre, cujo teto era um caramanchão de buganvílias cor de jambo.

Ao fim, depois do café, a senhora, que era dona do restaurante, leu minha sorte na borra de café e disse que eu ia herdar uma grana preta. Estou esperando. Até agora, nada de herança.

Essas experiências que acontecem inesperadamente, ao acaso mesmo, são memoráveis. Dos canadenses supersimpáticos que me acolheram porque eu estava sozinha no navio ficou uma grande amizade. Fui até o Canadá (Toronto, Québec, Montreal e Ottawa) e fiquei na casa de um deles em Toronto (oba! menos dinheiro gasto em alojamento) e, quando ele veio ao Brasil, fomos à Amazônia, um sonho de infância; e, claro, ao Rio de Janeiro.

Se você está fechado quando viaja (solo ou não), perde inúmeras chances. Macambúzio e sorumbático (como o *Dom Casmurro*, de Machado de Assis), não vai deixar ninguém entrar no seu mundo. Encolhe as possibilidades, fecha a brecha dos instantes. A ocasião favorável vai embora, levando consigo milhares de outras que viriam numa sequência.

"Viajar sozinho não significa estar solitário. Na maioria das vezes, você conhece pessoas fantásticas ao longo da jornada e faz amizades que vão durar a vida toda", diz Jacqueline Boone.[5]

Por que não conversar com aquele senhor que está sentado sozinho olhando o mar? Por que não oferecer sua água para alguém que não tem nada na mão? Perguntar no ponto de ônibus se o seu passa lá? Pedir a dica de um restaurante baratex? Por que não ser mais humano?

---

5. "Traveling solo does not always mean you're alone. Most often, you meet marvelous people along the way and make connections that last a lifetime."

Será que eu teria conhecido Lindos (nem sabia da existência) e subido até a Acrópole da cidade? Vagado no mercado pelas ruazinhas estreitas? Visto o mar escandalosamente azul com o branco de fundo? Entrado nas igrejas e recebido, daquele senhor de origem grega que era membro, explicações de como funciona a Igreja Ortodoxa?

E se?

Lembrei-me do filme *O curioso caso de Benjamin Button*, quando acontece o acidente que deixa a bailarina Daisy no hospital. Ele faz uma reconstrução dos fatos em ordem decrescente. Lembra-se disso? Se o táxi não tivesse se desviado, se a moça da loja não tivesse terminado com o namorado e se atrasado embrulhando o pacote da cliente porque estava chorando, se... Se nada disso tivesse acontecido, a bailarina ainda estaria no Bolshoi, ou sei lá em que companhia ela dançava?

Não dá para saber o que poderia ter acontecido, mas é possível se abrir ao que pode acontecer. Ou, pelo menos, tentar, pois as coisas boas que acontecem ou que você faz acontecer têm uma espécie de efeito dominó.

O pequeno gesto de levantar para alguém sentar no metrô pode melhorar o dia da pessoa e ela pode passar esse efeito gentileza para frente, para a próxima pessoa que encontrar na rua, em casa ou no trabalho. Ela pode chegar em casa e, mesmo cansada, ouvir a filha contar sobre o dia na escola ininterruptamente (tagarela que é), pode até levar o cachorro para passear mesmo que esteja garoando e se descobrir dando uma gargalhada, pode passar na padoca e dar um sorriso para a atendente, que vai sorrir quando for a vez de outra pessoa pegar o pão.

O escritor e viajante Rolf Potts (2016:131-132) comenta que:

> devemos aprender a devolver o que recebemos, antecipando necessidades de outras pessoas e praticar a generosidade em outro lugar. Os húngaros que me deram carona no Leste Europeu e não aceitaram que eu contribuísse com a gasolina, por exemplo, me inspiraram a dar $20,00 para um mochileiro japonês que havia perdido o porta-dólar em Viena. As chances são que o japonês tenha passado para frente o ato de boa vontade em algum outro lugar.

Sempre que recebo alguém em casa, faço questão de separar um tempo, acompanhar a pessoa, levar ao Ibirapuera, Masp, feirinha da Liberdade. Não custa nada. Custa tempo que é precioso, eu sei. Mas quão bom é perceber a felicidade no sorriso do turista que deixa a sua cidade? Alívio (não é tão perigoso quanto dizem) e alegria (que parque gigante!). É o que sentimos ao ver a norueguesa que sai de bucho cheio e meio alegrinha depois de algumas caipirinhas e o canadense que chorou ao ver a pororoca na Amazônia.

Propagandeie ou propague as benesses do Brasil. Nossa temperatura e comida são imbatíveis. Fale bem do Brasil (é maravilhoso mesmo!), mas não minta. Não esconda o fato de que temos problemas graves, que a corrupção é endêmica e que o povo é sim, a grande maioria, malandro. Todos os países têm problemas. Não devemos e não podemos esconder, nem de nós mesmos, os fatos. Eles estão aí, qualquer um pode ver. Seja a mudança que você quer ver, alguém disse. Esteja aberto para o que der e vier. Tudo pode acontecer. O mais importante: você vai aprender muito se conversar com os locais, bem como com outros turistas. Sua capacidade de leitura vai melhorar – leitura de seres humanos, digo.

O que me levou a Grécia?
Quando eu fui à Grécia, apesar de apreciar a mitologia, não tinha a curiosidade incessante de agora, nada disso, as deusas, havia se delineado em meu destino. Eu fui com a curiosidade (de criança) de conhecer a política do local. O que a Grécia representava para mim, naquela época, era o surgimento da democracia e talvez, ali, eu pudesse compreender melhor as aulas de Teoria Geral do Estado que tive na Faculdade de Direito. Fui à procura de uma explicação para o nascimento da democracia. Talvez não uma explicação, mas um caminho, que Davis (2017:252) explica:

> Os conceitos gregos – ou melhor, atenienses – de governo pelo povo, tribunal do júri e de igualdade entre homens (sem dúvida limitada; mulheres e escravos, em sua maioria, não contavam) foram o verdadeiro início da tradição democrática.

Ali estavam os filósofos que me impressionaram nas aulas de sociologia. Armou-se uma arena para as aulas e palestras aos discípulos, bem como para as apresentações artísticas. Platão e Sócrates tinham estado ali e eu também queria pisar naquele solo. Quem sabe a sabedoria dos filósofos não passa por osmose, mesmo depois de séculos de depredação?

Não, não passa por osmose.

Eu pouco sabia do Olimpo (só de ouvir falar), o monte situado no norte da Grécia, com 2.917 m, o ponto mais alto do país, que era a morada dos deuses na Tessália, assim descrita por Bulfinch (2016:15):

> Uma porta de nuvem, da qual tomavam conta as deusas chamadas Estações, abria-se a fim de permitir a passagem dos imortais para a Terra e para dar--lhes entrada em seu regresso. Os deuses tinham moradas distintas; todos, porém, quando convocados, compareciam ao palácio de Júpiter, do mesmo modo que faziam as divindades cuja morada habitual ficava na Terra, nas águas, ou embaixo do mundo. Era também no grande salão do palácio do rei do Olimpo que os deuses se regalavam, todos os dias, com ambrosia e néctar, seu alimento e bebida, servidos pela linda deusa Hebe.

Zeus (Júpiter, na mitologia romana) apareceu na minha vida nas aulas de história (tive história clássica, medieval e contemporânea). Minha matéria favorita me levou a querer saber mais.

Como foi o começo de tudo para os gregos? Pelo Caos. Robles (2013:31) esclarece:

> Longe de ser perfeito, como nas passagens que lemos no Gênesis, o princípio criador entre os gregos não proveio de uma ideia de eternidade nem do sopro vital de um deus todo-poderoso que extrai luz do caos e com ela empreende o resto de sua obra, até coroar com a criação do homem as transformações dos céus e do mundo natural.

Na Grécia, a cosmogonia – conjunto de princípios que explicam a origem do Universo – veio das trevas para a luz. Primeiro havia o Caos: o nada, o imensurável, o vazio, o abismo, uma informe e confusa massa, mero peso morto, no qual jaziam latentes as sementes das coisas (Bulfinch, 2016:23). Do Caos nasceram Nyx (a Noite) e Érebo (Trevas e Escuridão). Só depois veio Gaia (a mãe Terra), que gerou homens e monstros. E, dos seios fartos de Gaia saiu a sólida matriz para mortais e imortais (Robles, 2013:12).

Assim, tanto os deuses, habitantes do Olimpo, como os mortais vieram do Caos, sem haver na criação do Universo um ato de suprema vontade, um Ser que dá à luz (das trevas se fez luz) e que cria o homem do barro. Nyx, a Noite, é o começo de tudo, um:

ser inanimado nasceu do próprio Caos. Nix é o princípio, o impulso criador, como o inferno, a terra e o céu. E, como cada um destes, criou sua própria descendência, não à maneira do Gênesis, mas por uma lógica de fecundidade secreta, por obra da potência multiforme (Robles, 2013:32).

Esse mito é contado por Hesíodo, um poeta grego que viveu no século VIII a.C., cuja obra mais conhecida é a *Teogonia*, ou o nascimento dos deuses. Na obra, ele narra as origens dos primeiros deuses, bem como suas linhagens.

O povo grego sempre foi totalmente ligado em mitologia e construiu templos dedicados aos deuses de cada cidade-estado, porque:

> acreditavam que certas divindades olhavam por eles de fato e governavam os acontecimentos diários. Sacerdotes e sacerdotisas trabalhavam nos templos para realizar rituais. As famílias tentavam agradar aos deuses do lar com presentes e cerimônias, que incluíam o sacrifício de animais e a oferta de alimentos. Como Atenas, que era protegida por sua homônima Atena, cada cidade-estado tinha uma ou mais divindades padroeiras e celebrava festivais anuais em sua homenagem (Davis, 2017:263).

Na Grécia de hoje, homens e mulheres têm histórias, contos e lendas. O invisível permanece. Aquilo que é abstrato pode ser sentido nos cafés e nas conversas com os gregos. Sempre há um ditado ou uma superstição em cada conto, em cada encontro.

Nossa mente racional, do lado de cá, recusa-se a acreditar no que não vê. Falta fé. A religião hoje parece irrelevante. Fomos treinados para pensar, usar a lógica e nos concentrar na busca do material, do físico, do conforto. Do carro e da casa, do aconchego que o dinheiro traz. O sagrado, que é um componente essencial da experiência humana, foi eliminado.

A palavra religião vem do latim *religare*, isto é, a ação de ligar-se novamente ao mundo espiritual. Para Brandão (1993:39), é um:

> conjunto de atitudes e atos, pelos quais o homem se prende, se liga ao divino ou manifesta sua dependência em relação a seres invisíveis tidos como sobrenaturais. Tomando-se o vocábulo num sentido mais estrito, pode-se dizer que religião para os antigos é a reatualização e a ritualização do mito.

A religião, entretanto, é extremamente importante para estabelecer essa ligação espiritual, independentemente do credo. Por meio dos ritos e da ligação com o mundo invisível – sobrenatural, se preferir – alcançamos um estado de graça, de paz interior e, desse modo, uma totalidade. Hall (2017:77) ressalta que houve épocas em que a religião desempenhou um papel muito mais importante do que hoje para ajudar a individualizar e integrar a personalidade. Ela fornecia símbolos para a realização do eu. À medida que as instituições religiosas se envolveram cada vez mais com questões seculares, como reformas sociais, e deram menos atenção à preservação dos símbolos e dos arquétipos, seu valor diminuiu no que se referia ao desenvolvimento psíquico do indivíduo.

Esquecemos o nosso passado ligado às deusas, que permanecem em nossa vida até hoje. Forjamos uma *persona* (palavra cunhada por Jung) forte e racional, a fim de sobreviver nesse mundo, e deixamos o invisível de lado. Ainda que cercados de forças inexplicáveis, preferimos não olhar os sinais nem ouvir os instintos. Racionalizamos emoções e sensações, endurecemos nossa alma.

A *persona* é o rosto que forjamos para nosso encontro com os outros rostos, para sermos como eles e para que eles gostem de nós. Não queremos ser demasiado diferentes, pois nossos pontos de diferença, nos quais a *persona* termina e a sombra começa, fazem-nos sentir vergonha (Stein, 2016:112).

Há um sistema que nos induz a formar uma *persona* adequada ao meio em que vivemos, um ser social e obediente às leis. Seja pela maneira como fomos criados, seja pelo meio em que vivemos, trabalhamos e funcionamos socialmente, os dois aspectos influenciam a criação da *persona*. É a máscara que usamos diariamente para nos apresentar em sociedade. E ela é essencial.

Moldamo-nos ao mundo para nele habitar e, por vezes, pertencemos ao grupo no qual nos inserimos: a igreja, o emprego, a empresa, a escola, o clube. Repetimos atitudes até que elas se tornem habituais, a exemplo da atividade física: quanto mais você faz, mais necessário isso se torna e seu corpo cobra de você. O mesmo ocorre com as atitudes diárias: um comportamento de repetição, até que enquadremos nossa personalidade ao ambiente. Logo, tornamo-nos dependentes da *persona* para nossa identidade e senso de realidade, sem deixar de mencionar o sentimento de valor pessoal e de afinidade com o grupo ao qual pertencemos (Stein, 2016:105).

Não podemos deixar de lado o que não se vê. O lado escuro que escondemos até de nós mesmos. Precisamos enfrentar esse traço ou traços de nossa personalidade, trazer à luz de nossa consciência e decidir se queremos usar ou quando queremos usar aquilo que não era conhecido. Usar aquela sombra que fica encoberta, no escuro.

Quando não encaramos nossos medos, defeitos, indiscrições, vergonhas e desejos obscuros, eles escapam de diversas formas: seja por lapsos verbais ou por surtos de raiva ou ira. Há diversos ângulos em uma só personalidade, como se houvesse subpersonalidades em um indivíduo tido como normal. Não examino as pessoas de múltiplas personalidades (se você ainda não viu o filme *Fragmentado*, veja) ou dos psicopatas e sociopatas.

Nós funcionamos bem em sociedade – pagamos impostos, pegamos metrô e vamos trabalhar vestidos de profissionais –, apesar de termos subpessoas dentro de nós. Essas pessoinhas que habitam nosso inconsciente, como numa morada permanente, estão escondidas porque podem causar constrangimento, vergonha ou culpa. Em geral, as mantemos amordaçadas para que não nos embaracem. Afinal:

> de modo geral, a sombra possui uma qualidade imoral ou, pelo menos, pouco recomendável, contendo características da natureza de uma pessoa que são contrárias aos costumes e convenções morais da sociedade. A sombra é o lado inconsciente das operações intencionais, voluntárias e defensivas do ego (Stein, 2016:98).

Quando fingimos não ver, nosso lado obscuro torna-se um monstro, como no filme *O médico e o monstro*. Temos os dois lados de uma moeda. Não são apenas os outros que são egoístas, irracionais e pecadores. Todos pecam, como diz Jesus. Atire a primeira pedra aí. E atiramos vezes sem parar. Elegemos bodes expiatórios e culpamos as pessoas não só nas redes sociais, mas também em nosso trabalho e no lar. O culpado é o vizinho, ou, como Jean-Paul Sartre afirmou, "o inferno são os outros".

Para Stein (2016:102), ao rechaçar a sombra, a vida é correta, mas incompleta. Abrir-se para a experiência da sombra é manchar-se de imoralidade, mas alcançar um maior grau de totalidade. O que habita o inconsciente necessita respirar, precisa ser trazido para fora da caverna.

A mitologia, os contos de fada, as lendas e fábulas, os símbolos e os sonhos auxiliam nesse processo de libertação, assim como o auxílio das deusas para a jornada específica da mulher. É um caminho longo de descoberta e requer toda ajuda possível.

O mito é a essência do que esquecemos e precisamos relembrar, pois exprime, exalta e codifica a crença, salvaguardando e impondo princípios morais. Ele garante a eficácia do ritual e oferece regras práticas para a orientação do homem. O mito é uma realidade viva, à qual se recorre incessantemente, uma verdadeira codificação da religião primitiva e da sabedoria prática (Brandão, 1993:41).

E para os gregos, de onde vem a mulher? Na mitologia grega, a criação da mulher nos leva ao mito de Pandora.

Prometeu e seu irmão, Epimeteu, haviam roubado o fogo do céu, que aquecia e protegia do frio. Zeus, putinho, resolveu dar a eles um "presente de grego": Pandora foi criada. Seu nome significa "todos os dons", pois no ato de sua criação (por Zeus) foram dados a ela dons de todos os deuses. Afrodite, por exemplo, lhe deu a beleza; Mercúrio, a persuasão; e, em algumas versões, Hermes lhe concedeu o dom de mentir, de utilizar palavras sedutoras e conduta dissimulada (Davis, 2017:302).

Pandora foi dada de presente a Epimeteu. Bullfinch (2016:24) conta que:

> Epimeteu tinha em sua casa uma caixa, na qual guardava certos artigos malignos, de que não se utilizara ao preparar o homem para sua nova morada. Pandora foi tomada de intensa curiosidade de saber o que continha aquela caixa, e certo dia, destampou-a para olhar. Assim, escapou e se espalhou por toda parte uma multidão de pragas que atingiram o homem.

Dentre essas pragas, estavam as dores.

Alguma semelhança com Eva comendo a maçã da árvore da sabedoria? E as dores do parto? A curiosidade de Eva, ao morder a maçã para saber o que de fato continha a árvore que ninguém podia chegar perto, tal qual a caixa que Pandora abriu, teve como consequência trazer a desgraça para a humanidade.

Qualquer semelhança é mera coincidência. Será? Para Brandão (1993:33):

> atrair pagãos para a verdadeira fé é aparar o escândalo da Cruz. Se, até hoje, muitos estranham e se espantam com as "múltiplas semelhanças" do culto cristão com "fatos mitológicos", isto não se deve apenas à prudente cristiani-

zação de significantes da mitologia grega, oriental e romana, mas sobretudo ao Espírito de Deus, que sopra onde lhe agrada.

O cristianismo adotou e transformou os mitos em benefício próprio, com o objetivo de espalhar as boas novas. Entretanto, a imagem negativa da mulher permanece desde a Grécia, e Hesíodo, bem como os autores da história bíblica contada no Gênesis, culpam Eva pelo sofrimento do mundo. Quanto a Pandora, na *Teogonia* lemos que "dela descende a funesta geração e grei das mulheres" (Davis, 2017:303).

Misoginia é pouco. Eva, criada da costela de Adão, trouxe o Caos, o que havia no início de tudo, para a raça humana, e:

> a herança ancestral de mulheres batalhadoras, sensuais e de sugestiva fecundidade, que antecipava na mitologia remota uma esperança libertadora, a tradição religiosa de nossa era agregou – e reforçou – a personalidade de uma Eva que, com sua irreflexão, é levada pelo diabo a pecar. Uma Eva que, ao comer o fruto da árvore da sabedoria, seduz Adão e desencadeia o processo que culmina com a expulsão do casal do Paraíso, marcando o princípio de uma condição caracterizada pela dor, pelo trabalho e pela morte para toda a humanidade (Robles, 2013:39).

No período minoico (cerca de 2800 a.C.), a Grécia era representada por Creta, a mulher, a imagem da Grande Mãe que reinava absoluta. A sociedade era matrilinear e a religião cretense estava centrada no feminino, representado pela Grande Mãe, cujas hipóstases principais foram Reia e a deusa das serpentes. A Mãe, em todas as culturas – mãe dos deuses, dos homens e de tudo o que existe na terra –, é um arquétipo (Brandão, 1992:58).

Por falar em mulher, na Grécia atual vi muitas Afrodites sensuais e sedutoras, de cabelos negros e cacheados, vestidas para matar (de amor). A exemplo de países tropicais, a maioria das mulheres se veste de forma provocante e são bonitas.

As duas deusas que nasceram prontas, segundo a mitologia grega, são Afrodite e a padroeira da capital do país, Atena. Davis (2017:255) assim as descreve:

> Duas das deusas mais famosas da Grécia estrearam nos palcos míticos como adultas feitas e perfeitas – uma aparece em geral nua, e a outra, com arma-

dura. Afrodite – aquela da meia-concha sabe? – é a deusa do amor, que, em uma das pinturas mais famosas sobre seu nascimento, emerge do mar como uma adulta completa, ao natural, mas com longos cachos em lugares estratégicos. Atena, a deusa da guerra e da sabedoria, nasce em traje de batalha completo, e emerge da cabeça do seu pai, Zeus, quando ele é atingido na cabeça por outro deus, com um machado.

Há uma cidade (inteira e muito bem preservada), não muito divulgada, dedicada à deusa Afrodite: Afrodísias, na Turquia (e não na Grécia), na região da Anatólia. O templo dedicado à deusa, encontrado nas escavações em 1904, data do século IX a.C. A cidade contém ainda a arena, um enorme portão chamado Tetrapylon (*tetra*, quatro; *pylon*, portão, em grego), a ágora, local de reunião civil e mercantil, os banhos (*hadrianic baths*), a prefeitura e, para surpresa de todos, uma escola de esculturas, as quais foram retiradas do sítio (estavam ao ar livre) e colocadas em um museu (dentro da cidade). E parecem vivas. Afrodite é adorada em todo o seu esplendor em Afrodísias.

A mulher grega que mais me intrigava era a pitonisa de Delfos, o mais importante centro religioso da Grécia antiga, sede do templo e oráculo de Apolo, considerado ônfalo, pelo formato cônico, ou pedra do umbigo sagrado, o centro do mundo, a ligação mística com o umbigo da Mãe Terra (Davis, 2017:264-265).

Passei por lá a caminho de Meteora. Soube que a sacerdotisa entrava em transe, porque daquele local, onde fica o templo de Apolo, saíam gases do chão que a deixavam doidona. O transe começava e ela dava conselhos às mais altas autoridades. Respondia suas perguntas de modo enigmático e, óbvio, interpretava-se conforme a conveniência de cada um. Para os que se consultavam ali, ela era a intermediária entre o homem mortal e Apolo, uma representante do deus na Terra.

Davis (2017:328) descreve o ritual de Delfos, para o qual:

> o suplicante trazia oferendas para a Pítia, a sacerdotisa do templo, como um bolo sagrado, uma cabra ou uma ovelha. Após purificação cuidadosa, a Pítia se sentava em um tripé e entrava em estado de transe, durante o qual recebia mensagens e profecias de Apolo. Durante o transe, que às vezes se transformava em frenesi, ela respondia perguntas, dava ordens e fazia premonições.

As pitonisas, que assim eram denominadas por conta do mito da cobra píton, eram sempre do sexo feminino em Delfos. Píton era uma cobra imensa, nascida da lama terrestre, enviada por Hera para seguir Leto, a mãe dos gêmeos Ártemis e Apolo. Apolo matou-a a flechadas e, a partir desse feito, o deus ganhou o epíteto Pítio, estendido a suas sacerdotisas, as pitonisas.

Durante muito tempo, o transe no qual entrava a sacerdotisa ou pitonisa foi questionado, e o fato de saírem vapores intoxicantes foi considerado apenas um mito. Em 2003, um grupo de cientistas encontrou evidências que comprovavam esse mito: os gases petroquímicos que de lá saíam encontravam-se no leito de pedra abaixo do templo, subiam até a superfície e provocavam visões. Mais especificamente, a equipe descobriu que a substância que devia influenciar o Oráculo era etileno – um gás de cheiro doce, outrora utilizado como anestésico – e que, em doses pequenas, produz sensação de euforia (Davis, 2017:329).

Portanto, ela ficava doidona mesmo. Homens de pouca fé!

Em Creta e em Éfeso, as sacerdotisas também presidiam os cultos.

Éfeso, na Turquia, era um local de adoração à deusa Ártemis (Diana na mitologia romana). O maior sítio arqueológico da Turquia está hoje às moscas. Não há restauração dos templos, da arena ou das ruas de mármore. Só restou a biblioteca de Celso, com a fachada muito bem preservada, e algumas ruínas espalhadas. O templo de Ártemis só tem uma coluna em pé, que, aliás, não está em Éfeso, mas perto da cidade de Selçuk, e algumas pedras. A maior parte dos achados arqueológicos encontra-se em Viena, na Áustria. Quer seja por falta de dinheiro, quer seja descaso público, todo o patrimônio histórico incluído na lista da Unesco está mal das pernas. Era neste local que as sacerdotisas da deusa Ártemis, denominada de Artemisa na Turquia, prestavam suas homenagens e serviam de oráculo ao povo que as vinha consultar.

As sacerdotisas eram castas, de origem humilde – a riqueza e a espiritualidade eram inversamente proporcionais para os gregos – e sem apego material, a verdadeira representação da mulher pura.

Antes da tradição grega clássica, a sacerdotisa, dotada de poderes espirituais e com uma vida dedicada ao sacerdócio (a adoração a um deus ou a uma deusa), recebia contornos variados, de acordo com a religião. Para os celtas, por exemplo, a sacerdotisa da Deusa (a Grande-Mãe) fazia as vezes de prostituta sagrada, deitando-se com os homens na grande fogueira de Beltane para celebrar a colheita. Os druidas realizavam dois festivais por ano: o primeiro ocorria no princípio de maio e era chamado:

> Beltane ou "fogo de Deus". Nessa ocasião, acendia-se uma grande fogueira em algum lugar elevado, em honra ao Sol, cujo benéfico regresso era saudado, depois da sombria desolação do inverno. Reminiscência desse costume perdura até hoje em algumas partes da Escócia, sob o nome de Whitsunday (Bullfinch, 2016:334).

Não era uma escolha da sacerdotisa deitar-se com homens na celebração, mas ordem da Deusa. Outras vezes, era dada em casamento a algum homem que assumiria uma posição importante no governo, quando estava preparada para tal posição. Ela vivia separada da comunidade, em uma vida simples, somente com outras mulheres nas tarefas domésticas e exercícios espirituais, aprendendo a ler sua intuição e a aplicar a sabedoria na vida prática. As sacerdotisas eram adivinhas, profetisas e curandeiras.

A lenda celta mais famosa é a do rei Arthur e de como ele subiu ao trono com a ajuda da Dama do Lago e do mago Merlin, um druida ou sacerdote entre as antigas nações célticas da Gália, Bretanha e Germânia:

> os druidas combinavam suas funções de sacerdotes com as de magistrados, sábios e médicos. Colocavam-se, em relação ao povo das tribos célticas, de maneira bem semelhante à dos brâmanes na Índia, dos magos da Pérsia e dos sacerdotes do Egito diante dos seus povos (Bullfinch, 2016:33).

Merlin forjou com a Dama do Lago o futuro de uma nação, que culminou na busca incessante pelo Graal. Na lenda, há a presença da fada Morgana ou Morgan Le Fay, irmã de Arthur, que, ao servir à deusa, deitou-se com ele, gerando um filho nas fogueiras de Beltane (aliás, de Le Fay deriva o termo em inglês *fairy tale*, conto de fada).

O incesto não tinha o peso de hoje, pois os irmãos e parentes tinham relações entre si. Davis (2017:134) explica que na mitologia o incesto tinha razões de ordem prática:

> O casamento de Isis e Osíris, como a maioria dos relacionamentos divinos da mitologia egípcia, era claramente incestuoso. Isso não acontecia apenas

no Egito, pois muitas mitologias apresentam esse tipo de união em família. Há uma explicação prática para isso, pois, se você é um deus e não há mais ninguém a sua volta, dormir com uma irmã é a única opção.

Morgana era uma sacerdotisa da Grande-Mãe (a Deusa) e fez as vezes de prostituta sagrada ao deitar-se com Arthur a mando de Viviane, a Dama do Lago, que servia de intermediária entre os desejos da Deusa e suas sacerdotisas. No estudo de Robles (2013:259) a respeito da tradição celta, típica da literatura anglo-saxã, lê-se:

> as fadas não são as mediadoras perfeitas entre os anjos e os humanos, como se chegou a assegurar na Europa no século XVII. As mais afamadas pertencem a uma mesma espécie de seres sobrenaturais, ainda que variem de tamanho, atributos morais, origem, tempo de vida e poderes, o que as leva a ser frequentemente confundidas com aparições fantasmagóricas ou com mulheres praticantes de magia.

De acordo com a lenda, Morgana, também chamada de fada, interveio nos assuntos da corte ao ajudar Guinevere a engravidar com poções mágicas, não sem antes ter avisado: "Cuidado com aquilo que você deseja, o efeito pode não ser exatamente o esperado". A rainha então acaba tendo relações com Lancelot, guerreiro e braço direito de Arthur, por quem era apaixonada.

A sacerdotisa também era apaixonada por Lancelot (quem nunca?). O cara bonitão, simpático, amigo do rei, atencioso, conquistador, sedutor. Entretanto, aqueles que têm o sacerdócio como vida (ou escolha) não podem eleger ninguém nos assuntos do coração, pois obedecem a quem seu deus ou deusa mandar. As freiras, por exemplo, na tradição católica, são casadas com Cristo. Essa é uma vida de duras provas. Além disso, elas sabem que um amor que vale a pena é aquele que é desprendido, que não pode ser obrigado nem mendigado, é dado de livre vontade e por livre arbítrio. Este é o único que merece ter lugar em nossas vidas.

Vale trazer o mito de uma fada druida em específico, a *banshee*, ou fada irlandesa, um ser por definição dotado de magia. Como explica Robles (2013:231), as *banshees*, ao serem cristianizadas, passaram a ser a namorada que usa suas artes para atrair e conservar o amado. Entretanto, entre os druidas, não era desejável reter a quem se ama, porque o amor acaba com a demora ou, em outros casos, é atingido de enganos que deturpam todo o encanto das paixões criadoras.

É o caso de Morgana, que passa o resto de seus dias tentando esquecer sua paixão. Sabe-se que o amor pode desencadear acontecimentos, mas não é um fim em si mesmo. Na lenda, Lancelot viu Guinevere pela primeira vez quando Morgana o levou para as pedras sagradas concêntricas, local de culto das sacerdotisas, pois já estava encantada com o filho de Viviane. E lá, ele se apaixonou perdidamente pela futura rainha da Inglaterra, que se tornaria esposa de Arthur.

Os celtas não utilizavam ídolos para fazer as vezes dos deuses cultuados, tampouco frequentavam templos. Seus santuários consistiam em um círculo de pedras, cada uma das quais, em geral, de tamanho muito grande, cercando uma área de vinte pés a trinta jardas de diâmetro. O mais célebre deles é o de Stonehenge, na planície de Salisbury, Inglaterra (Bullfinch, 2016:333).

Davis (2017:53) examina a lenda do rei Arthur como:

> uma figura histórica sobre quem, há mais de mil anos, histórias vêm sendo criadas e recontadas, incluindo as recentes *O único e eterno rei*, de T. H. White, e o musical *Camelot*, de onde saíram a maioria das imagens que conhecemos do rei e dos cavaleiros da Távola Redonda. Personagem da pré-história britânica, é provável que Arthur tenha de fato existido e sido um chefe tribal do país de Gales, sobre quem foi reunido um elaborado ciclo de narrativas históricas.

Pudesse Morgana decidir seu próprio destino, o que seria da lenda do Rei Arthur? Da Távola Redonda? Dos cavaleiros em busca do Graal? Como saber o que nossos atos podem desencadear?

Talvez um novo século para nós. Uma mudança de paradigma, de casa, de país. Uma viagem que nos transforma, além de qualquer explicação racional. Um amor com o qual nos empenhamos além do espaço de uma semana. Um novo emprego, um novo passatempo, um passaporte para o inesperado.

O que virá?

A fada Morgana, diferentemente da pitonisa de Delfos, não era a sacerdotisa pura e virgem (no sentido físico aqui), mas teve um papel primordial na lenda de Arthur pela busca do Graal.

Foi na Grécia que a arquitetura me causou espanto pela primeira vez. Quando cheguei ao Egito e vi o templo de Isis (Philae, um complexo de templos dedicado a Isis, no sul do Egito, próximo a Assam) ao pôr do sol (imperdível), reconheci as colunas gregas e as achei fora de lugar, pois as egípcias são totalmente diferentes, mais altas e com um acabamento diferente nas juntas em cima, como em Karnak (complexo de templos dedicado ao deus Amon, em Luxor, antiga Tebas), que é magnífico, e percebi que havia uma inspiração grega no templo da deusa da Lua.

No Museu Arqueológico Nacional, na capital grega, ouvi pela primeira vez sobre Atena, a deusa da sabedoria, e como ela tinha saído da cabeça de Zeus. Quando você vai a esses lugares, cuja importância histórica é sem medida, é importante contratar um guia especializado em mitologia. Na Grécia não tomei esse cuidado.

A experiência nos ensina muito, não é? No Egito eu me precavi.

Depois de quatro anos, ao começar a escrever este livro, eu me dei conta de tudo que vira e o pouco que guardei da experiência. Até hoje, não há nada que eu queira mais do que voltar à Grécia e ver com novos olhos, ainda de criança, a mitologia viva nas ruas estreitas de pedra, serpenteadas de buganvílias.

A princípio, esse processo de rever algo com outros olhos é muito estranho. O tempo se encarrega de fazer mudanças. As dores e os dissabores se encarregam daquelas que não são visíveis a olhos nus. A cicatriz, lembra-se do tecido mais resistente?, fica e você pode acariciá-la de vez em quando, como se fosse um brasão de coragem. Sobrevivi.

Quem é essa nova pessoa? A borboleta e sua silenciosa metamorfose.

A metáfora que todo mundo conhece da borboleta é muito precisa. Solnit (2006:81) examina o processo de transformação da lagarta em borboleta, que consiste quase todo em deterioração:

> a borboleta é um símbolo tão perfeito da natureza que seu nome em grego é *psyche*, que significa alma. Não temos tantas palavras para delinear essa fase de decomposição, sua abstinência (ou retirada do mundo), essa era de fim que precede todo começo. Tampouco para apreciar a violência da metamorfose que, em geral, é tida como graciosa, do mesmo jeito que uma flor desabrochando.

De fato, um tempo como lagarta, um tempo no casulo (prisão) e depois livre. Do casulo para a liberdade, há um longo processo da decadência à podridão, durante o qual a lagarta gradualmente se transforma em borboleta. Para sair do casulo, há uma luta de sangue e lágrimas. Ela vive por pouco tempo, mas lindamente, entre duas a quatro semanas, de acordo com a espécie e de outros fatores, como o local onde vive e a presença de predadores. Em grego, psique significa tanto borboleta como alma. Para Bullfinch (2016:96):

> não há alegoria mais notável e bela da imortalidade da alma como a borboleta, que, depois de estender as asas do túmulo em que se achava, depois de uma vida mesquinha e rastejante como lagarta, flutua na brisa do dia e torna-se um dos mais belos e delicados aspectos da primavera. Psique é, portanto, a alma humana purificada pelos sofrimentos e infortúnios, e preparada assim para gozar a pura e verdadeira felicidade.

Gradualmente, nos decompomos, apodrecemos, rastejamos, até poder voar.

O mito de Psique e Eros é um exemplo: Psique era uma mortal belíssima. Afrodite, com inveja de tamanha beleza, planeja uma vingança contra a heroína e envia seu filho, Eros, para executá-la. Estabanado, Eros se fere com uma de suas flechas e se enamora de Psique, e tenta então mantê-la escondida da ira de sua mãe. Casa-se às escondidas, mas proíbe a amada de ver seu rosto. Numa noite, tomada de curiosidade, Psique acende uma vela e ilumina o rosto do amado. Da vela cai um pouco de cera, que acorda Eros. Por fim, ele a abandona, por ter traído sua confiança.

Abalada, Psique vaga pelo mundo e apela à misericórdia de Afrodite, que lhe impõe uma série de provas. Primeiramente:

> a deusa tomou-a violentamente pelos cabelos e atirou-lhe a cabeça ao solo; em seguida misturou uma grande quantidade de trigo, cevada, painço, sementes de papoula, ervilha, lentilha e feijões, formando com eles uma pilha, e ordenou à moça que os separasse antes da noite cair. Psique foi auxiliada por um batalhão de formigas (Campbell, 2013:102).

Outras tarefas lhe foram impostas, uma delas a descida ao mundo inferior para que trouxesse uma caixa cheia de beleza sobrenatural ou um cofre com o unguento da beleza, como contam algumas versões. Em uma delas, estava com Perséfone. Após cumprir as três provas com muita dificuldade, Psique consegue o cofre que deveria entregar a Afrodite. Entretanto, tomada por curiosidade, abre o cofre e é envolvida pelo sono da morte. Ao saber disso, Eros vai em socorro da moça e salva-a. Ao fim, pede a Zeus que transforme a mortal em deusa.

Temos de descer ao Hades ou mundo inferior, e nem sempre é a última tarefa que nos é imposta. O processo é longo e cheio de encruzilhadas, assim como o processo de individuação. O objetivo é transformar-se em uma pessoa única, um indivíduo – daí o termo individuação, cunhado por Jung – uma personalidade não fragmentada.

Quando tínhamos dúvidas a respeito de um conceito, no meu grupo de estudos no primeiro ano da faculdade, destrinchávamos cada subconceito para compreender o todo.

O processo é a realização contínua de uma série de atividades, com o objetivo de atingir um determinado resultado. Na área jurídica, o processo criminal pressupõe duas partes: um autor e um réu. No direito do trabalho, um reclamante (trabalhador) e uma reclamada (a empresa). Parei. Sei que é chato. Temos a prestação e a contraprestação. A um determinado direito corresponde um dever em igual medida, disse algum dos autores positivistas que já não lembro quem foi.

No processo de individuação também há duas partes envolvidas: o consciente e o inconsciente, em lados opostos. O consciente não quer saber de muitas coisas que ficam escondidas, soterradas e suprimidas lá no inconsciente. Seja por medo, seja por se achar inábil em lidar com elas – às vezes é mesmo, naquele momento –, seja por vaidade – sou perfeito, não há nada de errado comigo. Então, o processo pressupõe trazer à luz da consciência o que está escondido e, por fim, inteirar-se, juntar essas duas partes, fazer as escolhas adequadas para usá-las com o ego que, em geral, é o árbitro ou juiz da causa.

Hall (2017:44) explica o assunto:

> Tornando consciente o que é inconsciente, o homem pode viver em maior harmonia com a própria natureza. Ficará menos irritado e frustrado, pois haverá de reconhecer as origens dessas coisas no próprio inconsciente. A pessoa que não conhece o próprio *self* inconsciente projeta em outros elementos reprimidos do próprio inconsciente. Responsabiliza-os por seus erros não reconhecidos, criticando-os e condenando-os dessa maneira, enquanto permanece o tempo todo, projetando uma parte inconsciente de si.

No Direito, o indivíduo é todo ser humano apto a direitos e obrigações, ou seja, é um sujeito de direito. Ele é capaz de ter uma vida civil plena. Como nessa seara os conceitos utilizados brincam com a filosofia, temos autores que divergem desse conceito genérico.

Quando o sujeito de direito não se mostra capaz de viver em sociedade, ou melhor, de funcionar adequadamente na vida civil, ele pode ser interditado. A interdição judicial é um remédio jurídico que é prescrito no caso de o sujeito ser total ou relativamente incapaz de exercer certos atos, por exemplo, administrar suas finanças adequadamente (há muitos filhos que tentam interditar os pais a fim de "gerir" o dinheiro em benefício próprio), ou se envolver com drogas, que o incapacita por completo, e assim por diante. Enfim, interdita-se um sujeito que não é capaz de viver adequadamente em sociedade.

Imagina se a moda pega!

Quando nossa consciência está embotada e não entendemos o que acontece, mas sabemos que falta algo, tornamo-nos incapazes de funcionar de forma apropriada, e até a *persona profissional* sofre com isso. Tudo sofre. Não estamos inteiros. Inteirar-se é ser capaz de "não ser interditado". Não pela lei em si, nem por um juiz. Por você mesmo. Muitas vezes, impedimo-nos de realizar nosso potencial e nos sabotamos. Usamos o medo como desculpa, o cansaço, as horas de trabalho, a falta de paciência, a personalidade, o signo astrológico, a mãe *borderline* (com transtorno de personalidade limítrofe), o pai alcoólatra, o namorado abusivo, _____ (preencha a lacuna). Essas desculpas que usamos nos impedem de sermos inteiros. É o que a psicologia chama de sabotagem. Não é o que você fez que importa, mas o que você faz com aquilo que fizeram a você (alguém disse).

Criamos resistências, ainda que inconscientemente, e utilizamos desculpas para não realizar diversas atividades, como escrever, ler, ir trabalhar. Aquela gripe que nunca vai embora, a tendinite, a dor repetitiva na coluna, a enxaqueca. Tudo isso, que acontece mesmo, e pode ser ainda um sintoma de algo mais grave, são teimosias do nosso inconsciente.

Quando não queremos fazer algo – pegar o metrô para ir trabalhar naquele lugar que já não te diz nada, por exemplo –, o corpo traduz essa teimosia em dor: na perna, no joelho. Algo que te indica que você se recusa "a caminhar", por exemplo.

Nosso corpo responde à resistência e até colabora com ela. Enquanto você não tomar consciência do que acontece, a dor vai continuar, pode até virar crônica. Se não trouxermos à luz aquilo que o corpo está gritando, os motivos, as razões ocultas permanecerão lá, pedindo por uma atitude. Nem todas as licenças médicas do mundo vão resolver o problema.

O motivo é o x da questão. Por que meu corpo está reagindo assim? O que meu eu (ego) está dizendo com essa obstinação? A constância da dor na coluna (no pé, no braço, no joelho, seja lá onde for) quer dizer o que exatamente?

Algumas vezes somos obrigados a ir para o trabalho com dor. Os joelhos reclamam, a cabeça dói, a garganta inflama e haja injeção e pastilha. O que essa dor quer dizer? O que o nosso corpo grita e nós fazemos calar? Descobrir o significado de cada coisa que nós fazemos acontecer, ainda que inconscientemente. Ou daquilo que nos acontece, mesmo que conscientemente.

Seja verdadeiro consigo.

Gilbert (2008:337) discorre a respeito desse enfrentamento:

> Então veio a parte mais difícil: "Mostre para mim a sua vergonha", pedi à minha mente. Meu Deus, que horrores eu vi então. Um desfile lamentável de todas as minhas falhas, minhas mentiras, meu egoísmo, meu ciúme, minha arrogância. Mas não desviei os olhos de nada disso.

Nossa tendência é encontrar culpados para tudo aquilo acontece conosco, já reparou? Em vez de culpar a você ou ao outro, faça uma autoanálise. Se você se comportasse de outra forma, talvez alcançasse um resultado diverso. Qual parte de você está envolvida em todas as tragédias que lhe ocorreram? Ok. Algumas vezes nenhuma parte, eu sei. Mas, mesmo assim, por que você vive isso nesse determinado instante? O que não foi apreendido ainda? Qual a lição desse fato/ato/acontecimento/*boy* lixo/emprego escroto/_____ (preencha a lacuna)?

Perguntar é se descobrir; descobrir é confrontar e aceitar a sombra, é se inteirar. Para Bukowski (1978), qualquer problema que você tenha comigo é seu.

Na verdade, é de todo mundo. Quando você para e reflete: "O que aquela pessoa tem contra mim? Fiz algo de errado? Já perguntei a ela se aconteceu algo?", talvez seja bom avaliar a mudança de atitude de um determinado sujeito. Por vezes, os conteúdos são dela, que projeta ou transfere algo para você, mas, outras vezes, seu comportamento, em algum momento, ofendeu-a. Mesmo que não tenha sido proposital (fiz isso muitas vezes sem querer), ela ficou ofendida. Vá lá e se explique. Todas as vezes? Não. Só quando você quiser que aquela criatura ainda faça parte da sua vida e, depois de uma análise minuciosa, perceber que ela ainda faz falta. Explique-se. Pergunte. Peça clarificação. Não vai te matar não. Peça perdão e admita o erro, olhe nos olhos. Por que não?

Outras vezes, é alguém que lhe é indiferente. Não tem importância alguma. Não vai fazer falta. Então para que se desgastar? Quem tem de fazer essa análise é você. O que vale a pena? Quem vale o desgaste, a explicação, o pedido de perdão?

Hoje eu pergunto: quem vale meu tempo?

Numa de minhas viagens, peguei um *tour* de alguns dias. Havia um grupo de cerca de dez pessoas. Eu dava "bom dia" e tentava fazer o social com algumas delas (não sou chegada em conversa mole), mas não participava das atividades noturnas, isto é, embebedar-se. Num determinado momento, o grupo começou a me excluir.

Esse padrão era algo que acontecia muitas vezes, inclusive no ambiente de trabalho. Comecei a refletir: o que havia de mim ali, o que eu estava provocando nas pessoas? Que tipo de reação eu causava que as fazia se afastarem? É o meu modo de "não me importo com o que os outros pensam"? É a minha independência que, por vezes, eu bradava em alto e bom som? Ou isso tudo é agressividade disfarçada?

A minha atitude era, muitas vezes, insolente e eu nem percebia. Era uma raiva do mundo (como ele é) e das minhas experiências anteriores não trabalhadas. Para que isso? Na verdade, por que isso?

Porque eu não integrei o que havia no meu inconsciente: a raiva do mundo. Quando eu compreendi e trouxe isso à luz da minha consciência, até mesmo quem me assediava de forma gratuita, sem eu ter provocado, foi embora da minha vida.

Aquelas pessoas (os canadenses, australianos, americanos) do grupo, eu nunca mais veria, então para que me preocupar? E o povo do meu prédio? E meus colegas de trabalho? E as pessoas que vão caminhar com seus *catioríneos* no clube? E meus colegas de sala na Aliança Francesa?

A minha atitude diante da vida depende mais de mim do que de qualquer outra pessoa. Atraímos aquilo de que precisamos. Às vezes aparecem pessoas que tem um ódio gratuito, que projetam sua sombra em nós e nada podemos fazer a não ser tomar distância. Outras vezes, nossa atitude pessoal provoca a presença de criaturas que têm algo a nos ensinar. Sim, amada, você atrai o *boy* lixo. Sinto muito dizer isso.

Talvez porque precise aprender a reconhecer o comportamento dele para se afastar nas próximas vezes. Você tem algo aí não elaborado, não trabalhado, nem percebido. Não sei o que é. Mas você pode descobrir e escolher ficar sozinha enquanto não surge alguém que valha seu tempo. Transformar sua carência em queima de calorias ou em bolos de chocolate, colheradas de brigadeiro ou uma corrida no Ibira, ler um livro, ir ao cinema, aprender a costurar, a cozinhar, a fazer artesanato e vender sua arte na rua. Algo que te faça feliz e desvie sua libido, até que encontre a que veio, aquele momento em que a bússola marca o seu norte verdadeiro. Até lá, vá experimentando. Cave sua liberdade, conquiste sua autonomia, pare de se preocupar com relacionamento amoroso. Foque em você, amada, é você que importa. Não se interdite.

Você é o Graal.

Esse caminho que parece perigoso, e é mesmo, você não fará sozinha. O mundo vai oferecer alguns ajudantes, ou anjos se você preferir, para auxiliá-la nessa jornada de autodescobrimento.

O conhecido mito do Minotauro também veio da Grécia. Na ilha de Creta (enorme, aliás), havia o rei Minos e uma criatura saída de pesadelos, com cabeça de touro e corpo de homem, que estava encarcerada num labirinto. Todos os anos, a pólis de Atenas enviava mulheres e homens para serem sacrificados a fim de acalmar a fera.

> Os atenienses encontravam-se naquela época em estado de grande aflição, devido ao tributo que eram obrigados a pagar a Minos, rei de Tebas. Esse tributo consistia em sete jovens e sete donzelas, que eram entregues todos os anos, a fim de serem devorados pelo Minotauro, monstro com corpo de homem e cabeça de touro, forte e feroz, que era mantido num labirinto construído por Dédalo, e tão habilmente projetado que quem se visse ali encerrado não conseguiria sair sem ajuda (Bullfinch, 2016:154).

Teseu, filho de Etra, com dupla paternidade (de Egeu e Poseidon), voluntariou-se para matar o Minotauro. Ao chegar à ilha, apaixonou-se por Ariadne, uma das filhas do rei. Em algumas versões, dizem que ela se apaixonou e ele correspondeu ao arroubo.

Ela aceitou casar-se com o herói, desde que ele matasse o Minotauro e livrasse a Grécia desse pavoroso sacrifício humano que era realizado ano após ano. A princesa perguntou ao engenheiro e inventor Dédalo, que havia construído o labirinto, o que Teseu deveria fazer para matar a criatura. Ele indicou o caminho e ela deu ao seu herói um rolo de fio de linha, com o qual ele sairia do labirinto sem se perder – ou melhor, se perdendo, mas com a certeza de um retorno seguro. Algumas versões acrescentam uma espada mágica, com a qual Teseu matou o homem touro. O fio de Ariadne foi a salvação do herói, sem o qual ele jamais teria saído do labirinto. Assim, o mito do Minotauro simboliza a luta espiritual contra a repressão (Brandão, 1993:64).

Pouco é necessário para iniciar a jornada de herói (ou heroína, no nosso caso). Para Teseu, bastou um rolo de fio de linha e sempre haverá alguém que se importa com o que se passa em seu coração e com os distúrbios da sua alma. Uma criatura que incentiva você a deixar o medo na entrada do labirinto e continuar estrada afora, sem receio de se perder. O mundo vai lhe fornecer ajuda se você estiver no firme propósito de iniciar a viagem para o meio das complicações, nas meadas da vida.

A primeira coisa que a heroína deve fazer é se retirar – ainda que simbolicamente do mundo exterior. Parar de seguir a massa, de querer agradar a todos e pertencer ao clube. Perséfone deve ser deixada de lado um pouco. Algumas vezes, a maleabilidade, que pode ser muito conveniente, é extremante prejudicial.

Se o clube da esquina, que faz festas e agremiações nas quais você insiste em participar, mesmo sabendo que não tem nada a ver com você, expulsa-a, ou você, voluntariamente, deixa de ser membro, considere uma primeira vitória não estar mais envolvida com gente que nada tem a ver com você, com seus valores, ideias e princípios. Às vezes, quando você sai desse clube, entra em um labirinto sem saber para onde vai e fica perdida, mas vai escapar como Teseu, que, graças ao fio de Ariadne, deixou para trás inúmeros corredores tortuosos que dão uns para os outros e que parecem não ter começo nem fim, como o rio Meandro, que volta sobre si mesmo e ora segue adiante, ora vai para trás, em seu curso para o mar (Bullfinch, 2016).

Você não está sozinha. Há outros como você que se perguntam: "O que eu estou fazendo aqui? Esse lugar não me diz nada, não me acrescenta nada. Essa pessoa não sabe nem meu sobrenome, quanto mais minha sobremesa favorita!". Perdida em um labirinto?

Essa retirada estratégica, ajudada pela Atena que há em você, é seu primeiro passo para uma viagem interior. É o recuar para dar um passo mais largo depois. Recuar para pegar impulso. Saber recuar é tão importante quanto saber a hora de entrar na batalha. Campbell (2013:27) desenvolve o raciocínio:

> A primeira tarefa do herói consiste em retirar-se da cena mundana dos efeitos secundários e iniciar uma jornada pelas regiões causais da psique, onde residem efetivamente as dificuldades, para torná-las claras, erradicá-las em favor de si mesmo (isto é, combater os demônios infantis de sua cultura local) e penetrar no domínio da experiência e da assimilação, diretas e sem distorções, daquilo que C. G. Jung denominou imagens arquetípicas.

Enfrentar os seus demônios, reconhecer seus monstros internos, os minotauros da vida, encarar nossa sombra, por vezes escura e fétida. A sombra nem sempre é escuridão. Lá estão os maiores tesouros, os talentos que temos medo de usar, nosso diamante. Somos todos carvão. É no confronto da sombra que você vai descobrir o seu brilhante, o que está enterrado junto com toda a tralha que você se recusa a ver.

Saber-se humana vai torná-la heroína. Nada de reconhecimento ou celebridade – é algo muito melhor: heroína da própria história, protagonista, e não coadjuvante. Centro de si mesma. E nesse lugar não importam as intempéries, ou os *boys* lixo, ou o trabalho sem futuro, ou a chuva de verão que te pega de surpresa (e sem guarda-chuva). Os acontecimentos da vida começam a perder a cor, a demasiada importância que lhes concedemos. E, quando perdem a importância, param de afetar.

Transformamos a tragédia que era nossa história não em comédia, mas num conto linear, sem dramas, sem sobrepeso e demasiada dor, com poucos deslumbramentos, e uma paz que, no dizer do Apóstolo Paulo, excede todo entendimento. Não o tempo todo, mas você descobre aquele lugarzinho secreto, para onde sempre pode retornar. É a jornada para casa na cabana no meio da floresta ou no hotel supermágico, numa praia paradisíaca. Você encontrou seu lugar no mundo e, quando as coisas apertarem (e vão), tem sempre para onde voltar.

> O mundo objetivo permanece o que era; mas graças a uma mudança de ênfase que se processa no interior do sujeito, é encarado como se tivesse sofrido uma transformação. Onde antes lutavam vida e morte, agora se manifesta o ser duradouro – tão indiferente aos acasos do tempo como a água fervente num pote com o destino de uma bolha, ou como o cosmos em relação ao aparecimento e desaparecimento de uma galáxia (Campbell, 2013:34).

Parece um caminho sombrio e sem volta. Não é sombrio o tempo todo, mas é sem volta. Para Stein (2016:168), é um:

> conflito entre opostos. O que se ganha assumindo a tarefa de enfrentar o conflito entre persona e sombra, por exemplo, ou entre ego e anima, é "coragem" [...] é o que eu entendo por processo de individuação [...], de desenvolvimento resultante do conflito entre dois fatos psíquicos fundamentais (consciente e inconsciente).

Mesmo que escureça, alguém (Ariadne) vai lhe trazer uma lanterna ou um batalhão de formigas (para ajudar a Psique). Não estamos sozinhos. É só seguir o fio da trilha do herói.

> E ali onde pensávamos encontrar uma abominação, encontraremos uma divindade; onde pensávamos matar alguém, mataremos a nós mesmos; onde pensávamos viajar para o exterior, atingiremos o centro da nossa própria existência; e, onde pensávamos estar sozinhos, estaremos com o mundo inteiro (Campbell, 2013:31-32).

Nesse processo, algumas vezes você se quebra em pedacinhos e acha que não vai retornar inteira, mas não existe nada remendado que não tenha sido quebrado antes. É preciso se arrebentar. Seu mundo não será mais o mesmo e algumas pessoas se afastam, enquanto outras não devem permanecer e você se afasta (o clubinho da esquina não te pertence mais). Há pessoas e caminhos que aparecem na sua vida e você nem os imaginava; sua jornada toma um rumo inesperado, enquanto seus pedaços vão se costurando aos pouquinhos.

Mas você não é mais a mesma. Por isso essa jornada a leva a um destino novo, criado para você. Na verdade, criado por você, que não sabia (leia-se: não tinha consciência), pois ele já estava lá.

Qual é o destino? Boa pergunta. Eu não sei.
O que ficou da Grécia foi o início. Da jornada. De tudo.

Tripulação: preparar para a decolagem!

Ásia: Japão

> As pessoas, como as nações, precisam de fronteiras adequadas, largas e naturais, e mesmo um considerável espaço neutro entre elas.
> HENRY DAVID THOREAU, 2017:140

Não sei precisar quando o Japão entrou na minha lista. Tinha 14 anos e li primeiramente *Xogum*, a gloriosa saga do Japão, de James Clavel (1975), cujo personagem era um inglês que narrava sua saga no país. Durante a leitura, aprendi a palavra *gaijin*, que significa "estrangeiro, não japonês, *alien*", ou seja, olho redondo. Era um universo místico de samurais e gueixas, cuja narrativa era entremeada de guerra, política e religião. Acho que foi aí que meu gene da viagem despertou para essa ilha na Ásia Oriental.

Na época, eu nem sabia onde era a Ásia.

Desde então, os livros sobre o país sempre estiveram na minha estante, acompanharam minha vida, por assim dizer: *Favela high tech*, de Marcos Lacerda, li na minha adolescência (a fase de revolta, acompanhada por um livro em igual medida): gênero policial, cheio de sexo e violência, que tem como pano de fundo a potência econômica que é o Japão; *Memórias de uma gueixa*, de Arthur Golden, quando estava na fase de paixão platônica por alguma criatura cujo nome já nem lembro mais, majestosamente transformado em filme. E, numa fase mais madura, o escritor Haruki Murakami, com o realismo fantástico da trilogia *1Q84*, e todos os livros dele que pude comprar.

Quando decidi visitar os cinco continentes, elegi o Japão como porto na Ásia.

Preparei-me durante oito meses para o destino da vez. Viajei com uma amiga descendente de japoneses, mas que não falava uma palavra do idioma. Ela, em busca de suas origens, continuou a viagem até Okinawa. Recesso acabou, voltei para o Brasil, triste por deixar um país onde fui muito bem tratada e recebida, apesar da *gaijin* que sou.

Os japoneses sempre tratam bem os visitantes. Daqueles que têm ali seus ancestrais, eles esperam que falem a língua. Esperam e manifestam isso de diversas formas: um pequeno entortar de boca, uma sobrancelha levantada, um olhar de esguelha, e assim por diante. Da minha amiga, eles esperavam fluência no idioma. Ficaram decepcionados, é claro. De mim, nada. Ainda bem.

A preparação antes da viagem, que é sempre um prazer, demorou um bocado. Pelos *blogs* que consultei, obtive alguma ajuda para fazer um roteiro básico, um rascunho pelo menos, e entre eles há um dedicado ao viajante solo, o Solo Traveler (www.solotravelerworld.com), que, além de indicar o nível de dificuldade (de locomoção ou do idioma), conta com artigos de viajantes que passaram pelo mesmo destino. Outro que uso bastante, 360 Meridianos (www.360meridianos.com), é de três brasileiros que deixaram tudo para trás para viajar pelo mundo. Nele conheci uma moça que havia ido ao Japão. Ficamos amigas e ela me ajudou em todos os detalhes da viagem: do *wi-fi* ao uso do toalete japa. Muito obrigada, Silvana.

Minha professora de francês, Michelli, e outra amiga, Vanessa, me ensinaram a usar o metrô e tirar o JR, *Japan Rail Pass*, o passe de trem que se pode usar por 7, 14 ou 21 dias de modo ilimitado nos trem-bala e no metrô, em algumas estações da linha JR. Economia na certa. É possível passar pelas catracas magnéticas (uma espécie de entrada VIP) mostrando o passe ao cara de luvas brancas.

Nada é mais importante do que falar com pessoas que já visitaram o país.

Quando escolhemos um roteiro, criamos expectativas que nem sempre se concretizam, não é? Meu amor pelo modo de vida samurai e pela história das gueixas elevaram minhas expectativas a mil em Kyoto. No entanto, foi por Tóquio que eu me apaixonei. E, no final, dediquei meu amor a Nara. Nara, e não Hiroshima, virou *mon amour*. Alimentar os veados em campo aberto, visitar os templos e me deixar levar pelos cheiros da cidade fixaram em mim uma impressão eterna. Paixão por Tóquio, amor por Nara.

Quando voltei, perguntaram o que tanto gostara do país, que fica do outro lado do mundo. A cortesia.

Numa noite fria, de chuva fina do mês de dezembro, Tóquio nos recebeu depois de 35 horas de viagem e mais umas três até chegar à estação de metrô Kamata, próxima do *hostel*.

Eu havia imprimido um mapa com a localização do *hostel*. Entretanto, não havia o nome das ruas, e as referências que eu tinha, visuais, eram o prédio dos Correios e um *shopping*. Era noite, os Correios estavam fechados. Nenhum luminoso naqueles caracteres que eu havia imprimido. Mala no chão, mochila no ombro e a cara de perdida. Era esse o quadro.

Perguntar, não é?

Fiz um pequeno dicionário de frases básicas para não passar apuro. Abordei o primeiro cidadão que estava na rua (sem olhar para cima, pois o celular ocupava sua vida), pedi licença e desculpa em japa, mudei para o inglês, mostrei o nome do hotel e pedi ajuda. O cara ficou assustado (acho que interrompi alguma coisa importante na tela do telefone) e disse: não, não, não.

Ok. Agradeci e comecei a procurar outra criatura.

Em menos de dois minutos, o cara voltou, abriu o guarda-chuva, me deu para segurar, tirou o *iPad* da bolsa (eles usam bolsa de mulher) e me pediu, em japonês, o endereço do hotel. Levou-nos até a porta e apontou para o nome, no pequeno letreiro no chão, e para o meu papel, como que para confirmar que era esse mesmo. Fez uma mesura, pediu o guarda-chuva de volta, com gestos, e foi-se embora.

Isso aconteceu conosco diversas vezes.

As pessoas não só te ajudam como saem do seu caminho diário e te levam até onde você precisa ir. Demora a pegar o ritmo de uma cidade. Como as ruas funcionam, com números quase irreconhecíveis (são caracteres, ideogramas, e não nosso conhecido algarismo indo-arábico), o local da ciclovia, o fumódromo, tudo é novo. Todas as vezes que estive perdida no Japão (e foram muitas!) tive ajuda. E nunca alguém pediu dinheiro, moeda ou algo assim.

Em outra ocasião, a primeira vez no *shinkansen*, a rede ferroviária de alta velocidade em que o trem-bala chega a 320 km/h (a primeira a gente nunca esquece), estávamos na plataforma e não sabíamos se o lado era o certo – há dois lados, como aqui, para embarcar e desembarcar. No letreiro luminoso, apareciam diversos destinos com números diferentes, que mudavam numa velocidade absurda. Não conseguia acompanhar o letreiro e ver o número do meu trem, nem o destino.

Havia uma moça na plataforma. Não tive dúvidas: perguntei se estava no lado certo. Ela não sabia ou não entendeu a princípio, ou se assustou, sei lá. De repente, ela vai até o quadro da estação, olha, mexe no celular e vem até mim com ele na mão. Havia perguntado a um amigo como se diz, em inglês, "é o próximo". E lá estava, em letras garrafais: "É o próximo trem nesta plataforma".

Nas minhas pesquisas, preocupei-me sobremaneira com meu comportamento "ocidental". Pesquisei os costumes, as tradições, como se portar, como cumprimentar, como _____ (preencha a lacuna). Sabia que cometeria gafes que não estavam nos manuais e dicas do *Lonely Planet*. Não sabia que o povo era tolerante com os erros cometidos. Erro no sentido de não ser o costume local. No Oriente, óbvio, as coisas são diferentes. Até um pequeno gesto com o polegar pode significar outra coisa.

Essa educação não foi meu privilégio ou sorte. É unânime em todos os fóruns de viagem quando o assunto é o Japão. Os viajantes elogiam o país, mencionando a disponibilidade dos habitantes em ajudar em tudo que você precisa. É muito confortável ser turista no Japão. Mesmo que a população local não fale inglês, eles dão um jeito de se comunicar com o visitante. No final da viagem, eu já estava falando em português mesmo. Perguntava algo, eles respondiam em japonês (que eu compreendia com os gestos e pelo contexto) e eu dizia: "Muito obrigada, tenha um bom dia!", em português, com uma pequena mesura.

Todo mundo se entende. A palavra que fica é essa: cortesia. E não é uma coisa forçada, com sorrisos asiáticos, como vemos em alguns filmes estereotipados. Eles não sorriem. E conseguem, sem esboçar reação alguma, ser extremamente corteses. As crianças não sorriem no metrô e os cachorros não abanam o rabicho quando você fala com eles.

A terra dos sorrisos fica na Ásia também, no sudeste asiático mais precisamente, e se chama Tailândia. Fiquei apenas cinco dias em Bangkok, depois de atravessar o Camboja. Não posso dizer, pelo pouco tempo que estive ali, que conheço o país. De fato, todo mundo sorri. O tempo todo. Além de ser um traço cultural, pareceu-me ser um tanto "fora de propósito". Sorrir, mesmo triste, ou quando não se tem empatia, me parece esquisito. Mesmo quando você está com roupa de trabalho, com sua máscara de *persona* profissional, você não arreganha os dentes para qualquer um, não é?

Na Tailândia o povo mostra os dentes.

Menos os monges vestidos de laranja. E também não tocam nas mulheres. Sempre que você entra em um templo, vai haver um monge sentado naquela posição de lótus, espirrando água (benta?) no povo que fica de joelhos de frente para ele. Após a "cerimônia", ele oferece uma pulseira, algo como a fitinha de Nosso Senhor do Bonfim, da Bahia. Nos homens, ele amarra a pulseirinha no pulso, nas mulheres, deposita na mão, sem tocá-las. Às vezes, o viajante pode encontrar o monge "fanta", como eu chamo carinhosamente, com uma espécie de galho na mão, abençoando os devotos. Observei um desses durante meia hora: nas mulheres ele quase batia com os galhos na cabeça, e nos estrangeiros também, com suas bermudas cáqui e sandálias, por vezes acompanhadas de meias. Será que eles compram na mesma loja?

Desnecessário dizer que não fiquei na fila para ser abençoada, vulgo apanhar de vara.

Mas não sorriem. Os únicos em toda Bangkok que não mostram todos os dentes da boca.

A cidade parece uma mescla de dourado e neon rosa. Muita informação, desde os tetos do templo, até os barcos que deslizam à noite pelo rio, completamente iluminados. Os budas, em sua maioria, são dourados. Os sinos enormes também têm a mesma cor.

No aeroporto, você acompanha pela televisão uma transmissão que mostra o rei, também vestido de dourado. Parece que só passa isso. Tanto na ida quanto na volta estava passando a mesma coisa, já tinha decorado a transmissão. Aparecem estrelas e confetes, também dourados, quando o rei aparece visitando uma comunidade ou falando com uma criança, que também está sorrindo.

Eles adoram o rei, que faleceu aos 88 anos, em 13 de outubro de 2016, e cujo corpo se encontrava no Palácio de Bangkok. Sempre havia uma fila enorme para visitá-lo. Há fotos dele sorrindo por todo lado e vestido de dourado. Eles amam o regente que ficou no trono durante setenta anos, sempre citado com respeito e amor. Há uma recomendação para não dobrar as cédulas em sinal de respeito a ele, pois seu rosto aparece nelas (a moeda da Tailândia chama-se Baht). Durante o funeral, o povo exibia as cédulas para a transmissão televisiva.

O país permanece no seu luto prolongado. O corpo do rei foi cremado em 26 de outubro de 2017, mas nem a tristeza pela morte do seu rei rouba o sorriso do povo. Não sei se é de fato genuíno, se estão sendo simpáticos ou se é tudo *fake*. Não tive tempo para interpretar.

Weiner (2008:285) menciona que há vários tipos de sorriso: de felicidade, de tristeza, de agonia; aquele que você quer esboçar e não consegue; o que transmite: "Eu discordo de você, mas pode continuar falando"; o que diz: "Eu admiro seu sorriso"; todo tipo de demonstração mostrando os dentes. E ele desconfia de todos. No capítulo sobre a Tailândia, ele chega à conclusão de que a "felicidade" de tantos sorrisos é justificada pelo fato de o povo não se levar muito a sério, nem levar nada muito a sério, diferentemente dele, que como um bom americano leva tudo a ferro e fogo. Até a diversão é levada a sério.

Uma coisa que me incomodou na terra dos sorrisos: os estrangeiros (não sei precisar a nacionalidade) andando com "namoradas" de 12, 14 anos. Crianças mesmo. Weiner (2008:282) também observou o mesmo "aspecto social" e chama esses estrangeiros de *sexpats*, algo como expatriados do sexo: uma junção das palavras *sex* e *expat*.

Não sou hipócrita para negar que isso não acontece no Brasil. Eu sei o que se passa em cidades pobres do Sertão, por exemplo, onde os pais vendem as filhas em troca de alimento. Principalmente no Sertão nordestino, onde a indústria da seca continua faturando alto. Em Fortaleza, por exemplo, há o turismo sexual para italianos, homens acima dos 65 anos, que alugam as crianças por temporada.

Cresci em uma cidade do interior do Maranhão (cheguei lá com 11 meses) chamada Imperatriz, que ficava no anteriormente denominado "Bico do Papagaio", conhecida naquela época especialmente por sua violência e pela ligação estreita com a Serra Pelada, bem como pelo "pertencimento" a um "coronel" que foi presidente do país na época da ditadura. Hoje, Imperatriz é um polo universitário e mudou bastante.

Pois bem. Havia (não sei se ainda praticam a mesma "arte" no estabelecimento, nem se existe ainda) um local chamado Dalva Drinks, no qual meninas de 11 anos eram leiloadas para os fazendeiros da região e/ou políticos. O que era leiloada era a virgindade das meninas. Houve uma reportagem sobre o assunto há alguns anos.

Agora, quando procuramos pelo estabelecimento, não aparece nada relacionado, mas sei que isso existe, mesmo com toda a propaganda contra a pedofilia. Às escondidas, mas existe.

As meninas de 15 anos têm o famoso baile de debutante, o equivalente à festa de *sweet sixteen* nos Estados Unidos. Há um verdadeiro cerimonial para tais festas. A intenção original era apresentar as moças à sociedade, pois não eram mais crianças e estavam prontas para escolher pretendentes. A palavra vem de *début*, do francês, que significa início, princípio (de alguma coisa). Antes do baile, é feito um *book* com fotos da futura debutante em lugares inusitados e vestida de mulher ou de princesa. As roupas escolhidas são de festa, às vezes vestidos com mangas bufantes, babados e fru-frus, e até roupas mais *sexy*. Continuamos a apresentar nossas meninas para o "abate". Em Imperatriz, também usavam essa expressão: "passou de duas arrobas, tá pronta pro abate". Uma clara referência ao boi ou à vaca. É a sexualização da infância. Na Tailândia é às claras, à luz do dia. Qualquer um vê. Você até pode denunciar, mas não surtirá muito efeito.

Bangkok é a zona sexual liberal da Ásia. Há os famosos e belíssimos, em sua grande maioria, *lady boys*. Os ingleses são frequentadores assíduos do país mais em função da facilidade de obter a companhia desses meninos/meninas. São jovens que se vestem de mulher e são extremamente femininos, em geral siliconados e com salto alto. É uma mulher que você vê. E uma mulher muito bonita. Além de ser tudo dourado, é também quase tudo voltado à indústria do sexo.

Enfim, sexualizamos nossas crianças. Incentivamos as meninas desde cedo a usar maquiagem e a dançar músicas não exatamente interessantes ou inteligentes, a abaixarem até o chão e a rebolarem. Meninas que viram mulheres antes de menstruar. Fazemos isso tanto aqui como na Tailândia e em outras partes do mundo. A consequência é essa que vemos: gravidez aos 13, filhos de filhos ainda ingênuos e precoces.

No Japão não vi sexualização precoce, mas sei que acontece às escondidas, como a venda, em alguns estabelecimentos, de calcinhas de meninas a preços absurdos. É sabido que sexo é assunto controverso, mas muito praticado no Japão e que a preferência nacional é por adolescentes ou crianças. As próprias gueixas entravam na vida de entretenimento muito cedo e sua virgindade era leiloada.

Tudo é muito organizado, do leilão da virgindade ao fluxo de gente. A minha expectativa era a pior possível, pela quantidade de gente. Achava que seria como na 25 de Março, em São Paulo, às vésperas do Natal. Que me sentiria sufocada no metrô, a exemplo do meu dia a dia na hora do *rush*, ou talvez pior. Tóquio tem 38 milhões de habitantes, e eu esperava algo como o dobro de Sampa (apelido carinhoso que Caetano Veloso cunhou à cidade que me acolheu. Uma vez *gaijin*, sempre *gaijin*), que eu já acho imensa. Fiquei imaginando uma crise de pânico num vagão lotado de asiáticos. Enfim, um pesadelo. Filas, filas e mais filas a perder de vista.

Nada disso. A começar pelas passagens subterrâneas até as escadas, você encontra setas indicando se o caminho é pela direita ou pela esquerda, em placas no alto da sua cabeça ou no chão.

Não se para à esquerda na escada rolante, feito um dois de paus. Vai deixar os habitantes p*** da vida, como em Londres e em São Paulo.

Quando você entra no metrô, há duas filas na porta do vagão, deixando o meio livre para a saída. Todos esperam calmamente que os passageiros saiam e depois as duas filas entram com tranquilidade, pois ninguém fica na porta para se encostar, como aqui. Isso fora do horário de pico.

A pontualidade (tal qual na Alemanha e na Inglaterra) faz parte da organização do povo. Vez por outra os trens atrasam porque alguém se suicidou em uma das linhas (assunto para mais tarde), mas em geral é superpontual.

As ruas também contam com um fluxo organizado de carros, ciclistas e pedestres, com setas no chão. Assim, aquele mar de gente não atropela, não empurra, nem mesmo dá cotovelada.

Existe uma campanha em São Paulo para o transporte público: #hojeeuqueroirsentada.

Ahã. Boa sorte.

No Japão, você não vai sentar, mas também não vai ser empurrada, a não ser na hora do *rush*, gentilmente, pelo cara de luvinhas brancas que te coloca para dentro do trem.

Faça como eu: evite o horário de pico. Afinal, você está de férias. Para que sair às 8 horas da matina? Deixe espaço para o povo que trabalha.

O espaço comum é aquele que todos usam: academia, piscina, salão de festas no prédio, sofás na recepção (para os visitantes), bebedouro, banheiro no trabalho, estacionamento, e assim por diante. Certo?

A rua é espaço público, assim como os corredores e trens do metrô.

O povo japonês respeita o espaço. Não te dá uma bolsada na cara ou uma cotovelada para entrar ou obter mais espaço no vagão. Também não abre as asas (leia-se braços) quando está sentado para ver o celular ou ler um livro, nem deixa a bolsa ocupar metade do espaço da sua cadeira ou bater na sua cintura, sabe? Nem espalha as pernas quando está sentado.

Há um termo em inglês para esse esparramo, que é mais comum entre os homens: *manspreading*, sentar com as pernas abertas, espalhadas, de modo a invadir o espaço da pessoa ao lado. Em 2014, houve uma campanha em Nova York com o lema: *Dude, stop the spread, please*! Algo como: Pare de se espalhar, meu! Fecha essas pernas.

A empresa de transportes municipais de Madri, capital da Espanha, espalhou diversos cartazes nos transportes públicos a fim de conscientizar os caras propensos à prática do *manspreading* a abandonar tal hábito.

No *tram* (metrô de superfície) e no metrô na Turquia há uma foto com um homem de pernas abertas e um *x* bem grande, em vermelho.

Quando eu era pequena (e não era em Barbacena), perguntei ao meu pai:

– Por que você senta com as pernas abertas assim?

Ao que ele, gentilmente, respondeu:

– Para não quebrar os ovos.

Então, meninos, quebram mesmo?

O espaço é de todos, e as pessoas sentam-se encolhidas, com os braços para dentro, a fim de não incomodar quem está sentado ao lado. Observam para ver se você precisa se levantar e dão espaço para você sair.

No trem-bala, um senhor que estava ao nosso lado tirou a marmita (superfofa: *bentô*) para comer e abriu a mesinha da frente. Conseguiu comer sem fazer barulho algum, com os braços para dentro e sem encostar em mim.

Num determinado momento, eu comecei a guardar alguma coisa na bolsa. Ele percebeu que eu queria levantar, então se levantou e deu espaço para eu sair (eu estava na poltrona do meio e minha amiga na janelinha). E, quando eu estava voltando, ele levantou antes de eu chegar à fileira. Depois que eu lanchei, ele pediu permissão, com gestos, para pegar as embalagens que estavam na minha mesinha e levou-as para o lixo, que fica entre dois vagões.

Eles observam o que o outro está fazendo para não incomodar e, se possível, ajudar, facilitar a vida do passageiro que está ao seu lado. O pedestre dá espaço para passar, segura o elevador e oferece ajuda com a bagagem. O tempo todo o povo não só respeita o espaço comum como facilita a vida de quem está lá. Como não amar?

Nas ruas, além da sinalização (com setas) no chão, há um espaço específico para fumar. Sim, sou fumante. Cigarro, minha gente, que ainda é legalizado.

O espaço para os fumantes é feito com uma espécie de corda em alguns lugares, ou fechado. Hermeticamente fechado nas cafeterias, dentro dos prédios e no trem-bala. Claro que não é agradável fumar em um local fechado. Parece um filme de guerra de tanta fumaça. Entretanto, quem fuma sou eu. Então não é melhor fumar em paz com outros do mesmo gênero, que não ficam balançando as mãos na sua cara ou dizendo em tom acusatório: "Você sabe que isso mata?".

Sabemos pessoal. Nós já sabemos, ok?

Pelo menos mata só a mim e aos que estão ali. Não me incomodei em nenhum momento com o fato de não poder fumar em qualquer lugar, de ter um espaço delimitado para tal. Achei excelente. Às vezes eu nem enxergava o local e minha amiga, que não fuma, via um desses espaços e falava: "Olha lá, vai lá, que eu te espero".

Ela não come melancia ou melão e não suporta nem o cheiro. Eu nunca vou pedir uma fatia de melancia e comer na frente dela. Para quê? Não posso aguentar até chegar em casa ou no hotel ou seja lá onde for, e comer sem que ela tenha de sentir o cheiro? Posso sim.

Ela gosta de fazer compras, então, quando estávamos no Japão, ela ia às compras e eu ia ao parque ou ficava dormindo. Se ela precisasse de mim para alguma coisa, combinávamos antes e nos encontrávamos em determinado lugar. Ninguém nasceu grudado (siameses?) para ter de ficar com o outro o tempo todo. Cada pessoa tem gostos e manias específicos e é isso que nos torna tão interessantes.

Já imaginou se só existisse sorvete de baunilha?

Consideração pelo outro.

É também um povo comprometido com a estética. Em tudo.

No filme *O último samurai*, o personagem do Tom Cruise fala algo como: "É um povo dedicado à perfeição em tudo que faz, desde o nascer do sol até a noite". É isso mesmo. As coisas são lindamente feitas. Há uma poesia em seus atos, uma sincronia semelhante à ginástica rítmica, e em suas orações nos templos.

A comida parece uma escultura, servida na bandeja, com diversas tigelas de todos os tamanhos, a colher parece uma obra de arte, os *hashi* (os pauzinhos japoneses para comer) belíssimos e as cores em perfeita harmonia com todos os pratos, mas, se quiser, eles oferecem garfo e faca na maioria dos lugares.

Li uma reportagem no *The Guardian* a respeito da relação emagrecer e estética. Na verdade, à falta dela. Sugeria que você colocasse a comida num prato rachado ou quebrado, assim, com certeza, comeria bem menos. Nunca comi tanto e tão bem quanto no Japão.

Parava nas ruas e observava onde o povo local entrava. Fugia das ruas mais comerciais ou próximas aos monumentos e templos. É sempre mais econômico e, em geral, mais saudável comer onde os locais comem. Quando via turista entrando (em bandos e de sandálias), eu não ia. Parava na porta do restaurante, birosca, bistrô, seja lá o que fosse, verificava se havia fotografia da comida (figurinhas, como eu chamo). Quando havia, eu entrava. Como eles não falam inglês (e nem português – exceto em Nagoya), eu tinha de apontar para a figurinha, a foto da comida, e pedir aquele determinado prato. Claro que isso é uma loteria, pois não sabia exatamente do que era feito o prato.

Posso contar? Adorei todas as vezes. Comi feito uma rainha e não passei mal nenhuma vez. É possível perceber que há uma estética pensada. As pequenas coisas têm um significado, embora a maioria dos ocidentais não perceba exatamente qual seja. Você sente que a forma dá sentido ao conteúdo: a colocação de certos objetos em determinados lugares, os arranjos de flores, os pequenos quadros, tudo está em harmonia. Até a falta de objetos é harmônica.

Campbell (2013:160) conta essa experiência ao descrever uma casa de chá no Japão:

> As cerimônias do chá no Japão são realizadas de acordo com a concepção terrestre taoísta. A sala de chá, chamada "domicílio da fantasia", é uma estrutura efêmera construída para conter um momento de intuição poética. Também chamada "domicílio da lacuna", é desprovida de ornamentação. Contém temporariamente um único quadro ou um arranjo de flores. A casa de chá é chamada domicílio do não simétrico: o não simétrico sugere movimento; o propositadamente inacabado deixa um vácuo em que a imaginação do observador pode mergulhar.

Os detalhes são pensados para termos consciência de nossa pequenez diante dos tetos altos dos templos, como as abóbodas nas igrejas católicas, dando a sensação de inalcançável. A amplidão dos espaços internos e externos nos mostra o quão pequenos somos, ao mesmo tempo que fazemos parte de algo maior do que nós mesmos.

Nunca nos expulsaram de nenhum local e tampouco nos trataram mal. Em alguns, tínhamos de tirar os sapatos (botas, pois era inverno), em outros, tivemos de sentar na esteira, no chão, e a comunicação por gestos transformou-se em um desafio maior do que o esperado. Mas a disponibilidade do povo é tamanha, sempre tentavam ajudar, pressentir o que queríamos e nos ensinar a comer, a sentar, a usar os talheres (de madeira e bem diferentes dos nossos) para servir uma sopa *diferentona* que encontramos numa birosca aberta às 22 horas.

Há muita tolerância.

A estética não se resume à comida: as ruas de Tóquio são arborizadas, limpas e organizadas. Na saída da estação Ueno do metrô, havia diversas pessoas vestidas com um colete no qual estava escrito "Turismo Japão", que se ofereciam para ajudar os estrangeiros perdidos a chegar a determinado local, pegar um ônibus ou comer em algum lugar. Vestidos de forma impecável e com um inglês mais do que razoável.

O povo se veste superbem no metrô. As meninas, com roupas de trabalho, máscaras no rosto (parece um hospital), brancas como cera (elas usam um produto para embranquecer a pele, à venda em qualquer farmácia). Os homens, com roupas na última moda, calças jeans ou alfaiataria, ternos e cachecol, além da bolsa feminina nos ombros. Parecia um desfile de moda. Tóquio Fashion Week?

Assim me pareceu a mulher japonesa: uma perfeita boneca de porcelana (ou de cera?), que se comporta de maneira adequada e nunca levanta a voz. É claro que isso é só uma impressão, não fiquei tempo suficiente para observar melhor. Bolen (1990:281), ao comparar com seu país, observa que no Japão:

> mais do que nos Estados Unidos, a mulher ideal assemelha-se a Perséfone. É calma, reservada, complacente, aprende que não deve dizer não diretamente, é educada para evitar perturbar a harmonia, sem desagradar ou sendo desagradada. A mulher ideal permanece graciosamente presente, mas em segundo plano, antecipa as necessidades dos homens e aparentemente aceita seu próprio destino.

A Perséfone com o nariz e a boca tampados. E branca, né? Não sei de onde vem essa fixação em ser "branco". E não estou dizendo que aqui não há preconceito – não sou tão ingênua – nem me esqueço dos meus privilégios de "cor". De cor ou da falta dela. Nos Estados Unidos, há uma expressão que me incomoda muito: WOC, Woman of Color, empregada para as mulheres afrodescendentes. Branco não é cor? Pergunto para a Faber Castell, fabricante dos lápis de cor para pintar. Aliás, só para constar: lá fora eu não sou branca. Eles identificam a cor de minha pele como *olive skin*. Pois é, tenho pele de azeitona. Sou verde e não sabia.

Tudo bem. Entendo que *olive* quer dizer vinda do mediterrâneo (eles pensam que eu sou italiana, grega ou espanhola). Nunca, nunca mesmo, alguém adivinha que sou brasileira. Que saco isso! *Olive oil* vem do mediterrâneo, então eles veem essa pele parda (mistura de Síria, Portugal, França etc.) e assim a denominam de *olive skin*. Outros, em geral anglo-saxões, dizem: "Você tem uma *fair skin* (pele clara) para uma brasileira", o que me indigna ainda mais.

Daí eu explico, não tão gentilmente, que a Gisele Bündchen, *über model* lindona, é brasileira. Que, sei lá a estatística, 80% do povo do sul do país é branco, por descender de alemães; que há uma enorme colônia de italianos em São Paulo, bem como de japoneses; que a Bahia tem afrodescendentes, assim como o resto do país. Enfim: somos todos misturados. E, acrescento, não sem um pouco de maldade: é isso que nos torna tão bonitos. Fecho a conversa perguntando como quem não quer nada:

– Não há um estudo que afirma, com provas científicas, que todos nós viemos da África?

As reações são olhos esbugalhados ou sorrisos sem graça.

Outro dia, a *Revista Bula* compartilhou o seguinte no Facebook: "Sarcasmo? Use-o. Bater nas pessoas é ilegal".

Há uma necessidade absurda de rotular ou colocar em caixinhas para uma melhor adequação. De quem, eu não sei. Quem fica confortável aí com tanto nome de pele e cor? Qual é a necessidade de etiquetar as pessoas como se estivesse fazendo uma mudança e precisasse identificar o que contêm as caixas de papelão? Imagina aí: andamos agora com etiquetas: verde, branco, pele de azeitona, mulher de cor, amarelo. Que tal pele de pêssego?

Passo.

Por falar em cor, lembrei-me do livro *O conto da aia* (2017), da escritora canadense Margaret Atwood, cujo relato se passa num futuro não muito distante, numa sociedade americana fundamentalista. As mulheres vestem cores distintas para identificar o que fazem na vida: as aias, uma espécie de casta fértil – as últimas mulheres férteis do país são "eleitas" para tal posição –, vestem-se com uma túnica ou vestido vermelho; as esposas vestem-se de azul; as empregadas, de marrom, e assim por diante. Os homens vestem-se como bem entendem.

Não vou dar *spoiler* porque vale a pena ler. Se você não tiver paciência, assista à série, que é excelente, apesar de um pouco diferente do livro. Uma das poucas vezes em que a adaptação de uma obra escrita não me decepcionou. A trilha sonora é fantástica e o elenco dá um show de talento. Ganhou o prêmio Emmy, atribuído a produções televisivas, atores e atrizes do ramo, em 2017 e uma das atrizes ganhou o Oscar em 2018.

Então, vamos estabelecer cores? Quem sabe usarmos todo dia uma roupa que mostre a cor da nossa pele? Acho que verde não fica muito bem em mim.

O fundamentalismo bate à nossa porta.

Presidentes de nações de primeiro mundo construindo muros, entre outras coisas fantásticas que eles dizem e fazem. Candidatos à presidência do Brasil com opiniões um tanto *trumpistas*, para ser gentil. Presidentes de países localizados do outro lado do mundo com posturas homofóbicas e claramente preconceituosas. Para Stein (2016:94):

> um líder carismático convence as pessoas com palavras poderosas e estimula ideias que as induzam à ação; e convertem-se na coisa mais importante da vida para os hipnotizados seguidores e verdadeiros crentes. A própria vida pode ser sacrificada por imagens, tais como a bandeira ou a cruz, e por ideias como o nacionalismo, patriotismo e lealdade para com a religião ou país de cada um. As cruzadas e um sem número de empreendimentos irracionais ou inviáveis foram levados a cabo porque os participantes acreditaram.

Quer uma boa notícia? A Arábia Saudita acaba de permitir que as mulheres tirem carteira de motorista. Você pode ser apedrejada ou decapitada no país – mulher que comete adultério ou acusada de matar a filha –, mas já pode dirigir!

Sarcasmo: use-o.

Atualmente, sabemos das notícias em um segundo. A internet e a televisão ajudam (ou atrapalham?). Dos discursos de presidentes a mudanças de governo ou de leis. Sabe-se de tudo em apenas um instante. Tecnologia. Penso em como a tecnologia me ajuda a viajar melhor: dos aplicativos que posso baixar antes de chegar ao destino, até aos mapas que funcionam *offline*, pois não temos grana para comprar um *chip* em cada país que visitamos.

Sou fã da tecnologia. Lembro-me do começo da internet – quando usava o ICQ, um dos programas pioneiros de mensagem instantânea (precursor do Skype), cujo ícone era uma florzinha –, quando descobri que podia falar com qualquer pessoa em qualquer parte do mundo e não gastar uma fortuna com telefonemas (lembra o barulhinho da internet discada?), foi uma felicidade total. O Google, definitivamente, substituiu a enciclopédia Barsa que você usava para o trabalho de escola, aquela gama de possibilidades que parecem (até hoje) infinitas. Um mundo subterrâneo, por assim dizer. E não me refiro a *deep web*, uma zona da internet que, por não ser facilmente encontrada, garantia a privacidade e/ou anonimato aos usuários.

Com a *world wide web* foi amor à primeira vista. O número de países da minha lista de desejos aumentou consideravelmente e me dei conta, depois de algum tempo, de que, com bastante pesquisa, eu poderia viajar "por conta", sem depender de agência de viagem. Era apenas uma questão de me aplicar na busca pelo destino, passagem aérea, hospedagem, gastos no local e assim por diante. A imensa quantidade de *blogs* de viagem com as mais variadas informações corroborou minha impressão. Quanto custa um *tuk-tuk* no Camboja e como comer *kebab* na Turquia como um local. Você encontra qualquer coisa mesmo. Posso dizer que a internet me trouxe liberdade de ir e vir sozinha, com possibilidade de conhecer infinitos lugares.

Depois que a paixão passa, você começa a ver os defeitos, não é? Há muita informação errada, ou trocada, ou direcionada. E, então, você tem de se dedicar a níveis extremos a fim de procurar a informação verdadeira e, para isso, há os grupos de viagens no Facebook, ou o amigo da amiga que já fez um mochilão pela Ásia e pode te ajudar com dicas precisas. Conheci um primo de uma amiga que me ajudou ao emprestar o guia do *Lonely Planet* e também o saco para comprimir roupas a vácuo. Não há nada melhor do que falar com alguém que já experimentou o local de fato. Sempre há um jeito de descobrir o que é verdade sobre o destino que você escolhe. O melhor é ir até lá e ver por si mesma. Lembre-se de que alguém pode odiar o país e você se apaixonar perdidamente e chorar até se acabar quando pegar o avião de volta para casa. Odiar e amar são relativos. E muito, muito, muito pessoal.

Gostei da Austrália, mas não volto. Não há nada de surpreendente além da Grande Barreira de Corais, mas há pessoas que amam o país, que acham maravilhoso. Nossas praias são mais diversificadas e bonitas, como as de Fernando de Noronha. Pode ser que as Maldivas e as Ilhas

Turcas e Caicos ou também a Polinésia Francesa (ainda não conheço) sejam belas, mas temos praias lindíssimas. O que falar de Morro de São Paulo? Itacaré? Arraial do Cabo? Bonete, em Ilha Bela? Praia do Espelho, na Bahia? Enfim, sou uma fã incondicional da beleza natural do Brasil e por isso não me encantei tanto com a Austrália.

Claro que amei os cangurus – que podem ser alimentados em um dos parques – e os coalas são bichos fofos demais. Conheci um coala fêmeo chamado Macy, e tiramos foto juntas, além de passar um tempinho acariciando seu pelo grosso. Os animais são o máximo mesmo. E o *skyline* (linha do horizonte que se observa em uma cidade) de Sidney bate qualquer um que já vi ao pôr do sol, com a vista para a Baía e a Ópera no fundo. Não nego a beleza do país, mas, em termos de natureza, acho que o nosso é mais variado. Não me deslumbrei com nada.

Na verdade, o céu me chamou a atenção, em particular o de Ayers Rock (ou a rocha Urulu para os aborígenes: um monólito no Parque Nacional de Kata Tjuta, no centro da Austrália), que é fascinante. Aquela parte da Austrália não é um deserto em si, mas um semiárido. Fica muito seco de dia e faz frio de matar à noite. O céu, como em qualquer região desértica, é fascinante. O pôr do sol, daqueles de cinema, é superclaro à noite e a rocha solitária e vermelha é banhada pela luz de milhões de estrelas.

Lembra muito o Atacama (o deserto mais alto do mundo, localizado na região norte do Chile), na América do Sul, com o firmamento mais bonito que já vi. Há um *tour* astronômico e, no dia em que fomos, estava tão claro que foi possível avistar Júpiter com um supertelescópio que eles têm lá. Nos desertos, a falta de umidade impede a formação de nuvens e, no caso do Chile, a altitude, 2 mil metros, favorece o posicionamento dos observatórios, que são responsáveis pelas maiores descobertas astronômicas dos últimos anos. Há vários observatórios, inclusive um que fica a 5 mil metros de altitude, onde os trabalhadores usam máscaras de oxigênio para fazer a manutenção dos aparelhos.

Enfim, olha para cima na Austrália, pois vale a pena.

A tecnologia permite ampliar não só os conhecimentos, mas também os horizontes. O modo como você usa depende apenas de você.

E o lado negro da força: o isolamento.

Muito se discute acerca da solidão que a tecnologia traz. No Japão, não é diferente. Ou é mais marcante, pois todo mundo anda com a cara enfiada no celular ou no *tablet*.

O tempo todo.

Não muito diferente de São Paulo, se parar para pensar. Olhe à sua volta: ou estão com o celular grudado nos olhos – no metrô, no ônibus ou no elevador –, ou lendo algum livro – o que não é tão mau. Ainda assim, a consequência é a mesma: falta interação com outro ser humano. Não interagimos mais. Não conversamos. Não queremos, temos medo ou estamos cansados de gente.

Outro dia, li um artigo de um cara de Los Angeles que leva pessoas para passear. Sim, pessoas. Não cachorros. Ele começou isso de maneira aleatória e, depois, com a demanda, decidiu cobrar para "caminhar" com pessoas. Em inglês, o termo é *people walker*, uma brincadeira com *dog walker*. Como a ideia era uma inovação, ele decidiu patentear o serviço e pensa em criar um aplicativo estilo Uber para tornar o negócio viável, porque na Grã-Bretanha houve interesse em importar a ideia.

As pessoas estão tão isoladas que necessitam pagar um acompanhante para levá-las para passear. Podem conversar sobre seus problemas ou não falar nada, apenas curtir a companhia que está ao lado numa caminhada pelo parque, num lindo dia de sol. Observa-se que falta interação humana. Se há demanda para esse tipo de serviço é porque não fazemos mais companhia uns aos outros.

#somostodosexilados

Não acho que a tecnologia seja a única responsável por essa condição. Talvez tenha contribuído, mas não podemos responsabilizar apenas a internet pelo nosso retraimento.

No Japão, o isolamento é palpável.

Apesar do ataque ao isolamento, sou uma defensora da viagem solo. Estés (2014:334) esclarece a origem da palavra "só" em inglês:

> Outrora a palavra *alone* (só) era tratada como duas palavras *all one* (algo como tudo em um). Estar *all one* significa estar inteiramente em si, em sua unidade, quer essencial, quer temporariamente. É exatamente esse o objetivo da solidão, o de estar inteiramente em si.

Quando você está sozinho em uma viagem, conhece muito mais pessoas do que quando está acompanhado. Ao viajar em dupla ou em grupo a tendência é ficar com as pessoas o tempo todo, conversar e interagir somente com elas. Quando o voo é solo, você é obrigado a sair da zona de conforto para perguntar alguma coisa: "onde é o ponto de ônibus a que horas abre o mercado; qual é o melhor restaurante (e mais barato) aqui perto?", e assim por diante.

Thoreau (2017:135) faz uma homenagem à solidão:

> Acho saudável ficar sozinho a maior parte do tempo. Ter companhia, mesmo a melhor delas, logo cansa e desgasta. Gosto de ficar sozinho. Nunca encontrei uma companhia mais companheira que a solidão. Em geral estamos mais solitários quando saímos e convivemos com os homens do que quando ficamos em nossos aposentos.
>
> O convívio social geralmente é banal demais. Encontramo-nos a intervalos muito curtos, sem dar tempo de adquirirmos qualquer novo valor mútuo. Encontramo-nos três vezes por dia à mesa de refeições, e mais uma vez damos uma amostra daquele queijo velho e mofado que somos. Tivemos de concordar com certo conjunto de regras, que se chama etiqueta e cortesia, para que esses encontros frequentes sejam toleráveis e não precisemos entrar em guerra aberta.

Estar só é forçosamente ter de interagir. Se você se concentrar nos três pilares a seguir, surge a coragem para interagir com estranhos:

Não conheço essa pessoa.

Não vim para ficar – estou de passagem.

Não tenho nada a perder.

A pergunta mais frequente que eu ouço é: você não se sente sozinha quando viaja? Não. Porque eu interajo.

Quando estava em Praga, fiz uma dessas viagens de um dia (*day tour*) para um lugar chamado Kutná Hora, cidade famosa pela igreja decorada com ossos humanos. Era um novembro coberto de névoa. No ônibus, só dava para ouvir russo e alguma outra língua eslava. Como não falo nenhuma delas, fiquei muda e sentei lá no fundão. Quando descemos numa das paradas, ouvi português. Desacreditada de ter mesmo ouvido, cheguei mais perto das pessoas que falavam, três mulheres. Era mesmo português, de Portugal. Falei um "olá" tímido. Imediatamente, elas surpresas, tanto quanto eu, me acolheram e começaram a bater papo. Ficamos juntas o resto da viagem e, em 2014, fomos juntas ao

Marrocos, nos deslumbrar com a areia dourada do Saara e o vermelho pungente de Marrakesh. Fiquei na casa delas no Algarve, e essa se tornou a minha família portuguesa, que me estimulou a escrever o *blog* de viagens.

Mantemos a amizade pelo Skype, que diminui distâncias e aquece os corações, e participamos da vida uma das outras pelo Facebook. Compartilhamos destinos, roteiros e nos ajudamos em nossas jornadas. Tão diferentes culturalmente e tão iguais em gostos. Viajamos da mesma forma: de modo econômico, com pouca bagagem e pouco dinheiro. Piedade, Patrícia e Vera: amo vocês.

Lembro-me de uma companheira de voo, uma senhora do norte dos Estados Unidos. Ela pegou um cartão de embarque do bolsinho da frente da poltrona e começou a questionar de onde era a criatura. Pelo sobrenome, desenvolvemos uma verdadeira história: era casado, tinha dois filhos e um cachorro chamado Miles, por conta do compositor de jazz norte-americano Miles Davis. Morava na China e estava louco para voltar para casa. Criamos personagens, tramas e contos sobre os seus familiares. Nunca um voo passou tão rápido. Uma verdadeira novela (brasileira, e não mexicana) criada pelas duas roteiristas naquelas poltronas que sobrevoavam o mar Egeu.

Trocamos figurinhas sobre arte, livros e música. Comentei que ela deveria conhecer Montreal e Québec, pois morava muito perto e dava para ir de carro (e, de quebra, ficar num motel para economizar a diária de hotel). Aquela senhora americana tinha mais imaginação do que qualquer pessoa que conheci nos últimos tempos. E menos medo. Interagimos e ficamos amigas virtuais. Por que não?

Conhecer pessoas diferentes de você é uma verdadeira bênção. Conheça pessoas de diferentes idades e de outra classe social, confraternize com as que professam outra religião: só assim seu mundo vai se abrir.

Todas as vezes que viajei sozinha conheci muitas pessoas. Fiquei amiga de algumas delas e outras passaram pela minha jornada deixando sua marca própria. Provavelmente, nunca mais as verei, e tudo bem. Gross (2013:83) comenta:

> Eu ficaria superfeliz em vê-los novamente, em qualquer cidade que eles quisessem, mas não alimento nenhuma expectativa de que isso possa acontecer. A melhor e mais responsável coisa a ser feita é lembrá-los, a fim de honrar

os breves momentos de alegria, como uma lembrança abstrata e cruzar os dedos para que nossos caminhos se cruzem mais uma vez.[6]

Acontece de os caminhos se cruzarem mais uma vez. Pude rever os amigos que fiz na estrada em seus próprios países e mesmo em alguma escala, durante algumas horas. Pude rir com eles e lembrar nossas aventuras, compartilhar lembranças e rememorar perrengues que passamos juntos.

Recentemente, viajei com uma argentina que conheci no ano passado em Halong Bay, no Vietnã. Quero ainda voltar à Noruega para tomar um café com a Anne e o Tom, que conheci quando vieram ao Brasil, por intermédio de outro norueguês, que conheci na Austrália quando também estava em voo solo. Quero rever a Lola e o J.C., que me receberam para um jantar na linda Sevilha e permanecem na minha vida, me ajudando de todas as formas possíveis. A Maria e o Jim, no Canadá, que esquentaram as noites frias de Toronto com tanto calor humano. Tantas e tantas pessoas que ainda quero rever e abraçar.

Isso só aconteceu porque eu estava sozinha nas viagens. Mais aberta, menos defensiva. Estar só pode ser uma bênção e, para algumas pessoas, é até uma necessidade. Como para Virginia Woolf (1987:50), cuja personagem sentia poder:

> ser ela mesma quando estava só. E era isto que precisava fazer com frequência: pensar. Bem, nem mesmo pensar. Ficar em silêncio; ficar sozinha. E toda a existência, toda a atividade, com tudo que possuem de expansivo, brilhante, vibrante, vocal, se evaporaram. Então podia, com certa solenidade, retrair-se em si mesma, no âmago pontiagudo da escuridão, algo invisível para os outros. E, embora continuasse tricotando, sentada bem ereta, era assim que sentia a si mesma, o seu ser, depois de libertada de todos os laços, pronta para as mais estranhas aventuras. Quando o ritmo da vida diminuía por um instante, parecia que a amplitude das experiências se tornava infinita. E supunha que todo mundo possuía esse sentido de possibilidades ilimitadas.

---

6. "While I'd be overjoyed to see them again, in whichever city they like, I harbor no expectation that will happen. The best and most responsible thing I can do is to remember them, to honor the brief joys of our relationships as abstract souvenirs, and to cross my fingers our paths will cross once more."

Assim é viajar: você pode ser você mesma. O anonimato nos assegura que sairemos ilesos. Compartilhamos alegrias, passatempos, amores e curas. Por fim, encontramos um lugarzinho apertado na classe econômica, com uma comida sofrível e, quem sabe, a sorte – se a escala for a Europa – de haver um fumódromo dentro do aeroporto. Nesse pequeno espaço, podemos nos libertar das amarras sociais. E então ser genuínos. Há mais beleza do que ser uma pessoa autêntica? Na raiva, no amor, na amizade ou na alegria? Que medo é esse que nos paralisa a alma?

Temos medo do julgamento dos outros. "O que vão pensar de mim se eu iniciar uma conversa? Que estou carente? Que sou doida? Que quero me aproveitar da pessoa de alguma forma?" Não sei o que pensam, mas, o que quer que seja, não é sua intenção real. Então desencana. Faça, vão te julgar de qualquer jeito. É fato. Você não vai agradar a todos.

Um colega que trabalhava no mesmo órgão que eu me fez a seguinte pergunta durante um café:

– Você tem um velho rico que te banca para que possa viajar tanto assim?

Não sei o que me surpreendeu mais. A ideia de que eu precisaria de alguém para me bancar ou o fato de esse alguém ser "velho". Por que não um jovem moreno, alto e sensual?

Ninguém se expressou melhor acerca disso do que Isabelle Eberhardt (Kershaw e Kobak, 1988:162), a viajante solitária e "nômade" na África, em finais do século XIX:

> Oh, como a massa que tanto se orgulha da sua sofisticação e inteligência abomina qualquer pessoa que não faz aquilo que é esperado, que não obedece às suas regras arbitrárias. Como enfurece o homem comum ver qualquer pessoa que quebra as regras e tem a coragem de ser ela mesma.

As pessoas julgam. E muito mais aquilo que elas acham diferente. Faça. Não se importe com o que os outros vão dizer. Acredite: vão falar de qualquer jeito, faça você ou não. Estar só pode ser sua escapada de tanto preconceito.

O isolamento pode ser benéfico para seu espírito já assoberbado com tanta informação e barulho. Pode ser o momento em que você consegue estar de fato nele, sem interrupção ou distração, atento e desperto. O despertar é um passaporte para o *insight* (em japonês, *satori*). Despertar é não estar mais adormecido. Vivemos como se estivéssemos em suspensão, realizando nossas atividades num ritmo frenético: quero acabar logo para ir para casa; tomara que acabe logo o ano, para chegarem às festas; minhas férias são em breve; que bom que é sexta, tem fim de semana etc., sem sentir de fato o que acontece no dia a dia. Nem no nosso íntimo nem à nossa volta. Dormentes, sem nos apercebermos do que se passa. Apenas agindo, agindo, agindo. Em ebulição por dentro, mas complacentes por fora. Falta atenção e observação.

Um bom começo para perceber o que acontece com nossas mentes é o livro *Um novo mundo*, de Eckhart Tolle (2014). Sei o que alguns de vocês vão pensar: é um livro de autoajuda. Pode até ter essa classificação, mas leia assim mesmo. Você vai ter boas surpresas no decorrer da leitura, cuja ideia geral é despertar para o momento em que se vive. É uma tarefa muito difícil, pois quem quer estar no metrô lotado, tentando se equilibrar com uma bolsa, um guarda-chuva, mil pensamentos e, ao mesmo tempo (se você é mulher), desviando das encoxadas ou de um eventual assédio em forma de apalpada ou mãozada? Você não quer estar ali. Nem eu.

Esse exercício é importante, porque ele o deixa alerta aos seus sentimentos, sensações e/ou pensamentos. Ele lembra não só as dificuldades como também as maravilhas. Que bom que você pode ficar em pé, com as duas pernas e tem braços e mãos para segurar alguma coisa; que bom que tem um emprego e um teto para onde retornar. O momento em que você se encontra não é de todo ruim, percebe? Meio jogo do contente da Poliana (personagem criado por Eleanor H. Porter), lembra? Nada é tão ruim que não possa piorar. Lembre-se de que, pelo menos hoje, o metrô não atrasou, ou deu problema nos trilhos ou sei lá o quê. Que bom que você vai chegar em casa logo.

É a nossa mente que viaja. Nunca estamos onde realmente queremos. O corpo físico está, mas a alma não. O pensamento não está no trabalho, é realizado no transporte público que pegamos, em qualquer outro lugar, menos ali. Poucas vezes estamos atentos e despertos numa situação. Até mesmo quando fazemos amor não estamos ali. Se estivéssemos, seria muito melhor. Quais são nossas sensações?

Até para nos perdemos em um determinado instante precisamos estar completamente nele. Só assim o tempo para. O relógio para de funcionar e os barulhos em volta somem. Sabe quando você está inteiramente concentrada naquele trabalho? Ou na escrita do seu TCC? Ou naquele livro que te prende a atenção? Aquele filme que parece que foi feito para você? E nem ouve sua mãe/pai/amiga chamar? Essa concentração, esse foco, temos de aplicar a todo o momento. Claro que é muito difícil e demanda uma carga de energia imensa. Mas é um bom exercício.

Quando você desperta, descobre que o isolamento é uma tendência mundial, mas uma coisa boa acontece: você está mais perto de si mesma. Mais atenta ao que acontece no seu interior e exterior. E, por conseguinte, menos exilada de você mesma. O que nos falta para interagir melhor com o outro?

Você já deve ter ouvido que atraímos aquilo de que precisamos. Precisamos aprender para não repetir o mesmo erro. Então, como num ciclo, as coisas acontecem repetidas vezes até que você tenha aprendido a lidar com aquela determinada situação. Sim, às vezes as pessoas são cruéis sem motivo. Nem sempre você atrai o cara safado, a amiga invejosa, a mãe disfuncional, a irmã psicopata, o pai ausente, o irmão omisso. Entretanto, se estão ali, naquele momento da sua vida, é para que você aprenda algo. Às vezes, apenas como não surtar, manter-se calada numa situação em que você explodiria, ou como falar/agir dentro da lei no momento adequado, quando todos esperam que você tenha um colapso nervoso. Controle é a estratégia – olha a Atena aí de novo.

Se você compreender que todos estão em sua vida para ensinar algo, pode aprender até com o colega covarde, que não se manifesta em nenhuma situação, que está sempre em cima do muro. Ele pode te ensinar que há brigas que não valem a pena, e que o desgaste tem de ser proporcional ao resultado que se deseja alcançar. Lembra-se do filme *O pianista*? Se o cara não tivesse se escondido, não estaria vivo para contar a história. Covardia ou esperteza?

No ciclo de repetição da sua vida, há o cara com complexo de Peter Pan ou o safado garanhão que aparece sempre na sua vida; a gripe que te pega desprevenida; as doenças que surgem sempre que algo importante está para acontecer na sua vida; o chefe que assedia; as pessoas que esbarram em você todo dia no metrô; os tombos que você leva (reais ou emocionais); enfim, tudo que se repete na sua vida serve para uma mudança de postura. Observe e veja onde está o problema.

Atraímos os caras que nossa projeção deseja. Projetamos no homem ou na mulher o que queremos para nós ou o que nos falta. Ou até o que abunda em nós. Se algo incomoda muito em alguém, pergunte-se o que aquela pessoa tem, pois é o que você também guarda lá na sombra. Mas sempre se deve verificar o que precisamos para amadurecer.

Conheço gente que, ao viajar, acontece-lhe alguma coisa: fica doente, perde a mala, tem algum problema no hotel ou na acomodação, passa mal com a comida. Sempre. Não se preocupe com isso. Deixe acontecer. Esqueça o controle e apenas observe como um espectador. Saia de cena e fique do lado de fora, olhando o desenrolar dos acontecimentos. Veja como você age e não como os outros fazem as coisas. Não tente responsabilizar os outros à sua volta pelo que lhe acontece, pois é aí que mora o perigo.

Não quero dizer que todas as pessoas que conhecemos são honestas, decentes e altruístas. E nem nós somos, não é? Pelo menos não o tempo todo. Não é o que acontece que importa, mas como você reage.

E vai acontecer, até que você assimile o que precisa para aquela situação. Talvez baste ouvir sua intuição para não cair no mesmo papo de novo. Nós, mulheres, sabemos que a intuição fala. E, às vezes, fala alto. Algumas dessas vezes, decidimos ignorar a nossa voz interior e seguir, mesmo que a direção seja contrária aos nossos planos.

E, na maioria das vezes, você já sabe o que acontece, não é? Quebra-se a cara. Ninguém escreveu melhor a esse respeito do que Estés (2014:57):

> A intuição é o tesouro da psique da mulher. Ela é como um instrumento de adivinhação, como um cristal através do qual se pode ver com uma visão interior excepcional. Ela é como uma velha sábia que está sempre com você, que lhe diz exatamente qual é o problema, que lhe diz exatamente se você deve virar à esquerda ou à direita.

A intuição é definida como a fala da verdadeira voz da alma, que prevê a melhor direção a seguir para provocar a menor fragmentação da psique. Entretanto, mesmo ao dispor desse poder imenso, por vezes decidimos – o ego decide – ignorá-la, silenciá-la e seguir em frente, para uma situação que sabemos que não vai dar certo. Depois que o inevitável acontece, juntamos os cacos do nosso coração arrebentado, costuramos as feridas com um fio de sangue e, de quebra, machucamos nossas mãos no processo. Todo o corpo padece pela nossa teimosia em não ouvir. Outras vezes, porque ninguém nos ensinou que temos esse superpoder e não conseguimos racionalizar tudo, decidimos que isso é besteira, pois "sou uma mulher inteligente, vou dar ouvido a isso?".

Essa voz da alma, que atende por outros nomes também – como sexto sentido – está no seu subterrâneo e precisamos resgatá-la.

Preste atenção à sua intuição, à sua voz interior; faça perguntas; seja curiosa; e aja com base no que sabe ser verdade. Se você arrancar um pouco aqui, esfregar ali e praticar, seus poderes perceptivos podem ser restaurados.

Ao ouvir a intuição e atender ao seu chamado, deixaremos de nos vitimar, de colocar a culpa nos outros e responsabilizá-los pelo nosso próprio inferno. Vamos encarar nossos defeitos e falhas e tentar mudar o que for possível. Aceite seus pneuzinhos, minha amada. Se não quiser, mude-os. Admita seu egoísmo às vezes, que quer tudo para si, que tem ataques de ciúme, que pode enlouquecer. Que bom que você tem tudo isso. Só ao admitir (ou confrontar sua sombra, segundo Jung), você vai conseguir controlar os seus defeitos e até saber se utilizá-los quando for conveniente.

Ao acolher suas falhas, mesmo as de caráter, você vai conhecer melhor sua alma e dar ouvidos à sua intuição. Se mesmo assim a circunstância se repetir, é porque precisamos aprender algo. Preste atenção aos sinais, àquilo que acontece na sua vida reiteradamente. Muitas vezes, sua postura é combativa, de não aceitação, de raiva, de ódio ou de indiferença (mal disfarçada). O que quer que seja é para que você possa, sem superpoderes, modificar sua atitude, gerir melhor seus sentimentos, desviar sua atenção para algo mais produtivo ou desenvolver uma couraça. Pegue a de Ártemis emprestada. Até chegar o dia em que aquelas pessoas que você atraía para sua vida (de forma inconsciente) saiam dela. E, quando você menos esperar, estará livre de todo tipo de ódio gratuito. É um grande teste do universo.

Aguente firme e defenda suas posições, se estiver segura delas. Não abra mão de seus valores para, momentaneamente, satisfazer seu ego, para estar certa em determinados argumentos. Para que ser heroína em todos os momentos? Algumas vezes, é melhor ficar nos bastidores e observar o espetáculo que se desenrola. Todos têm seus dias ruins. Alguns têm uma vida inteira ruim. Não, você não tem de aguentar tudo, mas também não deve brigar o tempo todo, e transformar o mundo à sua volta em inimigo.

Muitas vezes, em prol de uma boa convivência, você vai engolir sapo. E sapo-boi. Você vai suportar a colega invejosa, manipuladora e que se faz de vítima o tempo todo, ou o colega malicioso que quer te derrubar a qualquer custo, que usa a filosofia "dividir para conquistar" e faz de suas amigas as inimigas. Você vai suportar até que acabe a viagem – se estiver em grupo –, que termine o contrato de trabalho naquele local, que acabe a temporada, e assim por diante. Depois você estará livre. Para que brigar? O desgaste valerá a pena? A quantidade de energia despendida justifica?

O pulo do gato é saber quando se deve puxar a espada e levantar o escudo e quando descansar as armas. Não porque a luta esteja perdida, mas porque tudo tem seu momento adequado. Há a hora de viver e a hora de matar (que não nos veste de maneira apropriada). É preciso morrer muitas e muitas vezes em uma só vida. Morra ou mate com honra.

Os japoneses são xintoístas ou budistas. E, dessas duas religiões, foi construído o código de conduta do guerreiro samurai: o *bushido*, seguido com justiça, coragem, benevolência, educação, sinceridade, honra e lealdade. Um guerreiro samurai vivia para morrer com dignidade. Como soldado, esse era o principal objetivo de sua vida. Quando não lutava, devia estudar, se letrar, para que estivesse consciente das tomadas de decisão. O saber da morte fazia com que tivesse imensa destreza no campo de batalha, além do treinamento intenso, é claro. Preparado não só para matar, como para morrer com honra e dignidade. Caso falhasse na obrigação de morrer com honra, praticaria o *sepukku*, ritual de suicídio que consistia em enfiar a espada no abdômen para que o espírito se libertasse e ele pudesse recuperar a honra.

Portanto, morrer com honra também deve ser nosso objetivo. Morrer para os desejos insanos do ego, para a megalomania, para a necessidade de sempre estar certo. Matar – em nós, em primeiro lugar – as ambições mesquinhas ou, pelo menos, aceitá-las como existentes. Todo mundo erra. Aceite-se como ser humano, mate o que for preciso e possível, morra para a vitimização. Para Bolen (1990:383):

> As mulheres precisam se tornar heroínas aptas a fazer escolhas em vez de serem passivas ou vítimas-mártires, ou joguetes movidos por outras pessoas ou pelas circunstâncias. Tornar-se heroína é uma nova possibilidade iluminadora para as mulheres que foram governadas anteriormente pelo arquétipo das deusas vulneráveis. Fazer valer seus direitos é tarefa heroica para as mulheres que foram tão submissas quanto Perséfone; ou que colo-

caram o marido em primeiro plano, como Hera; ou que deram atenção às necessidades alheias, como Deméter.

Vista-se com honra para o funeral, no modo vítima de ser. Seja uma versão corajosa de si mesma, como um samurai.

A morte é um grande tabu na nossa sociedade, assim como o suicídio. Vivemos como se não fôssemos morrer e ninguém quer falar sobre isso, mas no final desse filme todo mundo morre. Para Baliero (2014:62), "Nossa cultura tenta negar a realidade da morte ou relegá-la à inconsciência. Vivemos como se a vida fosse eterna e qualquer pensamento de que ela é finita é visto como algo a ser evitado, por ser soturno, funesto".

Essa perspectiva é uma coisa boa, pois só assim vou aproveitar meus dias da melhor forma possível e marcar aquela viagem, pular de paraquedas, voar de asa-delta, fazer *bungee jumping*, ficar com aquele ser e ver no que vai dar, tentar escrever esse turbilhão de pensamentos – quem sabe o que vai sair? –, fazer mergulho, fotografia, acupuntura, _____ (preencha a lacuna). Por que não? Vou morrer mesmo.

Gosto de ler essa coisa de signo (astrológico), apesar de não acreditar: "não creio nas bruxas, mas que elas existem, existem". Acho muito bizarro como algumas coisas parecem se encaixar com perfeição. Enfim, sou de sagitário e havia uma brincadeira no Facebook: um sagitariano tinha morrido e na lápide estava escrito: "Mais um carimbo para o meu passaporte".

Na verdade, tenho uma filosofia parecida com relação às viagens. Penso o seguinte: como nunca mais vou voltar aqui, procuro aproveitar o máximo, comer tudo que tenho direito, andar de balão, *skate*, o que houver disponível. Olhos de criança para tudo que encontro pela frente. Se você pensar bem, uma viagem é uma espécie de morte. Você nunca retorna o mesmo. Aprende alguma coisa, sofre outra, se deslumbra, chora, ganha e perde algo. Todas as experiências extremamente intensas modificam alguma coisa em você.

Creio que me deixo levar pelo curso da jornada, pois sei que é temporário, efêmero, não vai durar. Nunca mais vou voltar aqui, então me jogo aberta a tudo que pode acontecer e deixo meus julgamentos no aeroporto de Cumbica para viajar mais leve.

O rio nunca corre no mesmo lugar do mesmo jeito. Ele se transforma de alguma forma: está mais caudaloso, ou tem menos água, ou foi desviado. Aquilo que você já foi um dia se vai.

Às vezes, precisamos de reclusão para matar algumas coisas, para voltar para dentro de nós e seguir o instinto, refletir sobre nosso comportamento e acabar com algumas atitudes destrutivas. Em geral, destruímos a nós mesmos. Por culpa, por excesso de atividades, por vitimização. Tudo isso é destrutivo e, às vezes, precisamos de um exílio para nos refazer.

No Japão, há uma lenda de uma deusa chamada Amaterasu que trata do exílio. Em muitas histórias, mitos e lendas que conhecemos, o Sol é um deus masculino e a Lua, uma deusa feminina. O contraponto, o yin e o yang.

Amaterasu era a deusa Sol do Japão. Depois de uma briga, seguida de uma enorme decepção com seu irmão Suzanoo, ela se escondeu numa caverna, tapando a entrada com uma enorme rocha, se exilando do mundo porque estava muito decepcionada. Entretanto, ela era o Sol, que dava vida e luz. Com esse exílio voluntário, ela deixou tudo às escuras. Não havia mais colheita e os povos na Terra morriam de fome. Nada florescia, era tudo sombra e escuridão.

As outras deidades, preocupadas com o estado em que o mundo se encontrava, tiveram a ideia de fazer uma festa na entrada da caverna e chamaram a deusa do riso e da alegria para fazer muito barulho do lado de fora. Amaterasu, curiosa, abriu uma fenda para ver o que se passava. As outras divindades aproveitaram e colocaram um espelho diante dela, para que ela visse sua própria claridade. O reflexo no espelho agradou à deusa e ela decidiu sair da caverna. E o mundo se fez novo, de novo. Dia e noite, luz e escuridão, yin e yang.

Campbell (2017:243) conclui que: "assim a deusa encontra alívio e volta à vida pelo riso. Este é o anodos ou retorno da deusa. A semente armazenada no reino de Plutão, durante a secura do verão agora retorna com abundância da vida na colheita do outono".

Às vezes, a reclusão (ou exílio) é essencial para aliviar as feridas e duros golpes da vida. Seja você sensível ou não, vai passar por dificuldades. Vai chorar e morrer. Vai matar sentimentos e engolir emoções, enfim, vai viver. Na melhor acepção da palavra vida.

Daí você se pergunta: "o isolamento é bom ou ruim?". Depende do momento da sua vida. A sua intuição vai avisar quando é hora de se retirar do mundo (metaforicamente); quando deve recusar os convites e ficar o dia todo no sofá lendo ou ouvindo música, ou apenas amortecendo a consciência na frente da TV. O que quer que refaça sua felicidade. O momento de exílio vai refazer sua alma, vai curar suas dores e vai colar os pedaços feridos.

A heroína tem seu momento de isolamento. Ao se retirar do mundo – decidir que aquilo não era para si: emprego que nada lhe diz; um relacionamento tóxico, amizade interesseira –, quando realmente se toma a decisão (interna) de que algo deve mudar, nesse momento você é chamado para a aventura. Uma nova vida se descortina e o medo aparece. O medo que paralisa, faz recusar o chamado, a vocação, aquilo que a intuição grita e você se recusa a ouvir.

Então, há um retiro voluntário e retorna-se à caverna. O conforto do habitual: o salário garantido, alguém que vai estar ali de vez em quando para não se sentir tão só, não é tão mau, até se convencer a permanecer na vida tal como ela é. Afinal de contas, a caverna é quentinha, o aconchego do lar conhecido.

Dê-se esse tempo de recuar ao chamado. Qual é o problema? Não é o momento adequado? Reflita: o que você deseja do mundo? De você? Por que seria tão ruim partir numa nova aventura em um país desconhecido, cuja língua você não domina? O Oriente e o Ocidente encontram-se em Istambul, por exemplo. Ásia e Europa, tão distintas, atravessam o estreito de Bósforo.

Em outros momentos, você terá que sair da caverna, como a deusa Amaterasu. Depois de absorver o que precisava e digerir a refeição amarga, chorar e viver o luto pela morte do que quer que seja e se sentir no ponto para retirar o lacre da caverna e sair para o mundo, desfaça os laços que não lhe pertencem mais. Só então saia para interagir. Para que haja luz novamente, você tem de sair e brilhar com sua própria lanterna, aquela que te guia no momento mais escuro da alma. Veja seu reflexo no espelho e se encante ao ver a pessoa mais forte que você se tornou pós-exílio.

Haverá um novo destino. No caminho, perigos e provas. Para se manter no curso traçado pelo seu coração – seu novo destino –, você vai enfrentar monstros internos e externos durante a jornada. Sua força de vontade vai ser colocada à prova. Pessoas, às vezes importantes, sairão da sua vida. Você vai querer desistir. No mundo haverá aflições, disse Jesus. Você as terá. Isso é garantido.

Você vai se sentir sozinha, vai chorar, vai doer, mas também haverá ajuda – o fio de Ariadne –, até que possa caminhar sozinha e não sentir mais medo do escuro. Alguém vai surgir e lhe emprestar a iluminação, até que você brilhe por si. Sempre haverá luz junto com a sombra.

O que fica do Japão é isso: isolamento e cortesia. Apesar de exilado, é o povo mais cortês que já conheci na vida.

> *Nosso tempo de voo é de aproximadamente doze horas. O serviço de bordo vai ser iniciado dentro em breve. No bolso da poltrona à sua frente há um cardápio para você escolher sua refeição. As bebidas estão inclusas em nosso serviço.*
>
> *Aproveite o voo.*

África: Egito

> And I shall stay a nomad all my life, in love with changing horizons, unexplored, faraway places, for any voyage even to the most crowed and well-travelled countries, or the most familiar places is an exploration.
>
> Permanecerei nômade por toda a minha vida, apaixonada por horizontes que se transformam, lugares distantes e inexplorados, pois toda viagem, até mesmo para países cheios de gente e conhecidos, ou mesmo locais familiares, é uma descoberta.

ISABELLE EBERHARDT, EM KERSHAW E KOBAK, 1988:180

Desde o colégio, o Egito empresta suas cores a meus sonhos, por conta do valor histórico do país e todas as influências recebidas, sem perceber, dessa civilização que foi a maior do mundo conhecido até então. O fascínio pela construção das pirâmides e seus significados ocultos, vida e morte – esta muito mais importante que a vida para eles –, os faraós, Isis, Cleópatra e todos os deuses representados em filmes e contados nos nossos livros de História rechearam minha fantasia e me encheram de vontade de pisar lá, nem que fosse uma vez.

Havia preparado uma viagem solo. Minha prima judia quase teve uma síncope quando falei que ia sozinha. Nossa família paterna veio da Síria, nosso avô nasceu em uma pequena vila chamada Maalula e era mulçumano. Mas, como isso aqui é Brasil, eu tenho uma prima judia. Meu tio Abdon apaixonou-se pelos olhos azuis de uma carioca, Aída, cuja mãe se chamava Sara e era judia da Polônia. Casaram-se e tiveram duas filhas, que são minhas primas de sangue. E, sim, judias, netas de mulçumano.

Pois bem, depois do surto da minha prima com a minha decisão de desbravar sozinha o país do norte da África, a viagem acabou se tornando um trio em vez de solo. Mencionei para uma amiga e ela decidiu me acompanhar. Para dormir em Londres, antes de embarcar para o Cairo, pedi um sofá de um amigo e ele se juntou a nós. Para o alívio da minha prima.

Amo-te, Cláudia.

Antes de irmos, houve um atentado terrorista no Cairo, a alguns metros do hotel em que iríamos ficar em Gizé, que é a terceira maior cidade do Egito, a cerca de meia hora do Cairo – dependendo do trânsito –, onde ficam as pirâmides. Isso não abalou nossa confiança. O terrorismo acontece, assim como acidentes de avião, de carro, nevasca, enchente, meteoro. Não há como prever.

Todas as vezes que vou para um país mulçumano (já que não posso ir para a Síria fico à procura de minhas origens nos países onde posso entrar), preocupo-me com a questão da religião. Muito mais do que a questão cultural, há o lado social. Como se portar e o que usar importa muito, muito mais do que aqui. Teria de usar véu? Era inverno e estaria coberta mesmo, com roupa suficientemente fechada para não provocar olhares de desaprovação. Um milhão e meio de dúvidas e milhares de cliques nos *blogs* de viagens depois, conclui que estava tudo bem, poderia viajar com tranquilidade.

Provavelmente, a religião colabora para esse aspecto no Egito (no Marrocos e na Jordânia também). O islã ou islamismo é uma religião monoteísta cuja base é o Alcorão ou Corão. A vida religiosa também é observada com os ensinamentos de Maomé, o profeta, cujo conjunto e normas são chamados de Suna. O seguidor da religião é chamado mulçumano e é a religião predominante no Egito. A palavra islã significa "submeter-se à vontade de Alá".

Sempre me recordo de um filme que retrata uma época em que todos, cristãos e mulçumanos, viviam juntos: *Cruzada* (em inglês, *Kingdom of Heaven*), de 2005. Numa determinada cena, o ator Orlando Bloom conversa com Eva Green – os dois estão em um terraço e observam os mulçumanos fazendo uma de suas cinco orações diárias com o corpo em direção à Meca. E ela fala algo como: "Eles rezam dessa forma para formar um só coração, uma unidade em Alá, que manda seus discípulos se submeterem, enquanto Jesus diz: escolha".

Os discípulos atuam em conformidade com a religião. Resignam-se às suas normas. Como qualquer outra, não?

O problema é que nos países mulçumanos (ou "árabes", como muita gente chama no Brasil) as punições são severas. Os crimes de cunho sexual, por exemplo, têm pena de morte em alguns lugares. O Egito não é considerado fundamentalista entre os países mulçumanos. Mas é.

Além da burca, que na verdade não vi muito no Egito, mas vi bastante no Marrocos e na Turquia, as mulheres andam em grupo, com suas amigas, mas não com homens. Deméter de tudo. Acompanhadas de seus filhos e andando atrás do marido. Raras vezes vi as solteiras com namorados, mas não há demonstração de afeto público, como um beijo. Em geral, cobertas com véu na cabeça e roupas ocidentais embaixo: calças ou saias largas, que não marcam o corpo. A vestimenta é de suma importância para caracterizar um povo ou um *status* que se quer alcançar.

A mais celebrada rainha do Egito é Hatshepsut, que nasceu em 1479 a.C. e reinou por mais de vinte anos, usando indumentária masculina. O reinado se deu no período denominado Novo Reino e ela foi o quinto faraó da 18ª dinastia, a primeira mulher a governar o Egito, com *status* de homem.

O início do seu governo foi como regente do enteado, Thuthmose III (1458 – 1425 a.C.). Por volta do sétimo ano, decidiu vestir-se como um faraó e contou uma história que não sabemos se foi inventada por ela ou outra pessoa: era a esposa do deus Amon. Isso deu a ela direito ao trono, direito este que era divino. Como esposa de um deus, afirmou-se perante o povo e ditou regras, políticas e tudo mais, a fim de garantir sua governabilidade.

Ela utilizou todos os títulos reais e manteve a forma feminina na escrita. Na verdade, mais do que disfarçar o gênero ao qual pertencia, a intenção era reforçar o *status* da mulher na posição de faraó. Como os títulos eram utilizados para reis homens, ela criou um precedente histórico, com a utilização de pronomes femininos, ao se dar o título de Faraó. Pela primeira vez na história do Egito, uma mulher era um rei.

Assim, a rainha Hatshepsut tornou-se uma das primeiras soberanas de que se tem notícia na história mundial, embora se apresentasse para o público e fosse retratada pela arte como um homem barbado (Davis, 2017:108). Sua tumba é um monumento enorme e é situada no Vale dos Reis, próximo a Luxor, e não no Vale das Rainhas.

Naquele tempo, a rainha/rei se vestiu como homem para alcançar o respeito do povo que governava e obteve muito sucesso em sua empreitada. Os guias contam sua história com prazer e a nomeiam como sua mais amada governante. O traje de faraó foi essencial para garantir sua governabilidade.

Ao percorrer o norte da África no final de 1800, a escritora e viajante Isabelle Eberhardt (Kershaw e Kobak, 1988) trajava roupas masculinas, a fim de não ser incomodada por onde passava. A mulher que se autoproclamava nômade, convertida ao islã voluntariamente, repudiou a sociedade europeia (nasceu em Genebra) e assumiu uma identidade masculina sob o nome de Mahmoud para seguir viagem. Uma defensora voraz da viagem solo (mesmo naquela época) portava trajes de homem e, montada em seu cavalo, atravessava os areais do Saara que ela tanto amava.

A origem do termo "deserto" (*deshret*) vem do Egito, para denominar áreas quentes e arenosas, e significa "terra vermelha" (Davis, 2017:99). As terras vermelhas do norte da África acompanharam a trajetória de mulheres que se masculinizavam através de roupas – Hatshepsut para garantir seu direito ao trono e Isabelle para viajar sem ser incomodada.

Hoje, nas empresas, vemos as Atenas vestidas como homens. Ao masculinizar nosso guarda-roupa, tentamos garantir um pequeno espaço no mundo masculino e evitar que nos confundam com Afrodites em busca de uma gota de atenção. Colocamos calças, ternos e camisas masculinas, para sermos vistas como profissionais e não mulheres. É esse o objetivo. Eu sei. Nessa busca por respeito, perdemos nossa ternura. Deve-se endurecer, mas sem perder a ternura jamais.

Esse conflito entre o mundo exterior e o princípio feminino – que é a acolhida, o afeto, o amparo, o colo – é devastador. Temos de nos portar como homens, a fim de garantir nosso lugar na empresa em que trabalhamos e, nesse afã, o dilema entre os dois mundos se instala. Para Harding (1985:35):

> Esse desenvolvimento masculino está ligado ao mundo dos negócios e, na maioria dos casos, é até exigido, como um pré-requisito para se ganhar a vida no mundo, ter uma profissão ou seguir uma ocupação. A mudança de caráter, que acompanha essa evolução, não existe só na parte profissional da vida de uma mulher, mas afeta sua personalidade inteira, e tem causado mudanças profundas na sua relação consigo mesma e com os outros.

É uma verdadeira confusão. Temos de nos vestir de maneira recatada – lembrei-me da primeira dama, esposa do presidente Temer: bela, recatada e do lar. Hahahahaha.

Enfim, temos de prestar atenção no nosso modo de vestir, adotamos roupas masculinas para adaptarmos melhor nossa *persona* profissional àquela que o mundo exige, e modificamos nossa personalidade com os trajes. O ponto não é a vestimenta em si. É suprimirmos o feminino, além de discernir:

> até que ponto alardear ou não a sensualidade, quais drinques revelariam uma personalidade mais firme e positiva e a administrar seus novos rendimentos. Com isso ela está adquirindo uma persona que se adapta ao mundo patriarcal, no qual ainda possui muito pouco poder, mas onde, se souber agir com acerto e valer-se das situações, poderá ascender. Em suma, ela está como Atena, aprendendo o papel de filha obsequiosa (Woolger e Woolger, 2017:59).

Não estou pregando ir de biquíni ao trabalho, nem seduzir colegas e chefes de míni qualquer coisa. Vista-se como quiser, desde que seja condizente com o ambiente.

A questão é que toda essa indumentária masculina nos obriga a alcançar um determinado *status*. Novamente dobramos os joelhos ao patriarcado ao vestir um terno, como se fosse uma armadura: afasta as pessoas por falta de empatia – homens e mulheres –, com excesso de objetividade, que tem um nome "bonito": assertividade. Comunicar-se é uma arte e, como tal, tem de ser desenvolvida. Assim como a empatia.

Você, amada, nasceu empática (ou empata). É só resgatar isso. Estou no aprendizado, também sou assertiva.

As características úteis de Atena são a estratégia, o raciocínio lógico, a sabedoria, a força e a persistência. Há momentos em que temos de usar nossa armadura, mas não o tempo todo, nem como tentativa de ser igual. Para que ser igual a um homem? Do ponto de vista de Woolger e Woolger (2017:58):

> As exigências feitas à mulher-Atena pelo inóspito e hostil mundo paternal colocam-na em circunstâncias difíceis. Podemos compreender um pouco melhor o símbolo da armadura da deusa grega. As mulheres-Atena de hoje têm de ser duras, obstinadas; têm de ser capazes de suportar as mesmas quedas que os homens e mais algumas; e, como qualquer minoria oprimida, têm de ser duas vezes melhores do que os guardiões da estrutura com quem competem, qualquer que seja o campo em que atuem.

Use a armadura quando for conveniente, ou se não houver alternativa a não ser combater, entrar em guerra. Utilize a autoconfiança da deusa a seu favor. Ouse corajosamente, mas seja uma mulher, mesmo de terno. Lembrei-me da voz maravilhosa de Maria Bethânia: "Gosto de ser mulher...".

O feminino, o princípio, é ser acolhedora, ter afeto, capacidade de ouvir e de se colocar no lugar do outro. É o aconchego do colo de mãe, mesmo que você não tenha tido, é inato, veio no seu DNA. Como a intuição, a acolhida é parte de ser mulher. É sentir o que o outro tenta esconder, é saber sem que seja dito.

Esse princípio foi eliminado, revogado como uma lei que não tem mais serventia. Resgate-o, pois, de acordo com Harding (1985:36):

> não é um problema de adaptação da mulher aos mundos do trabalho e do amor, esforçando-se para dar o mesmo peso a ambos os lados de sua natureza, mas uma questão de adaptação aos princípios femininos e masculinos que interiormente governam o seu ser.

Não podemos permitir que o princípio masculino governe nossa alma ou determine nosso comportamento. É com a soma equilibrada dos dois que encontraremos nosso caminho, ao resgatar o feminino perdido e podermos fazer a perfeita comunhão entre os dois.

A segurança do Egito também conta com outro fator: vigilância comunitária. Como numa cidade de interior – lembro-me das comadres que se sentavam à porta das casas a observar e comentar sobre cada criatura que passava na rua –, os vizinhos denunciam os comportamentos uns dos outros. Nas ruas do Cairo, os passantes podem ser informantes e também questionam os comportamentos principalmente dos egípcios, mas não só.

Numa ocasião (era uma vez no Egito...), eu e meu amigo estávamos caminhando pelas ruas e ele sacou a máquina para tirar uma foto de um minarete, a torre da mesquita, de arquitetura típica mulçumana. Eu vi claramente um homem se aproximar dos policiais (que estavam de guarda em um prédio que devia ser um órgão do Governo) e falar para um deles que o turista estava tirando fotos, ou algo do gênero, enquanto apontava para nós.

Os policiais nos abordaram, pediram a máquina do meu amigo e perguntaram o que ele fotografara. De maneira brusca, tomaram a máquina das mãos dele e começaram a falar em árabe. Eu interrompi, disse que era da mesquita e pedi a máquina de volta para mostrar a foto. Era digital, então o minarete estava lá gravado. Advertiram (ao meu amigo, e não a mim) que não poderia tirar fotos de alguns locais, e devolveram a máquina.

As pessoas (que você nunca vai conseguir identificar) fazem uma espécie de vigilância comunitária. Denunciam comportamentos e até enganos de turistas desavisados. Isso me foi confirmado pelo nosso guia do Cairo. Há uma verdadeira intromissão na vida do povo. Pouca ou nenhuma liberdade. Não só de expressão, mas, principalmente, de comportamento. Ouvi mais de uma vez, de mais de um egípcio: "Sou livre apenas no pensamento". E eram homens, hein?

O fato é que essa ditadura de comportamento nos garante segurança. Digo como turista. E, como mulher, o fato de o muçulmano não poder tocar, nem mesmo apertar a mão, me deixou tranquila, pois o assédio não passaria de algum gracejo falado nas ruas. E assim foi. No entanto, não há nada pior do que a falta de liberdade.

Se a religião dita o comportamento a ser seguido pela população mulçumana, no antigo Egito era a mitologia que trazia uma espécie de código de conduta. A responsável por analisar se tal código era observado durante a vida do povo era a deusa da justiça, Maat.

Quando o morto passasse para a outra vida, no antigo Egito, ele seria julgado por diversos deuses numa cerimônia elaborada: a chamada "pesagem do coração". Quem pesava o órgão era a deusa Maat. Davis (2017:137) descreve o processo:

> Após a morte, os egípcios tinham a esperança de se unir a Osíris, o rei da ressurreição e do mundo inferior. Os elaborados rituais de mumificação e enterro eram a expressão desse desejo. O aspecto principal era guiar a jornada das almas dos mortos para o além-mundo, onde o falecido seria julgado pelos deuses em uma cerimônia conhecida como pesagem do coração.

No dia do julgamento, com o coração na balança, atestava-se se o indivíduo teve uma vida justa ou não. É essa a origem da balança da justiça, também usada pela deusa grega Themis.

Themis é a deusa da justiça, da lei, da ordem e protetora dos oprimidos. De acordo com o nosso Supremo Tribunal Federal, por meio dela a justiça é definida, no sentido moral, como o sentimento da verdade, da equidade e da humanidade; está acima das paixões humanas. Por esse motivo, a deusa Themis é representada de olhos vendados – demostrando imparcialidade – e com uma balança na mão. Na qualidade de deusa das leis eternas, era a segunda das esposas divinas de Zeus, e costumava sentar-se ao lado do seu trono, para aconselhá-lo.

Voltando a Maat, a pesagem se dava da seguinte forma: o coração era colocado em um dos pratos da balança e, no outro, colocava-se uma pena. Se houvesse equilíbrio entre os pratos, o morto passava pelo julgamento e poderia celebrar sua ressurreição junto aos deuses, mas, se o coração fosse mais pesado do que a pena, era enviado para o mundo inferior. Davis (2017:137) explica que a pena da deusa Maat, filha de Rá, personificava a filosofia, o conceito religioso de harmonia e o código de conduta, base para a estabilidade da sociedade egípcia. Era a ordem cósmica pela justiça e uma vida correta.

A acolhida nos países "árabes" é famosa e genuína, como em alguns lugares do Nordeste do nosso país, onde as pessoas te conhecem de manhã e, à noite, te chamam para jantar em suas casas.

No Cairo, nosso guia colocou-se à disposição e fez questão de dizer que não ia cobrar um centavo para nos levar à estação, onde pegaríamos o trem noturno para Luxor. Eu tinha receio de não entender a chamada para embarque – da estação saem vários trens – e não reconhecer os números em árabe, pois não tive tempo de aprender todos antes de ir, e assim foi. Ainda bem que ele nos acompanhou, pois entramos no trem certo. Sem ele, eu não reconheceria o trem (que atrasou) e, certamente, entraria no vagão errado.

Ao voltar ao Cairo, depois de ter percorrido os recantos do país de norte a sul, ele me levou ao museu, apesar de estar muito gripado. Ficamos lá umas três horas (é pouco) e, nesse período, ele me explicou e me fez recordar dos lugares por onde eu havia passado, dando uma aula grátis de hieróglifos. A essa altura, eu já reconhecia alguns deles. E se recusou a receber qualquer gorjeta.

Em Luxor (antiga Tebas, a 670 km do Cairo, no sul do Egito e à beira do Nilo), nosso guia encontrou-nos na rua (eu e minha amiga estávamos procurando ímã de geladeira) e nos colocou na garupa da moto (muito inusitado isso). Levou-nos até sua casa, onde a esposa nos recebeu – no quarto do casal e dos filhos! – com chá, afeto e muito carinho. Ao colocar o *hijab* (véu islâmico ao redor da cabeça e do pescoço...) em mim, disse *insha'Allah*, algo como "se Deus quiser, se Alá quiser" (o nosso "oxalá" vem daí), para desejar que eu retornasse em breve ao país.

Muito me emocionou essa disponibilidade interna. Com tantas ideias preconcebidas, achava que as pessoas, principalmente as mulheres, nem falariam comigo. Ledo engano. Fui abordada na rua por mulheres que me ofereceram ajuda para pegar táxi ou voltar ao *hostel* e perguntaram com um sorriso de onde eu era, me deram as boas-vindas e desejaram uma excelente viagem. Desconfiada sou eu. Habitante de uma megalópole.

Na Jordânia, estávamos caminhando à noite em busca de um local para comer. Minha fome era tamanha que entrei no primeiro local em que senti o cheiro bom da comida árabe. O dono do restaurante era um médico que tinha acabado de abrir o local e falava algumas palavras em francês. Começamos a bater papo. Contamos que, no dia seguinte, iríamos ao sítio arqueológico de Petra, no sul do país, por nossa conta.

Depois do jantar, ele nos levou de carro até a entrada de Petra, que era bem longe para ir a pé, insistiu que fôssemos comprar o tíquete para fazer *Petra by Night*, bem como a entrada para o dia seguinte. No evento que acontece algumas noites por semana, as pessoas sentam em tapetes no chão, e é servido um chá, enquanto um beduíno toca flauta e conta a história da cidade de Petra. Foi magnífico e não me arrependi de nada. Antes de entrarmos até a arca do tesouro, deveríamos fazer uma boa caminhada noite adentro, iluminada apenas por velas no chão. Ele nos levou ao bar – pois é, tem bar e bebida alcoólica à vontade na Jordânia – e não deixou que pagássemos a conta.

Éramos quatro pessoas. No caminho, encontramos uma espanhola perdida pelas ruas íngremes da cidade. Ela viajava sozinha e pediu para nos acompanhar. Dizem que, se você estiver em qualquer parte da Jordânia à noite e bater à porta de qualquer um, a pessoa vai abrir e te oferecer chá e algo para comer. Não fiz isso, mas acredito que seja verdade, pelo pouco que vivenciei.

Costumo brincar que na cidade de São Paulo, que me acolheu e onde conheço pessoas há dez anos, nunca vi a sala de suas casas. Somos tão ressabiados! Também me encaixo nessa categoria. Apesar de vir do Nordeste, não deixo mais que qualquer pessoa entre em minha casa. Quanto mais os anos passam, mais reservada fico. Não sei se é influência da cidade que habito há mais de vinte anos (costumo dizer que já tenho *green card*) ou da idade. Ou das más experiências. Ou de sei lá o quê.

Posso afirmar que nos três países de maioria mulçumana que visitei fui muito bem tratada, pois são extremante hospitaleiros. Com respeito.

Na Turquia foi diferente. O país está se tornando aos poucos, desde 2014, fundamentalista. No que era para ser o mais liberal dos países mulçumanos, agora há um desfile de burcas e um bocado de misoginia. Em todos os lugares que entrávamos – mercearias, lojas de doces ou de castanhas e frutas secas, lojas de lenços e *souvenir* etc. – tínhamos de esperar para ser atendidas se um homem entrasse na loja. O atendente passava todos os homens que chegavam à nossa frente. Mesmo sendo turistas, ficávamos lá à espera de os caras serem atendidos até que a loja ficasse vazia e pudéssemos, por fim, pagar nossas compras. Em Istambul, os caras atropelam, literalmente, para passar na sua frente no transporte público. Os banheiros masculinos, se estiverem em um corredor, por exemplo, vêm antes do feminino. Isso é muito comum. Vou excetuar a Capadócia, que, aparentemente, recebe muito turista e fomos muito bem tratadas. No restante da Turquia, a mulher é cidadã de segunda classe.

Há poligamia e as mulheres são submissas pela lei religiosa, bem como pela lei civil, em que existe essa distinção. Também não nego que as punições são bárbaras em alguns países, e a pena de morte por apedrejamento ainda é praticada em casos de adultério por parte da mulher. A mulher mulçumana, pela minha visão, não tem liberdade alguma e, em caso de divórcio, os filhos ficam com o pai, que é o detentor da guarda por direito.

No Egito, há uma rede de proteção para a mulher que viaja sozinha ou que tem de sair sozinha em algum momento. Em Assam, cidade do sul do Egito, a 950 km do Cairo, na fronteira com o Sudão, sempre me foi designado um acompanhante. Quando meu amigo inglês saía sozinho – ele não aguentava mais meu roteiro – e minha amiga havia ido para Israel, eu resolvia fugir do vigilante designado e sair sozinha, mas sempre alguém do hotel, ou do restaurante, ou do barco me achava na rua e me acompanhava de volta ao local em que estava hospedada.

Não sei ao certo o motivo, pois não me senti insegura em nenhum momento. Não sei se há sequestro de mulheres ou crimes de cunho sexual e essa rede de proteção à turista feminina é montada para evitar que ela sofra qualquer coisa ou se é mais por precaução. Nunca me aconteceu nada. Sorte? Carma? Destino? Não sei, só sei que foi assim. Na grande maioria, eles são afáveis e cordiais.

Mesmo com o advento do islã, o paganismo sobrevive nos costumes que passaram de geração em geração. Não sobrevive só por causa do turismo (visitamos ruínas e museus), mas porque é algo arraigado na população. A crença na vida após a morte é notória até hoje.

Os faraós mandaram construir suas tumbas e nelas repousava um enorme tesouro para que, ao ressuscitarem, tivessem à sua disposição a riqueza e pudessem retomar, a partir daí, suas dinastias. Durante os seus reinados, eles se preparavam e construíam as pirâmides, seu lugar de descanso até o advento do ressurgimento. A morte, o eterno sagrado, era muito mais importante do que a vida.

De acordo com Davis (2017:96), os trabalhadores não eram escravos, pelo fato de os faraós serem considerados encarnações dos deuses, e:

> motivava dezenas de milhares de trabalhadores a carregarem e ordenarem milhões de blocos de pedra que pesavam mais de 2,5 toneladas cada. Esses trabalhadores não eram chicoteados por capatazes opressivos. Trabalhavam de boa vontade, na crença de que o rei deveria ter um local de descanso adequado, de onde poderia ascender aos céus e se juntar aos outros deuses em sua vida eterna.

As pirâmides e todos os outros monumentos funerários eram abastecidos com bens e riquezas, a fim de garantir uma vida confortável no paraíso. A vida após a morte era a base da cultura egípcia, assim como:

> o nascimento e a morte diários do Sol simbolizavam o ciclo eterno da vida e da morte. Para os egípcios, a vida, a morte e o papel do Sol como provedor de vida estavam interligados no ciclo regular de cheia do Nilo, que trazia fertilidade ao solo e as boas colheitas que sustentavam o Egito. Essa ideia foi transportada para o núcleo da crença egípcia, que afirmava que os homens também podiam viver, morrer e renascer (Davis, 2017:121).

O mito de Isis, a deusa mais importante do panteão egípcio, está intimamente ligado a essa crença. Contarei somente a última parte do mito, que varia de autor para autor; mas essa ouvi no Egito, no templo Philae, que faz parte de um complexo de templos dedicado a Ísis, no sul do Egito, próximo a Assam.

Osíris, deus que julgava as almas dos egípcios, no princípio era ligado à fertilidade da terra e casado com Isis. Ele foi assassinado pelo seu irmão Seth – deus da violência e desordem, a encarnação do mal na mitologia –, que retalhou o corpo do deus em catorze pedaços (alguns sugerem quinze), e espalhou-os por todo o Egito, pois havia a certeza de que, sem corpo ou tumba, não haveria vida após a morte.

Isis procurou resgatar os fragmentos do seu amado e aliou-se a sua irmã Néftis – deusa da natureza, senhora da casa e guardiã dos mortos – para reunir os pedaços, para que a alma do morto não ficasse condenada a vagar e não ter o eterno repouso do mundo inferior (Robles, 2013:45).

A deusa percorreu todo o Egito, auxiliada por Anúbis – deus associado à mumificação, representado por um homem com a cabeça de chacal –, e conseguiu reunir quase todo o corpo do amado, menos os órgãos genitais. Com poderes mágicos, ela produziu um falo de ouro e gerou Hórus, o Regente, deus dos céus, que haveria de vingar a morte de seu pai e perder um olho nessa ação (daí termos o olho de Hórus).

Depois de remontado o corpo, Anúbis assumiu o papel de sacerdote e embalsamou o corpo de Osíris, para permanecer na tumba em paz, no aguardo da ressurreição, até poder reinar novamente ao lado de sua amada Isis e de seu filho Hórus.

Isis sempre é representada, nas tumbas do país, com um trono acima de sua cabeça, por ser considerada a intermediária entre o faraó e o trono. Ela fornece o poder ao rei. O próprio nome Isis quer dizer "trono". Assim, o trono do Egito é a deusa, e o deus encarnado senta-se nele como seu agente (Campbell, 2017:129).

A influência da deusa é tão grande que se espalhou pelo mundo greco-romano; até hoje, é adorada no Egito e em países que ainda professam o paganismo, tornando-se:

> um ponto central de um culto religioso que sobreviveu por milhares de anos e que foi transmitido a outras civilizações, inclusive a grega e a romana. Ela era conhecida como a Grande-mãe, esposa devotada e poderosa fonte de magia, e a devoção a Isis perdurou mesmo após o advento do cristianismo (Davis, 2017:122).

Representada com asas de falcão, ela é considerada a patrona da magia e a deusa da ressurreição, associada à Lua, que tem em si a vida e a morte nos seus ciclos e representa o feminino. Ela guarda o bem mais precioso dos antigos egípcios, que é a vida após a morte. A magia na vida da deusa vem de uma lenda com o deus Rá e o ressurgimento de Osíris, contada por Davis (2017:132):

> Com o passar dos séculos, a encantadora Isis tornou-se a deusa mais importante do panteão egípcio – mãe de deus, curandeira, deusa poderosa que detinha um vasto conhecimento sobre as artes mágicas e o poder sexual. Em uma determinada lenda, Isis trapaceia o envelhecido Rá e o convence a lhe contar nomes secretos do maior dos deuses. Utilizando-se da magia, criou uma cobra para picar Rá, e fez com que o deus lhe revelasse todos os nomes para então curá-lo.

A fertilidade das mulheres está intimamente ligada aos ciclos da Lua, assim como a fertilidade do solo, as colheitas e as marés, o crescente e o minguante, a planta que cresce e que alimenta, o seio que transborda leite e amamenta (a Lua e o princípio feminino são um só, com exceção do Japão, onde o Sol era a deusa Amaterasu). Os demais países aqui citados tiveram em algum momento a Lua como deusa.

É interessante que um dos símbolos do islã é a Lua crescente com uma estrela. A Lua crescente representa a Grande Deusa em seu aspecto de donzela. Para a *wicca*,[7] a Deusa é tríplice, representada pela Lua em seus três ciclos visíveis: donzela na lua nova, mãe na lua cheia e anciã na minguante.

Nas sociedades matriarcais pagãs, a Lua estava ligada a poderes espirituais e havia um culto a ela. Era uma adoração aos poderes de fertilidade, daquilo que brota e que vinga. Natureza e sabedoria em harmonia. Mas o culto à Lua foi substituído pelo deus Sol, conforme explica Harding (1985:60):

> A origem do poder masculino e da sociedade patriarcal provavelmente teve início quando o homem começou a acumular propriedades pessoais, em contraste com propriedades comunitárias, e descobriu que sua força e coragem pessoais podiam aumentar suas posses. Essa mudança no poder secular coincidiu com o início do culto ao Sol sob um sacerdócio masculino. Este veio substituir os cultos da Lua, bem anteriores, que permaneciam nas mãos das mulheres.

---

[7]. Religião de natureza xamanística, com duas deidades reverenciadas na maioria das vezes, sem excluir outras. O masculino e o feminino são vistos como princípios unidos.

A aglomeração de coisas inúteis começou com a veneração ao Sol como deus absoluto, bem como a ênfase ao intelecto. Essa mudança afetou o comportamento e despertou um consumismo desenfreado na sociedade. Li uma coisa assim: compramos coisas de que não precisamos para impressionar pessoas que não conhecemos. Numa tentativa vã de preencher o vazio (que todos temos), consumimos de tudo: carro, roupas, sapatos, viagens – sim, também consumimos viagens. Acumulamos bens materiais em detrimento de valores que há muito foram perdidos. Uns querem alcançar *status*, outros vivem só pelo prazer de poder gastar e se sentir bem com isso, nem que seja por cinco minutos.

E, logo depois, enjoamos do brinquedo novo e tentamos substituí-lo por outro. É como uma droga, até que a conta bancária sinta o peso disso e a falta de sentido nos ataque como um tsunâmi. "Para que comprar mais um par de sapatos?", nos perguntamos atônitas, com aquele salto 15 na mão em uma loja qualquer, num sábado de sol. Para Harding (1985:61):

> A adoração ao Sol é a adoração daquilo que conquista a natureza, que organiza sua abundância caótica e subordina seus poderes, visando à realização das finalidades do homem. O princípio masculino, ou Logos, passa a ser venerado na pessoa do deus Sol.

Perdemos muito mais do que podemos imaginar com a supressão do feminino.

Outra rainha egípcia que se valeu do mito de Isis e vestiu seus trajes foi a famosa Cleópatra, uma Afrodite encarnada que não é tão popular assim no país. Foram poucos os guias que a citavam. Há uma espécie de embaraço ao mencionar as peripécias da grande governante, que não alcançou o *status* de faraó, pois sempre foi cogovernante de algum homem de sua família (oficialmente). Entretanto, usou de manhas e artimanhas a fim de conquistar os poderosos da época – Júlio César e Marco Antônio – e, ao se associar a eles, estendeu o reino do Egito e sua influência pelo mundo. Se não fosse por ela, o Egito teria saído do mapa e pouco teria sido resgatado de sua mitologia, tão vasta e poderosa. Eu me recordo daquele filme de 1963, com a lindíssima Elisabeth Taylor no papel de Cleópatra.

Isis foi usada pela rainha egípcia para que o povo confiasse nela, pois como era de origem macedônica (nascida em Alexandria), a população a olhava com certa desconfiança. Assim, ela:

Trajava as vestes sagradas de Ísis para reconquistar a confiança do povo egípcio e, tal como a deusa, profetizava e proclamava oráculos. Sua figura impressionava em desfiles e cerimônias cada vez mais faustosas; saudava a multidão não como rainha, mas como deusa e senhora do Nilo profundo (Robles, 2013:177-178).

O que ela queria era expandir o Egito. Apesar de todos falarem sobre seu poder de sedução (super-Afrodite que era), o que pesava era sua inteligência e, assim, ela se curvava à vontade dos homens que conhecia. Falava vários idiomas e era versada em matemática e astronomia. Com o cérebro privilegiado, ela utilizava o ocultismo egípcio para impressionar os invasores e os que ela desejava conquistar.

Isso era o que a tornava irresistível. Além do mais:

> Todos estavam convencidos de que a misteriosa monarca, dona de um nariz descomunal, representava Ísis na Terra, e que poderes tenebrosos do Egito nela encarnados vingar-se-iam sutilmente, revertendo o expansionismo romano. Os mais ardilosos difundiram o boato de que Cleópatra, por meio dos direitos de sucessão de seu filho recém-nascido, pretendia na verdade assenhorear-se de Roma e converter Alexandria em segunda capital de um império semelhante à grandeza de Alexandre, o Grande, mas que o superaria pelas conquistas do pensamento (Robles, 2013:179).

Sedutora e dona de um enorme magnetismo, Cleópatra teve amantes e alguns casamentos. Enrolou-se em um tapete e se deu de presente a Júlio César. Talvez por conta do seu comportamento livre, desperte até hoje tanto preconceito de seus compatriotas. A mulher que tem o arquétipo de Afrodite predominante é sempre uma ameaça para as Heras da vida e para o sistema vigente, ao passo que:

> quando a sensualidade e a sexualidade nas mulheres são rebaixadas, como nas culturas judaico-cristã, maometana e outras culturas patriarcais, a mulher que personifica a enamorada Afrodite é considerada mulher sedutora ou prostituta. Dessa forma, esse arquétipo, quando se expressa, pode pôr a mulher em divergência com os padrões de moralidade (Bolen, 1990:328).

Imagine como a sensualidade é encarada em um país mulçumano. Se nós, que somos em grande parte cristãos, já sofremos com esse falso moralismo (o ressurgimento do fundamentalismo no mundo de agora mostra sua escalada), imagine a mulher mulçumana!

Se nossos governantes e políticos fossem tão santos como pregam não teriam tantos esqueletos no armário. De vez em quando, surge na mídia (e olha que é parcial para caramba) um "corpo" que estava escondido no guarda-roupa, mas alguns pregam, em alto e bom som, a volta da moral e dos bons costumes. Vamos colocar a letra A vermelha e bem grande (*A letra escarlate*, de Nathaniel Hawthorne) em nosso peito e sair por aí a marchar. A Nova Inglaterra de 1666 voltou com tudo.

Na mitologia grega, muito mais do que na egípcia, todo mundo caía na gandaia, por isso eles eram mais permissivos, como descrevem Woolger e Woolger (2017:134):

> Os gregos e os romanos eram ostensivamente tolerantes a todo tipo de comportamento sexual. Os próprios deuses eram tão promíscuos que qualquer indignação justiceira seria absurda. Os homens da antiguidade certamente desejavam preservar a fidelidade de suas esposas, a fim de assegurarem a legitimidade de seus herdeiros, mas eram bastante abertos em relação aos seus duplos padrões diante dos valores de Hera e de Afrodite. Só muito depois é que o lado puritano do cristianismo tornou-se cruel na punição pretensamente virtuosa do adultério.

Afrodite nos abençoa com a capacidade de amar sem reservas. Ela é a que ama a paixão em si, com aquele sentimento de total entrega, que vive o momento como se nada mais existisse. É a concretude de um sentimento divino, nem que seja só por um momento, um mês, uma semana, o envolvimento é absoluto.

Para muitos, Vênus representa um encantamento e uma aversão, sentimentos juntos em desarmonia completa. Por isso, muitas vezes, presenciamos o receio dos homens de se aproximar, de se apaixonar ou de se envolver em uma relação mais concreta.

A sedução de Afrodite é encarada como um artifício que vem dos quintos dos infernos. Ou um feitiço, uma mandinga braba. Daí:

> o medo quase universal que os homens têm de cair sob o poder e a fascinação de uma mulher e a atração que essa mesma servidão tem para eles são

evidências de que o efeito que uma mulher produz num homem, em geral, é de caráter demoníaco. A atitude depreciativa que muitos homens têm em relação às mulheres é uma tentativa inconsciente de controlar uma situação em que eles se sentem em desvantagem; muitas vezes eles procuram eliminar o poder da mulher, induzindo-a a agir em relação a eles como mãe (Harding, 1985:134).

É questão interessante encarar o feitiço das mulheres. A palavra vem carregada de uma conotação negativa pelos séculos de engodo. Feitiço e magia soam como charlatanismo. Quantas vezes não ouvimos: "Você me enfeitiçou"? Entretanto, os feitiços egípcios tinham outro objetivo. Na análise de Davis (2017:110):

> Se você cresceu vendo as bruxas de Walt Disney, é provável que a palavra feitiço lhe traga à mente a ideia de engodo e "olho de salamandra". Mas a coleção de "feitiços" e encantos (a frase exata usada pelos egípcios era "palavras para serem faladas") dos Textos das pirâmides era muito menos exótica, [...] mais como manuais práticos, guias de viagem para o além-mundo, [...] para uma passagem segura e para a sobrevivência e o bem-estar dos mortos.

No Egito e no Marrocos, as mulheres me parecem quase todas Deméter, que também é governada pelo amor como Afrodite, mas de modo diverso:

> ela se dá para o outro, ela se perde no outro. O outro é a fonte de sua plenitude, não ela mesma. A única diferença entre Deméter e Afrodite em relação ao amor é que para Afrodite o outro é um ser amado adulto, ao passo que para Deméter é a criança (Woolger e Woolger, 2017:211).

Até o marido de Deméter é tratado como criança. Então, é claro que os homens mulçumanos não temem suas mulheres, pois elas são todas mães dos filhos e deles mesmos, é uma extensão da sua relação com a mãe. Deméter não ameaça, portanto, não precisa ser controlada. A burca e a religião andam de mãos dadas, fazendo isso com bastante êxito.

Independentemente do que isso representa para a maioria dos homens, apaixonar-se é viver intensamente. Toda vez que você se apaixona (e desejo que seja mais de uma vez, sua sortuda!), Eros flecha seu coração para que ele fique aberto e receba esse sentimento divino. É a deusa Afrodite que lhe dá a bênção dos óculos cor-de-rosa que você usa para ver seu amado, pois Eros, deus do amor e filho de Vênus, é seu companheiro constante. Armado com seu arco, atirava as setas do desejo no coração dos deuses e dos homens.

Johnson (1989:38) ressalta que é nesse lugar, o romance, que as pessoas comuns são tocadas pelos deuses. Apaixonar-se é a experiência de ver além da pessoa e enxergar o deus ou a deusa que está por trás.

Há sempre o dia e a noite – exceto no Ártico, quando o dia tem 24 horas, ou a noite escura se prolonga por uns três meses –, *yin* e *yang*, Sol e Lua. Há o ponto e o contraponto, prestação e contraprestação, crime e castigo. As deusas, como nós, são luz e sombra.

Afrodite, assim como Cleópatra, seduz inúmeras vezes e de diversas formas, mas também nos providencia o espelho com o qual vemos nosso amado com facetas de deus ou deusa. Ela nos transporta para um local sem hora nem tristeza, no qual os segundos não contam e o tempo parou faz tempo.

Nem sempre a paixão é correspondida ou seu resultado é agradável. Por vezes, sofremos e catamos os pedacinhos de um coração desfeito. Alguns remendam com viagens, outros, com cachaça. Como seria essa vida se não houvesse esses momentos, não?

O mais importante é encarar suas paixões como um treino, pois você vai aprender e apreender. A próxima vez não vai doer tanto e nem por tanto tempo, pois o poder de restauração é quase imediato. Você começa a delinear o perfil do objeto do seu desejo antes de se entregar por completo. É uma excelente atividade para treinar seu coração e afiar seu instinto.

A paixão pode ser por homens, países e palavras também. Apaixonei-me por uma palavra da língua francesa, *dépayser*. Significa fazer uma mudança de cenário, sair da zona de conforto, desorientar, confundir. Sem orientação, sem GPS, sem controle. Remover alguém do seu elemento habitual, do confortável, colocar ou mover alguém para um país ou região completamente diferente em termos de clima, costumes, hábitos.

Se você escolher um destino na Europa, por mais difícil que seja a viagem ou a preparação, a jornada é muito confortável: os trens vão sair no horário, você vai poder atravessar a rua, pois a faixa de pedestres é respeitada, a comida não vai ser tão estranha e se for, para seu paladar, há sempre um restaurante italiano. Se a língua for um desafio, o pouco inglês que você tem vai te ajudar quase sempre em todos os lugares do continente. Costumo comparar uma viagem à Europa (Ocidental, pelo menos) com uma ida a um *resort*.

Por outro lado, em alguns lugares da Ásia ou do Oriente Médio é como chegar num lugar que não se sabe se há albergues. Os costumes, tradições e hábitos são completamente diferentes. Além da língua e da comida, os transportes não funcionam com a perfeição de uma Alemanha ou Inglaterra, exceto no Japão, que só para se alguém comete *sepukku* na linha do trem. Pedestre? O que é isso? Tudo é fora da zona de conforto. É *dépayser* geral.

No Egito, esse é o verbo mais conjugado. Todos têm uma ilusão de controle. Quando estou programando uma viagem, espero que dê tudo certo: que o voo não seja cancelado, que não haja um tornado, que minha mala chegue, que eu não me perca (muito) e assim por diante.

Na verdade, gosto de me perder, algo que Solnit (2006:6) chama de rendição voluptuosa: perder-se nos braços do mundo, tão imerso no momento presente que o que está ao redor desaparece. Perder-se é como uma escolha mais ou menos consciente e é apenas geograficamente, pois a pessoa só está em algum lugar que não sabe onde é exatamente. É momentâneo, vai passar.

O mundo fica maior do que você conhece e há um descontrole, ou a perda do controle que você acha que tem. Que eu acho que tenho. Gross (2013:172) brinca com a ilusão de controle:

> O domínio que tenho de mapas e o senso de direção aguçado (inteligência espacial) preservou minha ilusão de controle e me manteve protegido daquele ponto de completo desamparo, aquele lugar terrível quando eu poderia – bem, na verdade, o que eu faria?[8]

Que ponto é esse ao qual temos medo de chegar? O momento que não sabemos onde estamos fisicamente?

Você vai se perder. Mesmo que tenha baixado o *citymapper* ou que tenha uma excelente inteligência espacial, ou que domine mapas como ninguém, ou _____ (preencha a lacuna). Não tem como. Vai

---

8. "My mastery of maps and directions preserved my illusion of control, and kept me from reaching that point of utter helplessness, that terrifying point when I would – well, what I would do?"

enfrentar situações estranhas, incômodas e não vai saber o que falar em algumas delas. Há países que vão te tirar do habitual, e isso é bom: o Egito te tira do confortável. Você se perde.

Para Elisabeth Bishop, só parece o fim do mundo, mas não é. No poema *The art* ou *One art*, ela escreve sobre a perda e fala que é uma arte difícil de dominar e que, por vezes, parece o fim do mundo, mas não é.

Pois é no perder-se que você descobre as preciosidades de uma cidade: um café que serve o melhor doce típico da região, uma loja de antiguidades que de fato vende relíquias e não cópias malfeitas, um mercado que os locais frequentam, um restaurante com preços convidativos e comida de primeira, um *hamam* (banho turco onde você é esfregada de cabo a rabo), em que você se delicia com os cuidados das mãos que te esfregam, com lustres de todas as cores naquela tenda que você não teria visto se o caminho fosse o de sempre.

Perdi-me incontáveis vezes. E ainda estou aqui para contar a história. Perca-se.

É no confronto com o que não é habitual que você questiona os valores arraigados, que não sabia que poderiam ser distintos e podem. É com as diferenças que você ganha altura (em alma). Tantas vezes queremos ganhar as discussões com nossos argumentos tirados de certezas que nem sabemos de onde vêm. Ver através dos olhos do povo que vive no lugar é a melhor forma de visitar um país.

Confrontei-me com o islamismo. Impressiona o fato de uma civilização tão rica (e foi a maior), com mulheres que representaram papéis primordiais, de governantes inclusive, terem hoje corpos e bocas tapados. Pelo medo, pelo *hijab* ou pela burca. Mesmo assim, tive contato com mulheres mulçumanas (elas comigo, na verdade). Somos todas uma, apenas sob o disfarce de uma religião diversa.

Pensei no que representa para elas a liberdade tão celebrada por mim. Viajar solo, para elas, é comemorar a autonomia e desafiar-se, ou é apenas tenebroso por estar sozinha? Usar um short para ir ao Ibirapuera – mais do que normal para nós – é superexposição do corpo? Lembra-se da novela *O clone*? Quando uma personagem perguntava: "Vai na Medina fazer exposição da figura?".

Com culturas tão diversas, temos de tentar entender, ou pelo menos aceitar, o que o outro pensa, de acordo com a configuração de sua história. O homem não é apenas um produto do meio, mas de seus ancestrais, das histórias que lhe foram contadas, dos mitos, costumes, sonhos e lendas de gerações. No comportamento, produzimos e reproduzimos o que nos foi legado, até o momento em que começamos a questionar: "Por que eu faço isso desse jeito?".

Nossa herança é mais vasta do que o *habitat* em que vivemos. Como posso julgar? Só posso ter a certeza de que aquele modo de vida não é para mim. Se no Brasil acho o machismo complicado de lidar, imagina lá! Mas é uma escolha não mudar de vida. Às vezes, uma imposição é uma impossibilidade, apesar de acreditar que tudo, tudo mesmo, seja possível. Só posso decidir o que cabe na minha cesta: que escolha, lembrança ou desejo eu levo para minha casa (minha alma). Para mim, a liberdade é o tesouro mais cobiçado.

No momento em que escolhemos mudar de vida, entramos num mundo estrangeiro, por vezes sobrenatural, cheio de mitos e lendas, um universo mágico. Aprendemos que há arquétipos ancestrais e que carregamos em nosso interior uma galáxia. Confrontamos os perigos desse novo país e passamos por provas e testes que forjam nosso caráter. Somos isolados e exilados.

Como todos os heróis, precisamos passar por essas provas, às vezes de vida. Empunhamos armas invisíveis e contamos com a ajuda dos deuses. Cruzamos o primeiro portal e, do outro lado, há tanto inimigos quanto aliados, mais do primeiro do que do segundo. Mas as provações têm êxito. Você, heroína, será bem-sucedida se decidir manter o curso para seu novo destino.

A morte estará à espreita. Você morrerá para diversos modos de existir, pois, como os egípcios, você acredita na ressurreição. Ou, como os católicos, na vida eterna, ou, como os espíritas, na reencarnação. Há uma nova existência à espera. Isso vai manter seu curso, seu norte, porém será a transformação, e não o tesouro. Você vai entender, depois que o pior passar, que a jornada é sempre mais importante do que o destino.

"It is good to have an end to journey toward, but it is the journey that matters in the end" (traduzindo: "É bom ter um fim para a jornada, mas é a jornada que importa no final", diz Ursula K. Le Guin.

É no caminho que derrubamos os preconceitos, a culpa e a falta de responsabilidade própria pelo que causamos a nós mesmos e aos outros. Ficam para trás a intolerância e os desafetos, aprende-se a dizer aquele "não" merecido e há muito adiado. Deixamos pretensos amores na estrada e seguimos em frente, às vezes somente com a bagagem de mão, mas com a confiança de que podemos andar sozinhas, afinal, já passamos por tantas provas! Como está escrito na Bíblia, a segurança de uma nova criatura é cunhada no fogo, tal qual vidro. Assim, não se quebra tão facilmente. E, mais fortes, somos capazes de descobrir novas culturas, com menos preconceitos.

O Egito é reconhecido como berço da arquitetura atual. A engenharia usada para construir as pirâmides, desde a escalonada pirâmide de Djoser, ou de degraus (construída em 2630 a.C.),[9] até as três que vemos nas fotografias junto à Esfinge (Quéops, Quéfren e Miquerinos, construídas em cerca de 2700 a.C.), é a inspiração para toda e qualquer construção, e até hoje não se sabe exatamente como essa construção se deu.

Consta que o legado cultural data de 3400 a.C., e há não somente obras arquitetônicas de cair o queixo, como pinturas e esculturas que mostram uma civilização desenvolvida e criativa ao extremo. É na arte que temos a semente do desenvolvimento humano, é o que deixamos para as futuras gerações como expressão do povo que somos agora. E por que não as joias, que também são uma forma de arte? Além de serem deslumbrantes.

O decifrar dos hieróglifos trouxe obras literárias de imenso valor e nos fez compreender o que significava cada uma daquelas figurinhas entalhadas em pedra. Há toda uma história gravada, por vezes em relevo, nas paredes dos monumentos funerários, que hoje sabemos que são tumbas. Uma má compreensão dos hieróglifos pode distorcer a verdadeira mensagem que eles queriam registrar. Há livros que, de acordo com Davis (2017) tiveram seus títulos traduzidos errado. Por exemplo, o *Livro dos mortos* deveria ser: *Saída para a luz do dia*. Você assistiu ao filme *O retorno da múmia*?

Os hieróglifos egípcios foram decifrados graças a Jean-François Champollion:

> [Com] seu conhecimento da língua Copta – dialeto egípcio escrito basicamente com letras do alfabeto grego – e utilizando o texto grego como referência, Champollion foi capaz de selecionar os nomes equivalentes no texto egípcio

---

9. Projetada por Imhotep, o arquiteto real, como tumba do faraó, está localizada na necrópole de Saqqara. Para alguns egiptólogos é a primeira do Egito.

e aprender o som de muitos dos caracteres dos hieróglifos, o que possibilitou a tradução de muitas palavras egípcias da inscrição (Davis, 2017:64).

O processo de mumificação trouxe avanços para a medicina, pois, durante muito tempo, em especial na Idade Média, violar o corpo para pesquisa e estudo era crime grave. Nos achados egípcios, havia uma descrição minuciosa de como abrir o corpo e retirar os órgãos, assim como a cauterização e retirada de membros. Era uma sofisticada arte funerária em uma civilização de 5 mil anos. A medicina agradece.

O calendário que está em cima da sua mesa? Pois é, Davis (2017:99) relata que os egípcios:

> além de desenvolverem o primeiro governo nacional do mundo, ainda criaram o calendário de 365 dias, foram pioneiros na geometria e astronomia, desenvolveram uma das primeiras formas de escrita e inventaram o papiro – o material que se assemelha ao papel e que foi essencial para a confecção do livro.

Foi um país de imenso valor, apesar das imagens que temos hoje pela mídia, e o legado do Egito é incalculável, não somente na mitologia, mas em cada detalhe de nossa vida que nem imaginamos.

O delineador que passamos nas pálpebras (hoje há até caneta para quem não consegue firmar a mão), os cabelos com a progressiva – que vem daquela inspiração das mulheres egípcias de longas e sedosas madeixas negras –, as roupas – que caíam perfeitamente em seus corpos, alongando a silhueta – e tantas outras coisas são inspirações que a moda tira da civilização egípcia.

Hoje, é um país que sobrevive do turismo, o qual diminuiu muito desde os atentados terroristas que atingiram o norte da África. Quando nós chegamos ao Egito, estava vazio. O lado bom é que pude ver os monumentos sem a muvuca das hordas do povo de sandália (e nem são havaianas). O outro não tão bom assim é que o país perde muito, pois sua economia, que depende basicamente dos dólares que entram, sofre demais.

Vi lixo espalhado pelas ruas de todo o Egito, montanhas de lixo. As pessoas andavam se desviando dos sacos. Não há higiene nem organização no trânsito, os poucos semáforos que funcionam não são respeitados pela população, atravessar a rua é quase tão difícil quanto no Vietnã. Por conta da situação econômica, as empresas que fazem os passeios turísticos cobram muito caro, como se tirassem de cada *tour* o correspondente ao orçamento anual.

É possível encontrar guias que não te exploram e que valorizam a herança cultural do país acima de tudo. Eu encontrei, assim como conheci, muita gente simples, disposta a ajudar e a acolher. Generosos, com desejo real de compartilhar o que possuem, respondiam às mais indiscretas perguntas de uma brasileira curiosa.

É isso que fica do país para mim: o acolhimento do povo e o imenso valor histórico-cultural que a civilização nos legou. E, infelizmente, a supressão completa e irremediável do feminino.

> *Boa tarde, aqui quem fala é o comandante.*
> *O céu está claro na nossa chegada,*
> *e a temperatura está em torno de 22 °C.*
> *Estamos nos aproximando do destino final.*
> *Não esqueçam sua bagagem de mão localizada*
> *no compartimento acima de sua poltrona.*
> *Desliguem o celular e os aparelhos eletrônicos*
> *ou coloquem em modo avião. Retornem sua*
> *poltrona para a posição vertical, travem sua*
> *mesinha e respeitem o aviso de não fumar.*
> *Ajustem os cintos de segurança.*

Islândia

You are only free when you realize you belong no place – you belong every place – no place at all. The price is high. The reward is great.

Você só é livre quando se dá conta de que não pertence a lugar algum, que pertence a todo lugar, nenhum lugar de fato. O preço é alto. A recompensa é fantástica.

MAYA ANGELOU, 1989:22

Islândia: o que é que a baiana tem?

O estado da Bahia é famoso não só pela sua culinária e música mas principalmente pela pergunta nunca devidamente respondida: o que é que a baiana tem? Jorge Amado não sabe. Gal Costa tem, mas não sabemos o quê. Caetano tentou responder, em vão, ou não. Bahia de todos os santos, para mim, o melhor santo fica num morro: Morro de São Paulo, a despeito da quantidade de argentinos por metro quadrado (esse povo não tem praia própria?). Sempre tenho a impressão de que tem algo mais e eu nunca vou descobrir o que é, por mais vezes que volte, não sei o que a baiana tem, nem tampouco a Bahia.

Mesma coisa a Islândia.

Inveja pura me levou ao país. Nunca esteve na minha lista, até começar a participar de um grupo de viagens fundado por americanas, somente para mulheres, a GLT: Girls Love Travel (garotas amam viajar). No grupo, num determinado momento, todas postavam fotos da terra do gelo. Quem ainda não havia ido estava com viagem marcada, passagem comprada, carro alugado, acampamento, *hostel*, qualquer coisa, mas todas iam.

Pensei comigo: se esse povo vai, por que eu não posso ir? Pura inveja.

Então, coloquei esse pequeno país no meu mapa. Comecei as pesquisas e descobri que um café custava 10 dólares. Ah!! Estava explicado porque nunca esteve nos meus planos. Para ver a aurora boreal, planejei a viagem com oito meses de antecedência, guardei dinheiro no pote, escolhi os *hostels* a dedo e levei comida da Noruega na mala. Na Islândia, tudo é absurdamente caro. Para qualquer cidadão, de qualquer lugar do mundo. Imagina para quem ganha em real? Uma diária custa cerca de R$ 700,00 – em baixa temporada. Se tiver sorte, haverá banheiro no quarto. Café da manhã? Não me faça rir.

Minhas viagens são sempre no modo econômico. Fico em *hostel*, às vezes em hotel – no sudeste asiático, por exemplo, é possível, porque é muito barato –, faço somente uma refeição em restaurante que os locais comem, passo no supermercado e me abasteço para as outras, pego transporte público sempre que possível e não contrato agência, a não ser que o país seja perigoso e eu, sozinha, não queira encarar as angústias de um voo solo.

Impossível na ilha de fogo e gelo, a não ser que alugasse um carro e topasse armar uma barraca na neve.

Minha companheira de viagem, alucinada pelo esporte, como eu, não tinha a grana para a viagem. Lá estava eu: só e invejosa. Fui.

Desci em Kleykavik, com uma espécie de Sol no horizonte. Estava se pondo, pelo menos eu pensei que sim. Eram 23h45. Junho de 2017. Descobri que ele nunca se põe de fato nessa época do ano. Fica menos claro, mas nunca escuro. A máscara de dormir não adianta muito, e nem sempre há uma cortina *blackout*.

Jogo no "deve ser cultural", a maneira mais fácil para eu ser tolerante com as diferenças culturais, às vezes irreconciliáveis com meus preconceitos. Quando penso "faz parte da cultura do povo", imediatamente relaxo. Não há argumentos contrários nesse caso, você tem de aceitar. Quando oferecem comida, não recuse, é de fato uma ofensa em qualquer lugar do mundo. Coma peixe com gosto de soda cáustica, mas não recuse. Em geral, a comida é muito cara. É cultural, pronto.

Tive de contratar um *tour* por uma agência australiana, a mesma que usei para atravessar o Camboja. Você compra o *tour on-line*, paga com cartão de crédito e se encontra com eles no destino, num determinado hotel ou albergue, seja lá onde for. Há sempre muito tempo livre e muitos viajantes sozinhos ou casais de meia-idade. É uma empresa organicamente correta, digo, politicamente correta: não use plástico, consumo de água consciente, esse tipo de coisa.

O *tour* envolvia o país inteiro (o bairro da Vila Mariana, mais ou menos). Havia economizado e escolhi o melhor custo-benefício. Dez dias de viagem, nunca mais iria voltar ali, por causa do custo, então melhor ver tudo o que há de uma vez e me despedir, sabendo que fiz tudo que dava, até o último centavo. Essa viagem me custou o mesmo que a viagem para a Grécia + todo o Sudeste Asiático (Vietnã e Tailândia – que fiz sozinha, por conta –, e o Camboja – pela agência) + Praga e Budapeste. Pois! A Islândia me custou o mesmo que três viagens. E nunca vi coisa mais diferente na vida.

> Empurrada, segundo os geólogos, pelo fogo do fundo do mar, é uma terra selvagem de desolação e lava engolida durante muitos meses por negras tempestades, com um verão de uma beleza selvagem e brilhante, no Oceano Nórdico com suas *yokuls* (montanhas de neve), gêiseres (fontes de água quente) borbulhantes, lagoas de enxofre e tórridas fendas vulcânicas, semelhantes a um desolado e caótico campo de batalha do Gelo e Fogo. Há uma literatura e memórias escritas. Muito se teria perdido se a Islândia não tivesse irrompido do mar, nem tivesse sido descoberta pelos nórdicos (Bulfinch, 2016:331).

E nunca me apaixonei tanto por um lugar. Não sei o motivo. Pelo menos não exatamente. Suspeito de alguns: não há gente. Consequência: não há fila e é silencioso. Caminhe milhas e milhas e não verá ninguém.

Como eu moro em São Paulo, temos fila para fazer xixi, pegar o pão, pagar o pão, falar com o cara do pão, medir o pão, cheirar o pão, entrar no ônibus, sair do ônibus, ficar em pé no melhor lugar do ônibus. Já deu para entender, certo? Fila. Para tudo. O tempo todo.

Lembro-me de uma exposição de Ron Mueck, na Pinacoteca do Estado, em 2015, em que fiquei três horas na fila e era verão. Quando entramos, alguém do lado de dentro apressava a visitação das salas (tipo três salinhas), dizendo: "Vamos, andando, rápido, vai, anda logo!". E, tudo o que eu pensava era: "Preciso ir ao banheiro". Imediatamente, minha mente dava um *bug*: "E a fila no banheiro?". A fome dominava minhas amigas (é óbvio que já estavam de mau-humor também). Não aproveitei nada daquela exposição, fiquei inclusive com raiva do Ron Mueck.

Desde então, evito exposições. E olha que eu gosto.

Na pequena ilha localizada quase no Ártico não há fila. Para nada. Nunca. Apenas 32 mil habitantes, com a maioria concentrada em Reykjavík e Akureyri. A capital é pequena e charmosa, com muita arte na rua. O que não é café é galeria de arte, isso quando você não tromba com fotografias e livros no meio das calçadas.

Exposição? De graça. Sem fila. De tudo. Mas o cafezinho... Custa os olhos da cara!

A cidade é um conjunto de ruas limpas, organizadas e charmosas, inserida na imensidão da natureza, como se flutuasse no espaço que, na verdade, é cru. A Islândia é natureza pura, hostil, em sua melhor forma. Ou você se adapta ao que tem ao seu redor ou morre. Meses de sol e luz (frio constante, menos frio alguns dias) e meses de escuridão total, vulcões que podem explodir a qualquer momento, atividade sísmica ininterrupta: são pelo menos 20 pequenos terremotos – que não se sentem – por dia, incontáveis quedas d'água (eles chamam tudo de cachoeira, mas se você já viu Foz do Iguaçu, algumas parecem apenas poças d'água), gêiseres e *icebergs*.

Em 1854, Thoreau (2017:209) retratou isso, e não era na Islândia: toda a natureza se congratula com você, e, por alguns instantes, você tem motivos para se sentir abençoado.

E a capital está lá. Fazendo o quê, ninguém sabe. E, de uma forma estranha, mas homogênea, está lá. As cidades não são um ambiente artificial, como os nossos municípios. Reykjavík se funde com a natureza. Há uma simbiose entre a cidade e o meio ambiente, uma perfeita interação. Talvez a cidade esteja lá para fornecer abrigo. Venta muito e pode ficar menos frio, mas não peguei dias de calor, nem mesmo de temperatura agradável. Era verão. Chove também. Quando o ambiente é hostil, as pessoas se ajudam – porque não tem jeito mesmo.

Weiner (2008) comenta que essa é uma das chaves para encontrar a ajuda mútua. Nos países mais felizes do mundo, os habitantes se auxiliam de todas as formas. Quando a neve se acumula e você não consegue sair de casa, o vizinho chega com a pá e a tira da sua porta da frente. Ele coloca correntes nos pneus do carro para que você possa ir trabalhar naquele dia em que tudo desliza em função do gelo na pista. Os habitantes de um condomínio, seja de casas ou de apartamentos, possuem as chaves uns dos outros para, em caso de emergência, entrar e ajudar.

Ajuda mútua é a chave para a felicidade.

Precisamos compartilhar nossos talentos para sermos mais felizes, nos unir e auxiliar naquilo que pudermos.

Na minha terra, há uma recomendação popular que diz: "Nunca negue comida ou água para um forasteiro/estrangeiro". Se alguém bater na sua porta e pedir um dos dois, não negue. Claro que venho de um lugar muito pequeno, do interior do Nordeste do Brasil. Conhecíamos quase todos na cidade.

Na Bíblia, em *Hebreus* 13:2, diz-se que cada forasteiro pode ser um anjo, por isso a hospitalidade é tão importante. Você pode estar hospedando um anjo, ajudar uma criatura iluminada que apareceu no seu caminho.

Nos países budistas, a ajuda que você oferece a estranhos ou conhecidos lhe dá um saldo positivo na balança eterna do carma. Acreditam que, para cada ato bondoso sem esperar nada em troca, você acumula pontos na loteria do carma da vida. Se o saldo final for positivo, você alcança o nirvana, ou a salvação, ou o céu, ou seja lá o que for.

Na Islândia, eles se ajudam. E ajudam aos turistas também. Mais de uma vez me foi oferecida ajuda sem que eu pedisse. Estava com um mapa na mão e algumas pessoas do nada perguntaram: "Precisa de ajuda? Para onde você vai?". No Japão, saíam dos seus caminhos, deixavam seus compromissos e me levavam até onde eu queria chegar. Hospitalidade que atravessa fronteiras. E não, não pediam nada em troca. Somente pelo prazer de fazer ou pelo orgulho de que seu país seja reconhecido como um local acolhedor ou pelo acúmulo de carma positivo.

Não sei. Só sei que foi assim.

Na *wicca*, há uma única lei, a lei tríplice ou lei de três, que determina que tudo aquilo que fizer retornará a você nesta vida multiplicado por três. Portanto, a cada coisa que você fizer, terá de volta três em igual proporção. Sejam elas boas ou más, suas ações retornarão a você. Mesmo não sendo budista, xintoísta ou hinduísta (nenhum "ista", na verdade), isso é real. Sou infinitamente abençoada, para usar uma palavra de cunho religioso, em minhas viagens. Nunca fui assaltada, roubada ou violentada de nenhum jeito. Sim, fui enganada por taxistas, vendedores ambulantes, já paguei mais do que valia determinada coisa, tudo isso já me aconteceu, mas eu sabia antes de ir, pois acontece com todo mundo. Entretanto, nunca corri perigo e sempre que precisei de ajuda, obtive-a. Da mesma forma, ofereço ajuda e, sempre que posso, oriento as pessoas em suas travessias ou jornadas para os lugares em que já estive. E tudo volta para mim, como mágica.

Carma (*fil rel*, no hinduísmo e no budismo): lei que afirma a sujeição humana à causalidade moral, de tal forma que toda ação boa ou má gera uma reação que retorna com a mesma qualidade e intensidade a quem a realizou, nesta ou em uma encarnação futura. A transformação ocorre para o aperfeiçoamento (mosca, o fim do ciclo das reencarnações) ou de forma regressiva (o renascimento como animal, vegetal ou mineral).

Silêncio (uma confissão vergonhosa aqui). Às vezes, ouço alguém gritando ao celular na rua, abro a janela e grito: "Fala baixo!". Ou um cachorro latindo e digo: "Cachorro chato, leva o bicho para passear ou dá comida, deve estar com fome! Dono mau!".

No metrô, além dos vendedores que gritam, não consigo entender o povo falando sobre doença venérea e caso extraconjugal ao celular. Ali, na frente de um monte de estranhos. E não é falando, é berrando. Nem os sons normais (dos trilhos e anúncios) conseguem abafar o volume das pessoas que usam o celular indiscriminadamente. Nem o meu fone de ouvido dá conta do recado.

Kalil Gibran, poeta e escritor, escreveu que aprendeu o silêncio com os faladores, a tolerância com os intolerantes, a bondade com os maldosos e, por mais estranho que possa parecer, não era grato a esses professores.

Barulho é fedor nos ouvidos. Há pessoas que falam ininterruptamente. Já reparou que há gente que não para? Nunca? Emenda um assunto no outro e aumenta a voz, ou para que sua opinião prevaleça, ou para ser mais bem ouvido.

Uma cultura baseada no barulho: chegar em casa, ligar a TV e o celular. O som da TV é para fazer companhia. Barulho de buzina, ambulância, polícia, bombeiro. Barulho. São Paulo. E qualquer cidade grande.

Na Islândia, é um silêncio só. Tudo o que você ouve é o balir das ovelhas e, eventualmente, os cavalos chamando seus pares ou apenas cantando. Não sei ao certo o que o relinchar quer dizer, ainda não sou fluente nessa língua. Até isso é silêncio para mim. O córrego num bosque, os pássaros que fogem de algum lugar seguro e vêm para a varanda e são como um precioso canto da natureza. Não incomoda, na verdade acalma, lança paz na sua alma.

Quilômetros de estradas recém-construídas em absoluto silêncio.

Quando aprendemos o peso das palavras, passamos a valorizar o silêncio. Silêncio também é resposta.

Além de silenciosa, é segura, talvez por ser uma ilha. Fernando de Noronha também é uma ilha segura. Quem é que vai matar uma criatura e sair nadando, não é?

Se alguém comete um crime, foi o seu primo de segundo grau, porque todo mundo tem um parentesco por lá. É tão pequeno que, no churrasco de domingo, você dá de cara com o desconhecido com quem ficou na noite passada. Provavelmente, é vizinho da sua tia.

O último crime na Islândia foi pichar a igreja central, e foi elucidado em meia hora. Autoria, coautoria e circunstâncias especiais: bêbados. Bebem muito. Antigamente, eram bebidas como uísque e vodca. Agora, se contentam em ficar bêbados com cerveja e vinho, que é menos caro. Começam a beber em casa e vão para um bar (tem de punk a funk em Reykjavík) e levam a garrafa. Deixam-na no meio-fio e, a cada dez minutos, vão lá fora e dão uns goles. Dentro do bar, compram apenas uma cerveja, que, estranhamente, dura a noite toda.

Mesmo com tanta bebedeira, não há violência.

Independência ou cultura escandinava do faça você mesmo. Assim como na Noruega, faz-se de tudo. Você só paga se quiser, para tomar um café de máquina ou para sentar, procurar o açúcar e devolver a xícara depois. Faça você mesmo não é um lema de uma loja de bricolagem, é uma maneira de viver. As crianças se servem, vão para a salinha de brinquedo (ou como quer que se chame aquele lugar) sem sapatos (tiram os sapatos para entrar nos locais, como no Japão e no Canadá) e brincam sozinhas; se alimentam, conversam entre si e, se bobear, até pagam a conta. Correm livres e soltas até mesmo nas estradas. E nada acontece. Ninguém te serve, a não ser nos restaurantes do guia Michelin, se é que há algum, ou te paparica.

Foi o primeiro país a que fui – número 41 – onde as criaturas não esboçaram qualquer reação quando falei que era do Brasil. Estava tão acostumada com os "Ohhhhh! Uhhhh! Caramba! Uau!", que fiquei um tanto surpresa na Islândia com a indiferença.

Toda a Escandinávia é assim. O que pode ser interpretado como um "tanto faz" é apenas uma maneira das pessoas se portarem. Como somos um tanto sensíveis aqui em terras brasileiras, isso pode assustar. Acho que aqui damos demasiada importância à reação das pessoas. Na Escandinávia, ninguém se importa e, o mais importante, não finge que se importa.

Conheci uma senhora, professora de islandês, que falava um inglês razoável (o país é bilíngue). Ela me recebeu em sua casa para um café. Eu passei na padoca – e não tinha fila – e levei uma espécie de torta salgada. Conversamos sobre o país e as maravilhas da natureza. Em duas ocasiões, o jeitinho islandês me fez rir. Na primeira, quando ela me mostrou umas fotos, cujo pano de fundo era uma montanha com os picos nevados e eu, que adoro montanha, disse:

– Que lindo!

Ela respondeu sem pestanejar:

– Não tem nada demais, é só uma paisagem normal.

A outra ocasião foi quando eu me despedi e perguntei se ela me faria um desconto nas aulas, caso eu quisesse aprender islandês, no que ela respondeu:

– Não.

Desatei a rir e ela não entendeu. Expliquei que a maneira de reagir do povo local é completamente diferente da nossa. Ela começou a se desculpar e eu a interrompi e disse:

– Sei que é traço cultural, não se preocupe, não me incomoda.

De fato, não me incomoda. Acho até reconfortante. A Alemanha, por exemplo, é conhecida por ser brusca, sem papas na língua, francos demais. Isso é uma das coisas que gosto no país.

É um país secular, laico de verdade, não só na Constituição. Na verdade, se declara luterano, mas ninguém pratica, ou quase ninguém. Quando perguntei ao guia sobre a religião, ele falou que eram luteranos, que aprendiam alguns hinos, mas não iam à Igreja, só quando se casavam. Acreditam em elfos (na mitologia nórdica e celta, são espíritos do ar, geralmente de pequeno porte, espertos, travessos, belos e luminosos, a exemplo das fadas), mas não necessariamente num Deus.

Perguntei se havia católicos e ele disse que eram 10 mil.

– Você sabe quem eles são, onde moram e o que comem?

Ele riu e disse:

– Sabemos de tudo aqui. É uma ilha.

Ateus com boas intenções. O paganismo reinou na ilha até o ano 1000 e influenciou a vida dos islandeses desde sempre. O povo deixa de construir uma estrada se ela passar pela habitação dos povos da floresta, como elfos, criaturas mágicas, druidas etc.

Acreditava-se que os elfos, excelentes artífices, construíram o martelo de Thor e eram divididos em negros e brancos. Bulfinch (2016:328-329) esclarece a diferença entre os dois:

> Os espíritos brancos, ou Elfos da Luz, eram dotados de grande beleza, mais brilhantes que o Sol e traziam vestes delicadas e transparentes; amavam a

luz, eram benevolentes com a humanidade e, em geral, tinham o aspecto de crianças louras e belas. Os Elfos da noite eram criaturas diferentes: anões feios, narigudos, de uma cor escura e suja, que apareciam somente à noite, pois evitavam o Sol como o inimigo mais mortal, pois, uma vez que os raios solares caíssem sobre eles, transformavam-se imediatamente em pedras.

Os elfos habitam em cavernas e covas subterrâneas, então, na crença absoluta de que sua morada é a floresta, o povo respeita a natureza. Eles respeitam a morada do povo da floresta.

O povo é simples. Em geral, as pessoas têm dois ou três empregos, porque o custo de vida é alto e quase todo mundo é poeta ou escritor ou toca algum instrumento. A produção cultural do país é imensa. O interessante é que, mesmo com essa explosão cultural, o povo é simples. Reparei a mesma coisa na Noruega.

Os países da Escandinávia têm um alto poder aquisitivo, são eleitos anos consecutivos como os melhores do mundo em qualidade de vida e até naquele índice GNH (*Gross National Hapiness*/ Índice de Felicidade Nacional) atingem os primeiros lugares. Na lista, sempre vemos: Dinamarca, Noruega e Islândia. A Suíça também aparece, mas isso é outra história.

A terra do gelo é culta, rica, feliz – a despeito da temperatura – e simples.

Há um conceito mundialmente conhecido sobre o novo rico. Começou na Europa, quando a burguesia atingiu o *status* de gente de poder. A monarquia foi jogada para escanteio e quem tinha dinheiro começou a comprar títulos da aristocracia. Num determinado momento, qualquer um podia ser duque, conde ou algo que o valha. Então, o dinheiro novo começou a jorrar e quem detinha esse poder comprava tudo que havia pela frente, menos o respeito de quem era nobre por direito.

Lembro-me de uma novela que se chamava *Rainha da sucata*, com a atriz Regina Duarte, e *Roque Santeiro*, em que fazia o papel de viúva Porcina (mesma atriz, talento inegável). Ela era a representação do dinheiro sem berço, como denominam até hoje as famílias quatrocentonas de São Paulo. O luxo do lixo. O dinheiro compra tudo, menos as boas maneiras. Saiu do mato, mas o mato não saiu dela. Inúmeros ditados populares confirmam esse julgamento das classes abastadas àqueles que conseguiram ser mais ricos do que muitos aristocratas falidos.

A Escandinávia é o contrário de tudo isso. São riquíssimos, mas não falam sobre dinheiro. Não compram carros caríssimos para impressionar os vizinhos, a mulher ou o sogro. Compram carros práticos, com tecnologias atuais, para derrapar menos no gelo. Compram roupas em lojas de segunda mão, para se abrigar melhor no inverno. E não se gabam de suas produções culturais.

Todo mundo tem mais de um emprego, mudam de carreira como trocam de roupa. Não há uma casta, como aqui, no Ocidente, e na Índia. Aqui, você se forma em direito, advoga, faz concurso e pode (que a Deusa nos livre disso) seguir uma carreira política. Se você começar com finanças, não vai pular para tecnologia no ano que vem, porque o sistema exige essa "adequação" (ou prisão), e não dá a oportunidade de mudar. Você será julgado, colocado de escanteio cada vez que mencionar que deseja trocar de carreira, pois ao começar uma vai morrer nela, mesmo que volte para o banco da faculdade e faça mestrado. Aqui, pular de casta é complicado, quase impossível.

Na Islândia, você começa como professor e amanhã pode virar guia de turismo, basta um cursinho. Conheci uma moça, muito bonita – loira, de olhos profundamente verdes e uma ótima energia – em uma fazenda no norte do país. Fiquei hospedada em uma fazenda de cavalos, na qual havia chalés distanciados uns dos outros e longe da casa principal. Paraíso. Enfim, a moça fazia mestrado em biologia molecular e estava na fazenda limpando estábulos e escovando cavalos, um trabalho de verão. Ela já tinha publicado um livro de poesias e tocava piano. Então, você limpa b**** de cavalo e é escritora, além de tocar Mozart.

De todas as mulheres que conheci na Islândia (todas foram muito simpáticas, sem exceção) não vi nenhuma com o arquétipo de Afrodite. Vi muitas Atenas e Ártemis. Mulheres superdiretas, ou para usar a palavra da moda, assertivas, totalmente independentes e seguras de si. Com as características das deusas que são uma-em-si-mesma. Elas se bastam. Talvez por isso os salários sejam iguais e não haja estupro ou assédio no país – traço comum em toda a Escandinávia.

Weiner (2008:229) conta a história de Jared, um americano que se encantou com a Islândia quando fez uma escala de algumas horas. Depois disso, procurou mudar-se do Texas para lá. Apaixonou-se perdidamente pelo país (eu entendo). Pois bem, ele ama quase tudo na Islândia, com exceção do tamanho do local, muito pequeno, a ponto de, às vezes, deixá-lo claustrofóbico, e das mulheres tão independentes que nem lhe permitem que abra as portas para elas passarem.

A Islândia publicou uma emenda de lei para igualar os salários de homens e mulheres. Em 2016, a diferença de salários ainda era de 14% a 18% a mais para os homens. A lei, que existia desde 1961, determinava que os empregados fossem pagos igualmente, independentemente de sexo, etnia, sexualidade ou nacionalidade. Agora, as empresas com mais de 25 empregados devem ter um certificado para provar que pagam igualmente a homens e mulheres. O objetivo é a igualdade total até 2022.

Atena e Ártemis são as islandesas. Desencanadas em termos de aparência, usam o que é mais prático, o que vai deixá-las confortáveis e agasalhadas. Aliás, a simplicidade é um traço do povo.

O que vale no nosso Ocidente é o título, o cargo, a organização para a qual se trabalha, a roupa que se usa e o carro que se possui. Quanto maior, melhor. Freud já explicava essa relação entre o tamanho do "brinquedo" *versus* o tamanho do... *ego*. Uma sociedade narcisista que se espelha na americana. Um monte de *junk food* (porcaria, comida rica em calorias e de baixa qualidade nutritiva) espalhada por aí e uma enorme taxa de obesidade. De egos.

Lembra quando a gente comia salada, arroz, feijão e bife? Americanizamos o nosso país e nosso paladar.

A conversa que tive com os islandeses girava em torno dos livros que haviam lido e dos filmes a que assistiram. Quando o assunto acabava e reinava uma espécie de silêncio constrangedor, perguntavam-me o que eu fazia da vida. Não importava o trabalho, cargo ou título. Nunca ninguém me perguntou se eu era proprietária do apartamento em que vivo ou se o alugo, nem se tenho carro. Não é apenas educação que os impede de perguntar, é que eles não estão nem aí para isso. Ninguém julga você pela roupa que usa ou pelo cargo que ocupa.

Quando Weiner (2008:212) entrevistou um islandês, comentou que havia uma ingenuidade, até mesmo uma ignorância no país, que era o traço mais marcante da população. Era como andar num campo minado sem saber que havia minas por lá, então você continuava andando despreocupado. É essa atitude despreocupada que se vê em todos os lugares. Talvez seja fruto da ignorância mesmo, ou talvez seja porque eles não se preocupam com o futuro.

Que futuro? Se você perder seu emprego pela manhã, à tarde, lá pelas 13 horas, já vai estar em outro local.

Escola, saúde e auxílio moradia são providenciados pelo governo. Na verdade, por você mesmo, ao pagar seus impostos. A questão é que lá os impostos, altíssimos, têm um fim digno, pois se você ficar desempregado poderá, de fato, viver com o auxílio-desemprego.

Mulheres ganham o mesmo que os homens. Abrem as portas e são independentes. Clamam seu lugar ao Sol e obtêm o mesmo. Casam e descasam. Aliás, nem casam. Sexo casual é comum e ninguém julga uma mulher porque ela teve mais de dois parceiros na vida. O que vale para o homem vale para ela.

Também as mulheres têm três empregos. A questão é: há empregos. Para todos.

Pergunto-me para onde vai tudo que pago de impostos, pois tenho de pagar escola particular para meu filho, porque a pública é uma desgraça, tenho de pagar convênio médico senão morro da fila do SUS. Dentista, então! Preciso economizar o valor de um carro para tratar os canais e as cáries. Implante? Quem sabe em dois anos, sem sair de casa à noite.

Um dos motivos que me levaram a prestar concurso foi que o salário era o mesmo para homens e mulheres. Claro que ainda esperam que nós façamos o café.

Amotinei-me no trabalho desde a semana passada.

Pela manhã, só faço café para mim. Chego às 7 horas. Quem chega às 10 ou às 11 que se vire. "O café acabou!", exclama o colega que chega mais tarde. Faço ouvidos moucos. E ainda temos de comprar o café, o filtro, lavar a cafeteira, o forno de micro-ondas (não há fogão na copa). Enfim, continuamos nos papéis das nossas avós, mesmo com salários iguais (em apenas poucos lugares nesse país tão imenso).

A revolução do café. Quão pequenas são nossas revoluções! Quando viajo, sempre que posso, sento em um café e fico observando as pessoas. Uma tentativa de absorver algo do seu comportamento, para esboçar uma imagem cultural e social do local. Ao observar os casais na Islândia, uma coisa ficou muito clara: não há dependência. Poucos casais de mãos dadas, cada um no seu espaço, juntos, mas independentes. Conversam e leem seus livros, batem papo com outras pessoas. Educam (ou sei lá) suas crianças em conjunto. As mulheres não se intimidam em falar com os homens, nem os homens em bater papo com a atendente ou a garçonete, ou seja lá quem for.

Se há um casal na rua aqui e eu preciso de informação, pergunto para a mulher. Em respeito ao *status* de casal. Mas o fato é que nos sentimos intimidadas pelos homens. Não conversamos com o marido ou namorado de nossas amigas, há respeito, sim, claro, mas há também a questão do "não vamos dar margem para outras interpretações, não vamos causar ciúmes na nossa amiga nem seduzir o homem da outra".

Na fase de pesquisa, precisei de ajuda, muita ajuda, do então noivo de uma amiga (agora marido) versado em jogos e animes (desenho animado japa). Alguns dizem que é animação, mas é apenas um tipo de animação. A origem da palavra é incerta: pode ser do inglês, *animation*, ou do francês, *animé*. Primeiro mandei uma mensagem para ela, para avisar que iria contatá-lo, para só depois mandar uma mensagem no Facebook do noivo (não tenho o telefone). Aliás, muito obrigada, Marcelo!

Quanto cuidado.

Mimamos nossos meninos. Compramos e fazemos o seu café, lavamos e passamos suas roupas e arrumamos a cama depois que eles saem. E saímos apressadas para o nosso trabalho depois do excesso de carinho. Estão mal-acostumados.

A misoginia e o mau-trato perpetuados pela sociedade em que vivemos estão em função da nossa atitude como colegas, mães, esposas e namoradas. Perpetuamos um papel que deveria ter sido somente de suas mães.

Se você ainda não assistiu ao *Sorriso de Mona Lisa*, assista. Retrata a história de mulheres da elite intelectual dos Estados Unidos dos anos 1950, as pioneiras que foram à faculdade, e cujo objetivo era arrumar maridos e casar bem. Não tinham por meta estudar para aprender a pensar e ter um julgamento mais racional acerca de qualquer assunto escolhido ou ter uma carreira. Não. Estudar para casar melhor, para ser escolhida por um bom partido. Eram os anos 1950.

Estamos em 2018. Temos mestrados e doutorados. Nossa imaginação, bem alimentada pelos contos de fada, cria cenários nos quais o casamento parece ser a oitava maravilha. Cinderela fascina em diversas línguas e versões, pelo triunfo do esforço físico compensado, no final, com a ajuda da magia. A nossa heroína vence, a despeito da inveja e das condições abjetas. Como? Casando-se com o príncipe.

Para Robles (2013:256):

nessa trama, todavia, oculta-se mais de uma verdade lamentável a respeito da obstinação das mulheres medíocres, para as quais, perversas ou não, não há anseio maior do que aquele que se confirma com um bom casamento.

Muitos dos nossos colegas reclamam que mulher só sai com homem pelo dinheiro ou pelo carro que ele tem. Não vou negar que exista, mas o cenário mudou um pouco. Muitas mulheres têm empregos e algumas ganham mais do que os homens. E quando a mulher ganha mais, é mais culta, fala pelo menos três idiomas? Escolham, meninos, vocês também podem. Escolham a mulher não pela aparência, mas pelo conteúdo e pelo caráter.

A violência doméstica no nosso país é assustadora. A cada cinco minutos inúmeras mulheres são agredidas a tapas, murros e pontapés. Não é um quadro bonito. Agressão verbal é tida como uma coisa corriqueira. Acostumamo-nos com a agressividade dos homens e continuamos fazendo seu café. Se a mulher responde a qualquer investida, é grossa, bruta.

Ser meiga e suave é condição *sine qua non* da nossa existência nesse mundo. Ou fazer de conta que é. Especializamo-nos em deixar que eles pensem que são mais espertos, quando, na verdade, os manipulamos e eles fazem o que queremos. Claro que pulam a cerca de vez em quando, mas somos humanos, não é? Não, não é.

Manipulação e mentira não são armas que devam ser usadas, pois é um golpe baixo. Aproveitar-se da menor inteligência de qualquer criatura e usar artifícios físicos e biológicos não é digno. Se você, como eles, encara isso como uma guerra – o que é estúpido do mesmo jeito – não utilize armas que só você possui. Seu arsenal é maior do que isso. Use o cérebro, não o corpo. Você se expõe ao usar o corpo. A falsa liberdade sexual que dizemos ter atingido nos expõe ao ridículo, à exposição em si (pleonasmo, eu sei) e demonstra insegurança.

Quando alguém posta milhares de fotos do seu corpo, o que mostra de verdade? Que sua autoestima depende da quantidade de *likes* a ganhar? Pelo quê? Atributos físicos? Não seria melhor que a reconhecessem pela sua generosidade? Pela sua cultura e/ou inteligência? Porque você é batalhadora e, sozinha, cria o filho? Porque é independente? Que tipo de validação se procura quando se expõe o corpo da forma como ocorre nas redes sociais?

Sim, você pode e deve vestir o que quiser, mas tudo tem seu local adequado. Não vi ninguém na praia de vestido e salto. Aliás, minto. Vi no P12, em Florianópolis, numa praia que se chama Jurerê Internacional. Não sei ao certo porque acrescentaram esse internacional, mas, enfim! Havia mulheres de salto e maquiagem. Lindas. Loiras e bronzeadas. Ô terra de gente bonita! Mas eu nunca entendi o motivo de usar salto na praia.

Há lugar e hora para tudo, moderação deve ser usada da mesma forma que tomar Sol. Se você se expõe demais, vai ficar tostada, se de menos, vai faltar vitamina D. Vista o que quiser, mas escolha o local e a hora.

E se tentássemos cultivar nossa autoestima e ler mais? Assistir a filmes que acrescentem alguma coisa e conversar sobre eles? E se tentássemos fundar um clube do livro, do filme, da luta, do xadrez e assim por diante? Se tentássemos nos reunir em grupos e discutir ideias sobre como mudar nosso prédio, nosso bairro, nossa empresa?

Cooperação é um dos itens essenciais para a felicidade. Você é obrigado a cooperar, senão a natureza mata: seu carro vai estancar no gelo e você vai ficar preso por horas, até alguém aparecer para tirá-lo da enrascada. Pela manhã, sua porta não vai abrir, porque a neve até o teto impede. Seu carro não vai funcionar, nem a água: o cano congela. Se não houver cooperação entre os vizinhos, ninguém sobrevive.

E se, ao invés de disputarmos a atenção do homem (vulgo "biscoiteira", num grupo que participo), cooperássemos umas com as outras? Uma pequena revolução silenciosa aconteceria. Luís Fernando Veríssimo escreveu algo sobre isso na crônica "Como as mulheres dominaram o mundo".

E se a insegurança ficasse no consultório da terapeuta ou no colo da sua melhor amiga? Em vez de vestirmos (ou tirarmos) nossos medos, poderíamos aprender a lidar com eles e dançar, gritar – em casa ou no banheiro –, tomar sorvete, brincar na montanha-russa, pular de *bungee jumping*, viajar para o Afeganistão, assistir a um filme romântico e chorar, aprender esgrima, francês, mandarim, dança do ventre? Ou mil maneiras de preparar Neston!

Sua bondade é a melhor roupa, seu carinho real e genuíno, sua alegria, sua simpatia vestem bem. Sua inteligência cai tão bem em você qual linho, mas sem amassar. Não é para os homens nem para as mulheres que você se veste. Que seja para você mesma. Use o espelho do bom senso antes de sair de casa, pense no local e hora do Sol, olhe-se com afeto e respeito. Vista-se para a melhor versão de você mesma. Seja feminina se quiser, use vestido, salto, passe batom vermelho às 16 horas. Sem problema, mas não se vista para ultrajar as outras mulheres nem para seduzir o chefe, o colega de trabalho, o vizinho, o ex-alguma coisa que você vai ver quando sair do elevador. Seduza no quarto, na viagem a dois, no mar. Seduza a dois.

Quão pobre seríamos se tivéssemos somente o corpo para oferecer?

A mulher tem mais a oferecer ao mundo. Acredite em mim. O homem é mais que seu carro e seu bíceps. Deve ser mais.

Se fôssemos um pouco mais inteligentes, não haveria essa guerra de *egos* (ou sexos) e iríamos nos unir para derrubar governos corruptos, melhorar nossas escolas, deixar nossos filhos crescerem juntos, em comunidade; e usaríamos nossas habilidades complementares – de homens e mulheres – para fazer uma "gestão por competência" em nossos prédios, bairros, empresas, melhorar o atendimento nos hospitais, cuidar de nossos idosos e não só levantar da cadeira reservada do metrô sem fazer de conta que está dormindo.

Imagine que lindo seria!

Você sabe usar Excel? Fazer planilhas? Homem ou mulher, não importa, por favor, sente-se e faça uma planilha para gerenciar melhor o uso das verbas de gabinete dos deputados. Você tem habilidades manuais? Sabe trocar a resistência do chuveiro? Vamos passar em todos os apartamentos e verificar se alguém precisa, sem precisar chamar o eletricista. Economizamos energia dessa forma. Tem facilidade com idiomas? Vamos interpretar a fala dos vereadores. Vamos perfilar para ver em quem vamos votar para representar nossa cidade. Façamos entrevistas com os candidatos.

Se homens e mulheres trabalhassem juntos em suas competências, o prédio seria melhor, o bairro, a comunidade, o país. Sei que isso é utópico. Mas seria lindo, não?

Como povo pacífico e não covarde, digamos não à guerra, alcancemos nossa independência para que possamos comprar a liberdade e trabalhar em conjunto com alguém que a valorize. Não nos vendamos por pouco. Façamos a jornada só se for necessário, mas não aceitemos menos de alguém que nos vê pelo que somos, pelo carinho e tempo que investimos em uma relação, pelo esforço que fazemos para lembrá-los de tomar água, levar o guarda-chuva, se agasalhar, pelo café que servimos, por muitas vezes olhar para as necessidades do outro e não as nossas. Não nos contentemos com menos do que aquilo que damos.

Gostaria de acreditar que juntos, homens e mulheres, ao trabalharem seu *animus* e *anima* (os lados masculino e feminino da personalidade) chegariam mais cedo ao destino. Trabalhar em conjunto, para uma comunidade melhor, usar as melhores habilidades com uma boa e competente gestão. Gostaria de acreditar que isso seja possível.

Atualmente, no Brasil, dez mulheres sofrem estupro coletivo por dia e a cada onze minutos uma mulher é estuprada, enquanto outras incontáveis sofrem violência doméstica. O poder físico do homem continua sendo usado para humilhar, maltratar e submeter a mulher às suas vontades. Deprecia o ser que emprenha e dá à luz seus filhos, os mesmos que são deixados com as mães "solteiras" e que não recebem a pensão ou têm de se descabelar para receber R$ 40,00 por mês. Esse é o retrato do Brasil. Essa é nossa realidade.

Na Islândia, a reputação de uma mulher não é baseada na quantidade de homens que ela escolheu para ter relações sexuais, nem pela roupa que veste. Ela carrega suas próprias malas e se respeita e, por conseguinte, os homens a respeitam.

Num fim de semana qualquer de 2017, uma juíza foi assassinada pelo marido delegado, que depois se suicidou. Outro dia, um homem, dentro de um ônibus na Avenida Paulista, ejaculou no rosto de uma passageira. Outro, animado com a impunidade, apalpou na cara dura os seios de uma mulher dentro de outro ônibus.

Não há classes ou castas que protejam a mulher no Brasil. Violência é tão comum que estamos anestesiadas com tudo o que acontece e permitimos que aconteça. Não levantamos nossa voz. Mas, afinal, do que temos medo?

Sei que a justiça tem sua parcela de culpa, pois, quando a mulher se dirige à Delegacia da Mulher, ela é tratada como se tivesse culpa da violência sofrida, na maioria das vezes. O que foi que ela fez para causar isso?

A sociedade parte do princípio de que a mulher é culpada, mesmo quando é vítima de todo tipo de assédio. É como se nós fôssemos responsáveis por nosso infortúnio. A culpa é jogada para aquela que sofre o abuso, mais uma herança cristã e judaica.

Quanto mais caladas ficarmos, mais contribuiremos para encobrir o abuso. Se não apoiarmos nossa colega que está sofrendo, se nos calarmos ou apoiarmos o assediador para obter aprovação do grupo de homens e mulheres, seremos cúmplices do crime praticado. Não matamos, mas seguramos a arma e estimulamos a morte lenta e dolorosa de nossa colega de espécie. Partícipes de crime. Temos de nos munir de coragem para defender quem é assediado. Se não pudermos lutar com armas e escudos, lutemos com nossa denúncia. Se assistirmos a tudo paradas, como se nada estivesse acontecendo, para não perdemos o emprego, a posição, seja o que for, aí sim somos culpadas.

O mesmo vale para a situação do país na política. Permanecemos calados, apenas olhando o que é feito com os impostos que pagamos. Revertidos em nosso benefício é que não são. Continuamos a pagar por mordomias sem sentido num país de terceiro mundo. Frotas de carros nos tribunais para levar desembargadores e juízes, auxílio-moradia, auxílio paletó e assim por diante. E, quando querem cortar algo do orçamento, quem sofre é o servidor ou trabalhador comum: corta-se de quem tem menos. Isso não faz sentido.

Martin Luther King já disse que nossas vidas começam a terminar no dia em que permanecemos em silêncio sobre as coisas que importam.

Autoestima é coisa que precisa ser construída ao longo da vida, eu sei. Mantenha-se firme em sua postura. Se fizer tudo corretamente, dentro dos padrões estabelecidos e das leis, não há o que temer. Haverá outros empregos, outros trabalhos, outras buscas, outras jornadas. Mas quantas almas você tem? Não venda por pouco ou nada.

Faça um pacto com sua dignidade, ainda que lhe custe a aprovação do chefe, do marido, do contatinho, do pai ou da mãe. Vista-se de inteligência e aprenda a silenciar quando todos esperam que você exploda de raiva. Silencie sua angústia no trabalho enquanto planeja sua escapada. Um novo destino, uma nova janela, porta ou o que quer que seja. Planeje, programe-se, guarde dinheiro, invista em livros (sebo tem um monte, além de bibliotecas), estude, avance e consiga sua liberdade financeira. Esse é o primeiro passo para uma vida sem necessitar da validação dos outros.

Thoreau (2017:106) descreve a leitura como uma bênção:

> Uma palavra escrita é a mais valiosa relíquia. É algo ao mesmo tempo mais íntimo e mais universal do que qualquer outra obra de arte. É a obra de arte mais próxima da própria vida. Pode ser traduzida para todas as línguas, e não só lida, mas realmente soprada por todos os lábios humanos – representada não só na tela ou no mármore, mas esculpida no próprio sopro da vida.

Compre a sua liberdade. Não apenas com dinheiro, mas com educação. Educação é poder.

As mulheres foram impedidas de estudar durante séculos. Nossa educação se resumia em aprender a cozinhar, costurar ou bordar e, às vezes, a exemplo das gueixas, aprender a tocar um instrumento, de preferência o piano, a fim de entreter os pais, maridos ou pretendentes. Nossa avó ficava em casa cuidando dos onze filhos, olhando pela janela, deprimida, perdida em pensamentos, quando tinha uma trégua. O único meio de sobrevivência dela era o dinheiro do vovô.

Há muito isso mudou. Podemos frequentar faculdades, mesmo que tenhamos de depender de empréstimos e ter dois empregos. Campbell (2017:17) verifica que:

> Muitas das dificuldades que as mulheres enfrentam nos dias atuais decorrem do fato de estarem adentrando um campo de ação no mundo que antes era reservado aos homens, e para o qual não há modelos mitológicos femininos. Em consequência, a mulher se vê num relacionamento competitivo com o homem e nele pode perder o senso de sua natureza.

Na verdade, há modelos mitológicos femininos. A Atena de hoje pega o busão para ir para a faculdade às 18h30, depois que sai do trabalho. Isis dirige até a creche para pegar seu filhote, depois do expediente. Afrodite vai ao supermercado no domingo, pois não há tempo durante a semana. Ártemis faz academia no prédio mesmo, pois na rua é meio perigoso.

Podemos aprender muito com os mitos. Colocar um novo traje naqueles que conhecemos e até mesmo criar novos, refazendo a história com nossa vida e tecendo fios visíveis ou invisíveis de nosso destino, seguindo os passos das deusas que habitam em nós. Aprendemos com elas e usamos seus melhores atributos para ressignificar nossos papéis na sociedade. Adornamos nossa vida com as deusas e entendemos quem somos.

Com o objetivo de pagar a faculdade, eu dava aula até às 22 horas em Itapecerica da Serra, numa empresa multinacional. Pegava ônibus para voltar para São Paulo com o c* na mão. Horas de espera no ponto sem uma alma à vista. Lembro que o medo de ser atacada, estuprada e morta era o que passava pela minha cabeça naqueles momentos de espera. Não aconteceu nada de grave, ainda bem. Consegui concluir a faculdade, apesar de ser chamada várias vezes à tesouraria, no quarto ano principalmente, e ser estimulada, por assim dizer, a parar ou trancar o curso, pois atrasava os pagamentos. Aluguel, comida, transporte e faculdade.

Eu sei que é difícil. Ninguém me contou, eu vivi isso.

Você consegue. Nenhum caminho é fácil e não precisamos alardear nossos sofrimentos a fim de conseguir aprovação ou se vitimar para obter apoio. Seja seu próprio príncipe, salve-se. Precisamos de apoio sim, mas de pessoas que estejam de fato dispostas a nos ajudar sem julgar nossas escolhas, sem nos abater e destruir nossa autoestima. O mundo já é duro demais, sejamos um apoio para nossas irmãs e não um obstáculo.

Não fique com inveja da sua colega por ser mais magra ou ter a pele melhor, ou _____ (preencha lacuna). Pergunte a ela como conseguiu tal feito, observe e faça o mesmo ou algo parecido para se tornar aquilo que você deseja. Inveja destrói, corrói seu coração e aniquila sua alma. E da sua colega. Já competimos com homens para garantir nosso pão e de nossos filhos (você que espera que o pai contribua com R$100,00 para comprar o leite do filho que fizeram juntos), para que competirmos entre nós?

Sua mente é a melhor arma. Use-a, pois quando:

> Atena e Ártemis são aspectos bem desenvolvidos de sua personalidade, a mulher pode ser naturalmente positiva, raciocinar bem, saber o que almeja alcançar ou competir confortavelmente. Essas qualidades, longe de serem estranhas, são sentidas como expressões inerentes de quem ela é enquanto mulher e não se tem a impressão de serem qualidades de um *animus* masculino que age "por ela" (Bolen, 1990:75).

Conscientize a Atena que existe em você, use sua sabedoria e esperteza para calar, fazer planos, se armar. Não são atributos masculinos. São seus, estão ao seu alcance. Leia, se informe, estude, se eduque. Exatas não é território masculino. Jogos também não. Luta muito menos. Esportes há muito não são. Você pode ser o que quiser, basta resgatar a deusa Atena que está aí dentro.

Utilize o Uber ou táxi de outra mulher (há um novo aplicativo só de motoristas mulheres em São Paulo: ladydriver.com.br), compre roupas numa confecção feita por mulheres, priorize médicas e terapeutas mulheres, seja o apoio que você gostaria de ter (ou ser). Pequenas mudanças podem levar longe, juntas, ao ponto que precisamos: nossa liberdade.

O medo paralisa. Faça aulas de defesa pessoal, se puder pagar. Se não, faça ginástica em casa usando saco de feijão para fortalecer os braços. Assista a vídeos de luta no YouTube e imite os movimentos. Sobretudo, se fortaleça. Corpo e mente. O processo diário de fortalecimento é o que importa e não o destino, mas a jornada. Não é a força física que devemos temer, é o engodo. O engano perpetuado por séculos e séculos de que somos fracas, menos importantes, menos inteligentes.

Os mitos de deusas e mulheres fortes foram relegados a contos de fada, e estas foram transformadas em mulheres meigas, à espera de seus príncipes. O que aconteceu com as Amazonas, que cortavam o seio para melhor apoiar o arco? Com as Valquírias, que decidiam quem vivia e quem morria em batalha? Com as deusas gregas, como Atena, armada e perigosa? Colocaram um vestido na Atena atual no lugar de sua couraça, um colete à prova de balas num tempo em que não existia bala de pólvora. Vestiram Atena de mulher. Sim, ela era uma mulher, mas era, sobretudo, uma guerreira que lutava nas guerras ao lado de seus companheiros de arma, outros homens e mulheres.

As Valquírias, na mitologia nórdica, eram seres que formavam um elo entre Odin, o deus, e os mortos, entre este mundo e o mundo de lá. Eram espíritos femininos que esperavam pelos guerreiros no Valhalla, o grande salão dos mortos em Asgard, uma concepção de nirvana ou paraíso para onde iam os melhores guerreiros, que continuariam a guerrear e, no final do dia, celebrar com seu deus, bebendo até cair.

Nenhuma descrição dos deuses das batalhas ou guerras é completa sem elas. Os poetas as descrevem como mulheres vestidas com uma armadura, a cavalo, passando rapidamente pelo mar e pela terra. Obedecem às ordens de Odin e decidem quem vencerá a batalha. Levavam os guerreiros escolhidos no final da luta para se encontrarem com o deus no paraíso. Outros poemas sugerem que as guerreiras eram esposas de heróis ou princesas ou sacerdotisas de algum culto (Davidson, 1990:61).

Eram as mulheres quem escolhiam quem seria levado ao Valhalla, e muitas vezes eram descritas como espíritos que decidiam o destino dos homens nas lutas, profetisas ou videntes que protegiam os guerreiros, espíritos femininos guardiãs que podiam trazer a sorte ou a morte aos que lutavam em cada batalha. O nome Valquíria, ou *Valkyrie*, significa, literalmente, a que seleciona aquele que morre.

De acordo com alguns relatos, a líder das Valquírias é a deusa Freyja –

deusa do amor e da fertilidade, casada com Freyr, o deus da agricultura. Os deuses mencionados eram frequentemente associados a orgias e à liberdade sexual, praticada com frequência na Escandinávia até hoje.

A antiga literatura nórdica deixou uma imagem de mulheres a cavalgar, empunhando uma lança. Entretanto, uma imagem mais crua também sobreviveu através das sagas e dos poemas: fêmeas, às vezes do tamanho de gigantes, derramando sangue em uma vila onde a batalha se daria em breve. Mulheres sobrenaturais conectadas à carnificina e ao sangue, criaturas que decidiam o destino dos humanos com a morte, o sangue e a batalha. Resolviam quem morria e quem vivia, e passeavam pelos céus em seus cavalos alados.

Figuras similares são descritas na literatura irlandesa e na alemã pagã. Duas deusas, Morrigu e Bobd, são mencionadas nas sagas irlandesas (literatura celta), cujas características lembram muito as Valquírias, mulheres de guerra que decidiam o destino dos homens. Assim, os celtas, os escandinavos e os alemães descrevem figuras parecidas em suas sagas e poemas (Davidson, 1990:65).

A série *Vikings*, na Netflix, retrata as mulheres escandinavas guerreando junto aos homens, sujas de sangue no campo de batalha, em pé de igualdade. A personagem Lagertha, primeira esposa do Ragnar Lothbrok na série, de fato existiu. Era uma escudeira (*shieldmaiden*) que lutava nas guerras e invadia os países junto com seus companheiros de armas.

Existia um povo que cultivava a igualdade há milhares de anos. A principal esposa de Odin, a deusa-mãe Frigg, morava sozinha em sua casa e não ao lado do marido, pois seu papel era controlar o céu e as nuvens, proteger os lares e o casamento e concedia crianças. Preferiu não morar com Odin, mas em sua própria casa, modesta, onde, junto com suas criadas, fiava linhas de ouro e tecia nuvens. Era clarividente, sabia dos acontecimentos do presente e do futuro, mas não podia modificá-los (Davis, 2017:413).

Ao lado de Odin, a deusa-mor da cultura viking era uma bruxa. A palavra "bruxa" vem de *witch*, em inglês, e o prefixo *wit* significa sabedoria. Bruxa é aquela que sabe.

As xamãs, curandeiras, bruxas de antigamente que foram queimadas nas fogueiras pela Igreja Católica curavam feridas e mal-estar com ervas do bosque. Faziam partos, ajudavam mulheres e homens de sua aldeia, ouviam e aconselhavam. Pegaram nosso poder de cura e transformaram em um agente do mal. Numa das aldeias da Europa devastada pela Santa Inquisição, sobraram apenas duas mulheres.

Certamente elas nunca mais fizeram chá de erva-cidreira na vida. Woolger e Woolger (2017:50) ponderam que é impossível afirmar:

> se os patriarcas do Ocidente se sentem mais perturbados pela ideia de um levante e assunção ao poder por parte de Atena ou Perséfone, rainha do mundo avernal, e se espírito guardião, Hécate. Será que temem mais uma invasão externa dessas viragos, as amazonas, ou uma invasão interna pelas supostas forças negras da feitiçaria? As inomináveis baixezas em que os homens caíram durante a caça às bruxas da Idade Média tendem a sugerir a segunda hipótese.

Hoje, a palavra "bruxa" tem uma conotação negativa, pois:

> Donas de uma potência terrível, as bruxas encarnam a sombra do rancor que subsiste no espírito humano. Os gregos antigos chamavam-nas de Fúrias ou Erínias; os psicanalistas qualificam-nas como projeção dos elementos obscuros do inconsciente. Seja qual for a versão verdadeira, desde criança reconhecemos em sua fealdade o fruto das rejeições, das frustrações e dos temores que resultam em dano aos outros quando os desejos malogrados mergulham na alma em uma atroz ansiedade que move seu ânimo contra todo o bem-estar.

Personificações do diabo na prédica cristã, as bruxas absorveram a herança de sibilas, magas e sacerdotisas, as quais consumaram seu maior êxito na cultura druídica ao lado de fadas que ideavam as cidades anglo-saxãs:

> Acentuaram-lhes a fealdade ao relacioná-las ao pecado; reduziram-nas à ponte emblemática entre o visível e o tenebroso, habitantes de um mundo intangível ou irreal, e a mera travessura da criação entre o humano e o sobrenatural, até diminuírem-nas à caricatura humanoide de Lúcifer. Ao tipificar a mulher madura, que traz a experiência e, seguramente, muitas tristezas não resolvidas, os moralistas impingiram a elas o maior preconceito antifeminino de nossa civilização (Robles, 2013:220).

Quando pensamos em bruxas, sempre vem à mente uma mulher velha, acabada e com uma verruga ou mais no nariz. A maturidade, que deveria ser sinônimo de sapiência – e é – tornou-se a tipificação do mal. Envelhecer é um pecado e não uma bênção. O caminho da sabedoria, que cura, ajuda e acolhe foi demonizado, principalmente na Idade Média.

É difícil para nós imaginar o terror absoluto e a abominação que os clérigos medievais sentiam pelas ditas feiticeiras. Entretanto, durante vários séculos, como atestam os registros históricos, mulheres dotadas de poderes psíquicos, mulheres de sexualidade extravagante ou libertina, mulheres que viviam sozinhas à margem da sociedade, que curavam com ervas, e até mesmo parteiras habilidosas foram consideradas ligadas ao Diabo. Essa fantasia paranoica predominantemente masculina em relação à bruxa levou a uma das perseguições mais aterradoras da história de qualquer civilização, cujas consequências psíquicas, como diria Jung, ainda não desapareceram por completo (Woolger e Woolger, 2017:317).

Mesmo com o evento da Nova Era, muitas mulheres continuam a esconder seus talentos de cura espiritual ou até um mero acolhimento com um chá para acalmar os nervos ou incentivar a colheita de folhas e ervas que curem diversos males, em uma volta à natureza, a fim de encontrar a solução para novos e antigos dilemas de natureza física ou psicossomática. Nós não compartilhamos nossos dons, nem com outras mulheres, a não ser com uma amiga íntima, e muito menos com homens.

Desfazemos os nossos dons, enterramos nossos talentos, fingimos burrice e orgasmos, entregamos nossos valores mais preciosos.

Ao conhecer nossas fragilidades, podemos fazer melhor uso de nossos pontos fortes. E, de quebra, trabalhar nossa autoestima. Vamos confeccionar asas, mesmo que elas tenham data de validade. Que seja o dia de conquistarmos nossos objetivos. Voltamos à pergunta central: "O que você deseja? O que quer ser quando crescer?".

Brandão (1993:65) cita Ícaro, outro mito grego, e suas asas:

Se, na verdade, as asas são símbolo de deslocamento, da libertação, da desmaterialização, é preciso ter em mente que asas não se colocam apenas, mas se adquirem ao preço de longa e não raro perigosa educação iniciática e catártica.

Entender que, às vezes, é carência e não amor, nem mesmo paixão. Deixar aquele contatinho que diminui o seu valor cada vez que não responde à sua mensagem ou que marca e não aparece. Ou que a ignora no cursinho. Ou que _____ (preencha a lacuna). O jogo da dependência emocional. Quantas vezes você saiu com um cara e parecia tudo bem até ele sumir de repente? E você mandou mensagem atrás de mensagem (uso contínuo do *zap*) por achar que aconteceu alguma coisa? De repente, passa na página dele, no Facebook, e ele está namorando, de *status* novo! A carência faz coisas absurdas.

Alguém já disse: se lhe apresentam as verdadeiras cores, por que você tenta pintar por cima? Lembrei-me da Cindy Lauper: *true colors*. Procuramos perdoar vezes sem fim. E, mesmo assim, a criatura não se endireita, até darmos um basta.

Depois de seis meses ou um ano (como isso é possível?) o cara aparece do nada. A volta dos mortos-vivos. No momento em que você já não se lembrava de sua existência, que sua vida estava nos trilhos novamente rumo a um destino agradável, a criatura, qual fênix, ressurge das cinzas. E você pensa: "Ah, agora ele mudou". E dá mais uma chance.

A agenda do telefone, do WhatsApp, já tinha passado do A ao J, até chegar a você. Ele não queria ficar sozinho naquele dia. Estava deprimido e carente. Não, você não é diferente das outras. Isso é só uma cantada barata que eles utilizam para te manter na prateleira. Aquela mesmo do açougue. Manter mulheres na prateleira tem o objetivo de alimentar o ego. Eles se alimentam de sua vulnerabilidade e, quanto mais mensagens recebem, mais se sentem gratificados. A gratificação imediata, ter orgasmo em cinco minutos, é o que eles têm em mente.

Faça um teste: pergunte para ele a sua cor favorita, sua sobremesa, seu prato e bebida. Qual faculdade que está cursando ou que pretende cursar, quantos anos tem o filho, como se chama sua irmã, mãe, tia, avó. Ele ficou com você indo e vindo por dois anos, mas não sabe essas coisas básicas. Experimente perguntar do que você tem medo ou seu maior sonho, pesadelo, objetivo, desejo. Aí é que não vai saber mesmo.

Se nem você sabe ao certo, por que ficar com alguém só porque é sábado à noite ou sexta? Ou porque sua amiga está namorando? Ou porque sua mãe fica te enchendo com perguntas? Ou _____ (qualquer cobrança idiota que possa pensar).

As pessoas não mudam, a não ser que uma tragédia tenha se abatido sobre suas vidas e decidam, por conta própria, buscar ajuda. Daí pode ser que, com tratamento e atitudes diferentes, novos hábitos sejam estabelecidos e haja alguma mudança em longo prazo.

Você já faz dieta ou parou de fumar? Quanto tempo levou o processo? E a estabilização do peso depois da dieta e do cigarro?

Mudar dói. É encontrar o pior de si em termos emocionais, encarar e decidir abandonar, ou incorporar com consciência. Ninguém gosta de mudar (de casa, de namorado, de trabalho). Dá medo, ficamos sem chão, nosso ritmo e rota mudam, nosso equilíbrio emocional, financeiro e psicológico é balançado, jogado, transformado.

Perdemos a identidade momentaneamente. Não somos mais as mesmas. Cadê o chão? Haja labirintite. O labirinto da alma. A perda do equilíbrio emocional que achávamos que tínhamos. O mundo em volta é um carrossel. Nada é permanente. No livro de Tolle (2014:57) há uma frase de que gosto muito: todas as estruturas são instáveis. E são. Para quem tem coragem de se transformar, de mudar de rumo, fazer uma nova rota, escolher outro destino, para quem aprendeu o caminho do labirinto e seguiu o fauno.

Você ainda acha que ele mudou?

Há diversas maneiras de desviar sua libido. Estudar é uma delas, focar em alguma coisa que vá te fazer aprender algo novo que você possa usar no futuro, para comprar sua liberdade. Pense no que será mais útil na sua vida, no seu momento de vida. O que pode ser um bom produto para alavancar seu futuro? E estude. Invista em livros, em cursos. Há diversas plataformas de cursos *on-line* gratuitos.

Estudar, pintar, escrever, dançar: qualquer coisa criativa vai tirá-la desse ciclo de dependência emocional. Vai desviar, ainda que temporariamente, seu desejo ou sua energia sexual. Você vai perceber que era dependência emocional e não amor. E, depois de algum tempo – não sei quanto – você vai esquecer. Como diriam nossas avós, baseadas na Bíblia e na vida: tudo passa.

E, minha amiga, quando, e se, ele voltar... Por favor, use a Atena que há em você.

Santos Dumont já disse: não se espante com a altura do voo. Quanto mais alto, mais longe do perigo. Quanto mais você se eleva, mais tempo há de reconhecer uma pane. É quando se está próximo do solo que se deve desconfiar.

Crie asas e voe para longe. A maior parte dos acidentes acontece no pouso e na decolagem. Se você fica com aquilo que está acostumada – mais próxima do solo –, nunca vai enxergar além do seu quintal. E aumenta a possibilidade de uma pane. Se já não deu certo da primeira vez – ou deu certo por algum tempo e depois você quis mais ou diferente, ou ele – por que vai tentar de novo com a mesma pessoa, na altura do solo?

Zona de conforto nunca salvou ninguém. O máximo que faz é atrofiar asas, sonhos.

Quando vi *Malévola* (o filme com a Angelina Jolie), achei fantástico. A protagonista era uma fada que tinha asas enormes. Apaixonou-se por um fulano, cuja ambição era viver no castelo ou ser importante, pois era isso que alimentaria seu ego. O mortal sumiu por décadas e, quando voltou, ela, ignorante da situação do mundo lá fora, aceitou seu pedido de desculpas e foi envenenada por ele, adormecendo em seguida – uma versão medieval da droga boa noite, Cinderela. Enquanto ela dormia, ele roubou suas asas e entregou-as ao rei, em troca de ser o futuro herdeiro do trono. Casou-se com a filha do rei e tornou-se regente. Anos mais tarde, sem asas, ela se tornou amarga e quis se vingar da filha do casal, lançando um feitiço na criança.

O que aconteceu com a personagem nos anos que passou sem suas asas? Depressão, dor, desespero, amargura, incontáveis lágrimas, alimentando seu desejo de vingança dia após dia, pois se sentia traída. Ela se tornou a pior versão de si mesma, o lado embotado de seu ser. Ela perdeu sua razão de viver.

Os pés lhe foram arrancados – já que alçava longos voos, as asas eram seus pés –, e ela se desequilibrava ao caminhar. Precisou de um cajado para se apoiar, pois ficou sem a capacidade de seguir seu caminho, triste e amargurada. Enquanto ela estava adormecida, ele pretendia matá-la, mas não conseguiu (e não, não foi por amor), daí cortar as asas.

Acorde, Alice!

Enquanto estamos adormecidas, ao lado do homem que pensamos nos amar, depois de ignorar os sinais de seu comportamento, ele pode nos roubar os pés. O nosso caminhar, nossa alma. Se deixarmos a carência tomar conta de nosso coração, seremos facilmente entorpecidas por todo tipo de promessa vaga e um futuro que nunca chegará. Prometer e não cumprir. Quantas vezes ele vai fazer isso até você dar um basta? Até que suas asas sejam arrancadas de suas costas e não possa mais voar? Quantas amarguras, perdas e depressões vai se permitir passar?

Muitas vezes, não damos ouvidos à nossa intuição. A manipulação emocional, os joguinhos, a carência, tudo isso fala mais alto. Se você estiver alerta, vai ouvir ou sentir que algo está errado, que vibra, ainda que momentaneamente, numa outra frequência. O corpo sabe. Do mesmo modo que você sente o cheiro da chuva e sabe que vai cair uma tempestade sem ter de olhar a previsão do tempo. Estar alerta é o mesmo que estar desperto. Ouça a sua alma, ela tem muito a dizer.

Qual é o propósito de ter alguém ao seu lado? Não seria para compartilhar experiências, dores, amores e dissabores? Ou seria para não ficar sozinha?

O preço de ficar só é alto, assim como de ficar acompanhada com quem não está de fato com você. Vai doer, você vai chorar (às vezes no metrô – viva o anonimato em Sampa). Vai querer voltar para aquela vidinha que já conhecia, para a gaiola (que pode até ser de ouro), para o casamento sem sentido, o emprego sem cor, o contatinho bom de cama, a amiga invejosa. Vai se sentir sozinha.

Você vai desejar muitas vezes nunca ter saído, porque era mais fácil onde estava. Fato: na prisão tem cama (nos países de Primeiro Mundo), comida, aquecedor e você não paga nada. Algumas vezes até recebe por algum trabalho que realiza em dias que diminuem a pena ou em dinheiro. Mas quem aí quer ficar preso? Levante a mão.

Liberdade é coisa rara e cara. Vale cada centavo que você guardou no seu precioso cofrinho. Compre a sua.

A liberdade na Islândia vale até mesmo para as criaturas mágicas, os seres que habitam na floresta.

Uma estrada em construção – as rodovias são inexistentes e as estradas são bem básicas ainda – e, durante a construção, acontecem diversos problemas: os trabalhadores se acidentam, chove muito, não se consegue concluir o trecho e assim por diante. Descobriram então o problema: a estrada passava no meio de um povoado de elfos e criaturas que habitavam a floresta. Desviaram a construção e daí em diante tudo correu bem. A história é verdadeira.

Nessa terra mágica, cheia de histórias e lendas, há uma famosa, de Beowulf, na qual o filme foi baseado. Beowulf era da tribo viking chamada Geats, que habitava onde hoje seria a Suécia. A fim de ajudar o rei da Dinamarca, o herói nórdico parte com um grupo de guerreiros de sua confiança, com destino ao reino, com o objetivo de matar uma criatura monstruosa devoradora de homens, denominada Grendel. O restante você tem de assistir ao filme ou ler o manuscrito para saber, não vou dar *spoiler* aqui.

De onde veio essa lenda? Veio de um manuscrito que data do ano 1000 d.C. (hoje está chamuscado, devido a um incêndio). É um poema épico, considerado um marco da literatura medieval. O maior poema escrito em inglês arcaico, que conta com mais de 3 mil linhas e encontra-se hoje na British Library, estação St. Pancras, Londres, Reino Unido. Não se sabe quem o escreveu, mas quem o publicou em livro foram dois autores, provavelmente não os poetas originais. É só um poema? Um entretenimento? Uma crônica histórica, pelos personagens verdadeiros citados, ou apenas um mito?

A mitologia nórdica toda é baseada em um escritor islandês, Snorii Sturluson. Como não havia registros escritos, diferentemente da mitologia egípcia (com o *Livro das pirâmides* e o *Livro dos mortos*), os vikings tinham somente runas como representação escrita.

Em *Edda*, Sturluson compilou os textos, originalmente em prosa, da história dos personagens da mitologia nórdica. O poeta, historiador e político, nascido em 1179, em Hvamm, pertencia a uma família de aristocratas e foi eleito duas vezes para o Parlamento islandês. O livro é dividido em quatro partes. Há controvérsias históricas acerca do livro, pois o poeta foi acusado de inventar alguns dos trechos e não apenas de reunir as poesias e transformá-las em prosa.

Como uma espécie de enciclopédia para o povo islandês, o livro do poeta permeia a vida na Escandinávia, passando por Thor, Odin, Loki, as Valquírias e a magia dos elfos, duendes e povos mágicos que habitam toda a região.

Davidson (1990) refere-se ao poeta como o grande estudioso (político, historiador, escritor de saga, entre outros) e ao seu livro como um guia ao "imaginário poético". Ressalta que foi seu livro que trouxe à luz os mitos e lendas nórdicos, pois pouco ou nada dispomos de escritos da época pagã (antes do ano 1000). É de pouca monta o que a arqueologia disponibilizou por meio de escavações e o que há de runas em pedras da era viking. A escrita, com pena e papel, chegou à região somente com os padres cristãos, com os escritos dos monges encarregados do conhecimento cristão, ou seja, de pouca ou nenhuma imparcialidade, e com algumas lendas passadas pela tradição oral que puderam ser compiladas e trazer uma ideia do que era o povo guerreiro nórdico e quais eram seus mitos.

Assim, o livro *Edda* é a maior fonte da mitologia nórdica (Davisdson, 1990). Foi escrito por volta de 1220, ou seja, na era cristã da Islândia. E, para completar, em islandês (é claro), o que complica sobremaneira a tradução, pois, além de ser uma língua difícil, só é falada na ilha, e muito se perde na tradução. Não há melhor expressão para isso do que *lost in translation*.

O paganismo nórdico chegou ao fim no ano 1000 d.C. Nos séculos IX e X, os vikings eram a força dominante no norte europeu e foram, como todas as civilizações, dominados e convertidos pelos cristãos. O cristianismo venceu e, como os vikings não tinham interesse em converter ninguém a seu credo, a nova religião foi facilmente estabelecida naquela parte do mundo. Para Davis (2017:405):

> Ao pensar em viking, talvez você imagine um homem musculoso e barbudo, carregando uma espada, um elmo com chifres, e viajando em um barco-dragão, acompanhado de sua mulher colossal com um nome esquisito, como Brunhilde. Caso tenha imaginado, não está errado. Cada uma dessas imagens é uma representação dos ferozes vikings, ou nórdicos, que aterrorizavam, estupravam e saqueavam tudo que encontraram pela frente na Europa, durante mais ou menos trezentos anos, entre 800 e 1100 d.C.

As mulheres eram guerreiras e acompanhavam as invasões e os saques. Davidson (1990:10) analisa alguns ecos que temos da literatura a respeito desse povo guerreiro:

> Coragem, vigor e entusiasmo estão entre as qualidades. O respeito pelas mulheres como parceiras e iguais, companheiras de realizações e construtoras do casamento juntamente com seus maridos. Um povo individualista que se ressentia com qualquer intervenção ou intrusão em sua liberdade. Que também aceitavam a diversidade com altruísmo sem reclamar e sem chorar pelos cantos. Vitimização não fazia parte de seu DNA.

Não é à toa que se comportam de forma muito parecida até hoje. Uma das coisas que me surpreendeu na Islândia foi a maneira com que criam os filhos. As crianças são totalmente livres, entram e saem dos lugares sem os adultos, pedem sua própria comida e brincam sozinhas sem ninguém para monitorar ou supervisionar.

Temos de levar em conta que lá a segurança é total. Mesmo se houvesse aqui, iríamos nos comportar da mesma forma? Deixaríamos nossas crianças correrem soltas sem supervisão, ou será que somos por demais protetores?

A liberdade está diretamente associada à coragem. Coragem de se impor, de falar o que pensa, de se portar no mundo como seres que acreditam naquilo que vivem, de estabelecer limites e dizer não, seja a liberdade que conhecemos pelos livros ou aquela que conquistamos. Há algo mais importante do que poder tomar suas próprias decisões e responder por elas em igual medida?

Sempre que a palavra me vem à mente, lembro-me do filme *O homem bicentenário*, o robô que nada sabia e que, depois de muito ler e aprender com seu mestre e dono, consegue entender que o maior conceito, aquilo pelo qual se vale a pena buscar, lutar e morrer se preciso for é a liberdade. Chega ao ponto de tentar comprá-la de seu dono, com o pagamento que recebia dos relógios que confeccionava manualmente. É tão fundamental que consta nas Constituições, seja como conceito, seja como direito.

Será que a liberdade que existe em quem vive na Escandinávia veio em função de seus mitos? É genética? Desenvolveu-se ao longo dos séculos? Aprenderam com os duendes, com Thor e Odin? Ou será que é geográfica? Toda aquela amplidão e montanhas sem fim geram a sensação e necessidade de ser livre?

É um povo que não acredita em nada, mas também não duvida. Liberdade na Islândia não é um conceito, tampouco um direito. É um modo de vida.

Obrigada por voar conosco. Sabemos que a companhia aérea é uma escolha do cliente. Esperamos vê-los em breve. Tenham uma boa estadia.

Epílogo: o fim (ou início) da jornada

It may be I never learned geography the better to map my own routes and discover my own lands. The unknown was my compass. The unknown was my encyclopedia. The unnamed was my science and progress.

Pode ser que eu nunca tenha aprendido geografia tão bem a ponto de mapear minhas rotas e descobrir minhas terras. O desconhecido foi minha bússola, minha enciclopédia. Aquilo que não tem nome foi minha ciência e progresso.

ANAÏS NIN, 1971:56

Descrevi alguns países que visitei, descortinei continentes e sobrevoei a mitologia. Lendas, mitos e deusas colaboraram para este itinerário.

Pincelei as relações e as cidades, uma melhor maneira de viajar, bem como o jeito que cada deusa viaja, seja de mochila ou de malas – daquelas enormes. Conversei sobre aviadoras, contos de fada, histórias. De Amaterasu e Isis, isolamento e morte, liberdade e simplicidade. Cada continente com seu jeito singular de ser.

O que nos faz amar um país? Uma cidade? Um parque? Um cara? Uma cara?

Na língua inglesa, há um termo muito apropriado para os primeiros estágios do se apaixonar: *infatuation*. Não temos um correlato em português, mas seria algo como um capricho ou uma paixão que tem prazo de validade: uns dois anos, de acordo com alguns.

Aquela sensação de borboletas no estômago, como dizem os americanos, ou o nosso friozinho na barriga. Um quê de magia nos envolve nos estágios iniciais, quando conhecemos alguém e imediatamente criamos um laço que, por vezes, entendemos como espiritual – a alma gêmea que tanto procuramos – e por outras entendemos como meramente atração ou *crush*: alguém por quem você está encantado ou apaixonado. Antigamente se dizia "ter uma queda". Aquilo que começa como uma mera atração logo se transforma em paixão, seja pela carência, pelo longo tempo de solidão, sem uma relação concreta com alguém, ou apenas pela romantização de algo que, na verdade, não foi feito para durar. Romantizamos o banal.

Para Fromm (2000:5), "esse milagre de intimidade súbita será facilitado se se combinar com a atração sexual e a consumação da relação sexual, ou se for iniciado por elas. No entanto esse tipo de amor, por sua natureza mesma, não é duradouro".

Depois que você passa mais tempo com alguém – viajar é uma ótima prova dos nove –, aquela mágica dos primeiros momentos se esvai. Os defeitos ou as características próprias da pessoa aparecem (a *persona* fica menos em evidência) e você então passa a conhecer melhor a criatura. Fromm (2000:5) explica o que acontece:

> As duas pessoas passam a se conhecer bem, sua intimidade vai perdendo o caráter milagroso, até que os antagonismos entre elas, suas decepções, seu aborrecimento mútuo, matam o que restou da excitação inicial. No entanto, no início elas não sabem disso: tomam a intensidade de sua paixão, o estar "loucos" um pelo outro, como prova da intensidade do seu amor, quando na verdade isso só prova o grau de sua solidão precedente.

Amor é algo que se assimila, se desenvolve, por isso é tão diferente daquela excitação inicial. Aprender a amar é como aprender uma arte. Amar tem de ser assimilado, como ao aprender um ofício novo. Uma arte, música, medicina, carpintaria. Pense em algo que você aprendeu e quais foram os estágios desse aprendizado.

Eu penso em viajar. Aprender uma nova língua.

E me recordo da disciplina que tive de ter até entender que tinha dominado o suficiente da teoria para começar por fim a praticar, seja viajar, que para mim é uma arte, seja o francês, que ainda não domino por completo, mas já me arrisco a falar.

Acho que, como toda arte, o aprendizado desenvolve-se ao longo do caminho. Da parte teórica, que eu estudei confortavelmente no meu computador por longas horas, dias, meses e anos, à parte prática – que dói, machuca e te dá tombos inesperados. As gafes que você comete e ainda vai cometer, seja no novo idioma ou no país que está visitando, os erros básicos, a pronúncia, as benditas preposições, os corredores imensos nos aeroportos com os avisos "Embarque em 25 minutos pelo portão H" quando você ainda está no portão A, os cochilos nos bancos duros de uma sala de espera, agarrada à mochila, o medo que te acompanha ao longo da estrada e todas as coisas que você conseguir pensar como obstáculos no processo de aprendizado.

Viajar é assim. Eu aprendo sempre mais a cada destino e sempre me surpreendo com coisas que achava que sabia. Presumimos tanto, não é? Parece que a verdade sobre determinado assunto nos pertence. Quando eu começo a me sentir confortável em um destino, algo inesperado acontece. Sou extorquida por um taxista, algo me faz ir ao banheiro cinco vezes ou nenhuma, chove ou neva, eu não consigo cumprir o planejado e assim por diante.

A maior lição – a moral da história – que aprendi com as viagens foi não ter controle. Esse é sempre o maior aprendizado. Não sabemos o que vai acontecer, mesmo depois de planejar exaustivamente um destino, um hotel, uma passagem de ida e volta, aplicativos instalados, assento reservado; tudo que é possível ser feito e, ainda assim, o inesperado te arranca o chão. O GPS quebra, como aconteceu em Pamukalle, na Turquia, e, naquele momento, tive de navegar com um mapa que havia comprado no dia anterior. A comida te faz mal, o fuso incomoda por mais tempo do que era previsto, o voo atrasa e, na sua chegada, não dá mais tempo de pegar o metrô para chegar ao *hostel*. O inesperado.

No início, isso me incomodava muito. Nos últimos dois anos eu apenas rio quando uma m**** acontece. Internamente, eu já esperava (então, deixou de ser inesperado). Relaxo e aproveito bem mais dessa forma.

Talvez o mesmo ocorra na arte de amar. Relaxar?

Sabemos que não se obriga ninguém a amar o outro. Se não for por livre e espontânea vontade, o amor não merece ser dado nem obtido.

Ufa, pelo menos uma lição aprendida. Racionalmente, digo. Então, por que ainda insistimos em algo já fadado ao fracasso? Ego?

Desenvolvemos uma fixação pelo objeto da afeição que semeia confusão entre o estado inicial de "cair de amores" e o estado permanente de estar apaixonado. Em inglês, a brincadeira com as expressões: *be in love* ou *stand in love*. *Stand* significa "ficar" e também "suportar"..., ou seja, suportar o amor, aguentar o amor ou o estado apaixonado, dar suporte a este estado de *crushness* – acabei de criar essa palavra.

Quando esse estado de estar apaixonado não é correspondido, sofremos. Dói em todo canto. É a fixação no objeto não realizada. Você não consegue realizar o seu desejo. A dor vem, em gotas grossas de lágrimas e chuva.

A dor não é só parte do processo, ela é essencial. Talvez só atinjamos o conhecimento do amor ao vivenciar os processos essenciais de dor na prática. Por isso é tão importante aceitar que falhamos. E que bom que falhamos. Ao longo do caminho, nossas diversas perdas podem nos ensinar muito sobre a arte de amar. Abraçar a dor como se abraça ao estar perdido numa cidade desconhecida. Abarcar o desconhecido é o caminho do amor. Todo ele novo, cada vez.

Na última viagem, conheci três homens completamente diferentes. Aquele papo de que são todos iguais é mesmo muito simplista. Um deles – primo de um amigo que mora em Frankfurt, que nos apresentou –, numa escala de voo, me fez companhia nas cinco horas que passei ali. Caminhei pela cidade, que parece Blumenau, conheci os pontos de interesse, respirei e estiquei as pernas, almocei muito bem e voltei para o aeroporto. Não posso dizer que conheci o primo do meu amigo, mas tive uma primeira impressão.

Esquerdo-macho de carteirinha, com aquela bata e calça de linho, pochete na cintura e diversos braceletes da sua última viagem à Colômbia, que ele pronunciava "Columbia". Orgulhoso de seu país – e por que não? – que recebe os imigrantes e é uma potência mundial. Frases como: "Alguém tem de ajudá-los, fazemos porque podemos", e assim por diante, denotam seu orgulho pela situação de acolher os imigrantes, depois da vergonhosa Segunda Guerra Mundial. Quem pode culpá-lo?

Que bom que a Alemanha ajuda.

A impressão ficou e não saiu de mim. Passivo-agressivo nas respostas, extremamente machista, alguém com raiva. Do quê, eu não sei. Não tive tempo para descobrir. Na verdade, nem quis.

Deixei com ele a cachaça e o café comprados no *duty free* e fui-me embora. De cara, você decide que não tem nenhum interesse por algumas pessoas.

O segundo, eu conheci na recepção da *guesthouse* (local de hospedagem de baixo custo, em geral uma casa que foi convertida em hotel) onde fiquei em Reykjavík, na minha chegada. Moreno, alto, bonito e sensual, como diz a música, foi logo de cara se apresentando e me deixou confortável. Ofereceu-se para mostrar a cidade e jantar mais tarde.

Sim, cara leitora, eu sei o que isso significa. É um código internacional.

Passeamos pela cidade, onde ele havia morado durante três anos e que conhecia muito bem. Levou-me ao café Paris, ao museu e para comprar um cachorro-quente, que era a coisa mais barata da cidade. Vi patinhos andando em fila indiana no meio do calçadão, a escultura de baleia e muitos turistas.

Eu estava com o mapa na mão e poderia me virar muito bem sozinha na Escandinávia, o ícone da segurança. Entretanto, aceitei de bom grado a companhia de um "quase local".

Original da Sérvia, jogador de futebol (imagine quanto assunto!) e voltando para casa em menos de 10 dias, apaixonado pelo Brasil, gentil e sociável. Adorei o cara. Não me apaixonei nem nada, mas o achei supersimpático.

O terceiro era o guia da excursão de dez dias que fizemos ao percorrer a Islândia.

Uma cara de criança com olhos profundamente azuis e um cabelo meio amarelo, loiro-escuro, eu acho. A primeira impressão foi: esse cara tá escondendo alguma coisa. Falava com a mão na boca, pouco se entendia pelo sotaque, andava meio curvado e sempre olhando de esguelha.

Isso me levou a pensar: é fraco ou é covarde. Ou está doente. Ou os três juntos. Linguagem corporal, sua bandida.

Um parêntese: se quiser se aprofundar na linguagem corporal, dê uma olhada no livro de Pierre Weil, *O corpo fala*. E assista ao seriado *Mentes criminosas*, no qual eles perfilam os sujeitos.

Não sabemos por que nos encantamos com alguém, se é simples carência ou se de fato estamos apaixonados, mas há uma fixação pelo objeto. Colocamos nossas projeções naquele cara e, de repente, parece que não há 7 bilhões de pessoas no mundo. Parece que só há um que sirva no seu pé (o sapato e o cara). Seja a voz, a altura (ou a falta dela), o jeito, o sexo ou tudo isso junto.

Transformamos a diversão em amor. O amor inventado, no dizer de Cazuza.

Inventamos um amor em que havia somente atração sexual (quase sempre). Na *Arte de amar*, Fromm (2000:67) explica que isso vira uma espiral. Quando acaba o que quer que tenha sido, procuramos outro e outro:

Todos esses casos de proximidade tendem a ficar cada vez mais reduzidos à medida que o tempo passa. A consequência é que o indivíduo vai procurar o amor de outra pessoa, de um novo estranho. Mais uma vez, o estranho é transformado em "íntimo", mais uma vez, a experiência de se apaixonar é estimulante e intensa; mais uma vez, ela fica cada vez menos intensa, e acaba levando ao desejo de uma nova conquista, de um novo amor – sempre com a ilusão de que esse novo amor será diferente dos anteriores. Contribui muito para essas ilusões o caráter enganador do desejo sexual.

Imaginamos um cara perfeito, esquecemos as pisadas de bola, deixamos de ouvir nossa intuição e damos umas três chances, pelo menos. Ele mente (você sabe), ele trai (você desconfia), ele transborda arrogância (você ignora). Perdoamos o imperdoável. Damos desculpas para nossa voz interior e segue o barco (ou o baile?). O buraco vai ficando mais fundo e, ainda assim, insistimos numa história sem sentido.

É só um cara. E, não, a culpa não é sua. Ainda que ele transforme tudo que aconteceu em frases como: "Você é louca, você me pressionou muito, a culpa é sua". Não, não é. Se você continuar, será. Ou dê um basta e tente a *friendzone* (quando a intenção da criatura é ter um relacionamento amoroso e você decide que só quer uma relação de amizade) ou saia de vez, bloqueando qualquer tentativa de contato. Homem, em geral, quer te manter na prateleira em caso de tédio ou se a atual relação não der certo, ou se ele estiver sozinho naquela noite fria e quiser bater uma punheta (*pardon my french*), vai te pedir um *nude*. Ele mantém você presa nas garras da educação, do cavalheirismo, do falso afeto.

O objetivo é um só: deixa lá para uma noite chuvosa. Vai que. E, às vezes, você se apaixona mesmo.

Para Johnson (1989:36), quando alguém se apaixona:

> é arremessado a uma experiência sobre-humana e a pessoa é instantaneamente levada ao reino dos deuses (o Olimpo), onde os valores humanos são substituídos. Como se fôssemos pegos por um redemoinho que veio do céu e caíssemos em um domínio onde os valores humanos tivessem sido eliminados. Se o amor corre com 110 (volts), a paixão é 100 mil volts de energia sobre-humana que não pode ser contida em uma casa. A paixão vem dos deuses e das deusas e está além do tempo e do espaço.

Então quem tem de se libertar do redemoinho é você, ou vai ficar sempre presa a essa espiral de repetição insana. E como é maravilhoso olhar para a criatura e dizer: "Meu Deus, o que eu vi nesse cara?".

Quando tudo passa e você consegue voltar à vida, sair com os amigos, ir ao teatro, tomar um café ou *brunch*, encher o bucho, como diria minha avó, no domingo, passear no parque, estudar francês, ler aquele livro que está há tempos na estante, adotar um cachorro. Ufa! A vida volta aos trilhos. Depois de meses. Quando você acorda e não pensa mais nele e nem fica *stalkeando* o Facebook ou o Instagram.

Passou. Não há paixão que dure para sempre e ninguém morre de amor. As melhores frases inventadas por alguém que teve o coração arrebentado, não é?

Tudo se emenda, ainda que sobrem pedaços que não se encaixem, como num quebra-cabeça. Que bom! Assim, você recicla o que sobra, como faz com velhas amizades que não cabem mais no seu momento de vida nova. Deixe entrar gente nova, gera espaço e a luz entra pela fenda. Leonard Cohen já escreveu: *there is a crack in everything*.

Outras paixões virão quando seu coração estiver aberto. Se tiver vontade de chorar, chore. Se quiser ouvir música triste para piorar a solidão, ouça. Ninguém pode impedir o luto. E é bom que você viva em sua integralidade, para enterrar ou cremar e depois pensar: bom, fiz tudo que podia. Tentei. E, assim, se dá o fechamento.

Temos pressa em encaixar qualquer coisa em nossa alma, mesmo quando sabemos que não vai caber, que faz mal, dá dor de barriga, você vai vomitar depois de comer. Forçamos uma relação ou queremos forçar. Ninguém obriga ninguém a amar. Não temos que nos vender como produtos, fazer *marketing* e exagerar na propaganda. Se a pessoa te critica e desfaz, porque você insiste em tê-la ao seu lado?

Falta amor-próprio. Isso tem remédio. É como aprender uma nova língua ou viajar sozinha: exige disciplina e coragem.

Você tem de se lembrar de suas qualidades, ainda que ninguém as reconheça. Tem de celebrar suas pequenas vitórias, dançando na sala com aquela música, ou tomar um vinho com as amigas de verdade. Escrever um diário, voltar e revisar seu *blog*, ajudar os amigos nos destinos que eles escolheram e traçar o roteiro juntos.

Use os talentos que você tem, sejam quais forem. Tem de começar de novo. Todas as vezes.

Dê-se uma nova chance. Reconheça-se. Quem é você? Do que você gosta? Prefere comer bem ou qualquer baguete com patê está bom? Prefere um super-hotel ou um quarto limpo já está de bom tamanho? Quais são os valores fundamentais que você não troca de maneira nenhuma? O que lhe importa numa relação? Fidelidade é mais importante do que lealdade? Os dois em igual medida? Companheirismo é mais apreciado do que uma ferramenta com vinte de tamanho? O que é essencial? Para Estés (2014:84):

> Quando estamos ligados ao *self* instintivo, à alma do feminino, que é natural e selvagem, em vez de examinar o que esteja em exibição, dizemos a nós mesmas: "Estou com fome de quê?". Sem olhar para nada no mundo externo, nós nos voltamos para dentro e perguntamos: "Do que sinto falta? O que desejo agora?". Perguntas alternativas seriam: "Anseio ter o quê? Estou morrendo de vontade do quê?". E a resposta costuma vir rápido. "Ah, acho que quero... na verdade, o que seria muito gostoso, um pouco disso e daquilo... ah, é, é isso o que eu quero."

Você tem direito a ter uma lista de requisitos básicos. E por que não? Estés (2014:84) faz uma analogia com comida no quesito escolha:

> Um companheiro não pode ser escolhido como num bufê. Deve ser escolhido pelo profundo anseio da alma. Escolher só porque algo apetitoso está a sua frente não irá satisfazer a fome do *self* da alma. É para isso que serve a intuição, ela é mensageira da alma.

E não satisfaz mesmo. Aliás, pode até aumentar a fome da alma, pois às vezes ficamos drenadas quando saímos de uma relação.

Respeite seus limites ou a falta deles, gostos, desejos, loucuras, requisitos. Quando você se conhece um pouco melhor, em pouco tempo pode avaliar se o cara é ou não para você. O respeito ao outro e a você em primeiro lugar é considerado um terceiro componente do amor, e os outros são: cuidado, responsabilidade e conhecimento. Quanto ao respeito, de acordo com Fromm (2000:35):

> não é medo ou termo reverente; denota, conforme a própria raiz da palavra (*respicere* = olhar com atenção), a capacidade de ver a pessoa como ela é, ter consciência de sua individualidade. Respeito significa preocupação com que

o outro cresça e se desenvolva tal como é. Respeito implica, portanto, ausência de exploração. Quero que a pessoa amada cresça e se desenvolva para seu próprio bem e por seus próprios meios e não com a finalidade de me servir.

Você só respeita quem você conhece. Não há possibilidade de respeitar, admirar, gostar de verdade de alguém ou de algo que não se conhece bem. O sentimento, em princípio, não é amor. É qualquer outra coisa: carência, dependência, tesão, atração intelectual, menos amor. Qual é o melhor caminho a tomar? Qual é a escolha mais acertada? Para Bolen (1990:382):

> o valor real de alguma coisa é representado por aquilo que na vida sacrificamos para tê-la. É o caminho não tomado. Assumir a responsabilidade de fazer a escolha é crucial e nem sempre é fácil. O que define a heroína é que ela faz isso.

O que você está sacrificando para ter _____ (preencha a lacuna)?

Sempre que pensamos em amor, algum filme romântico a que assistimos vem à nossa cabeça, não é? Participo de um grupo americano de viagens e aparece, vez por outra, alguém que foi pedida em casamento naqueles moldes dos filmes. O cara de joelhos, com a aliança num cenário paradisíaco, e isso afeta nosso imaginário feminino. Romântico, inesperado, tudo que podemos querer de um pedido de casamento. Ainda mais em uma viagem? Ohhhhh, que tudo.

Daí você racionaliza. Quer casar de novo? Quer mesmo casar? Ou é parte do inconsciente coletivo isso? Parte do que papis e mamis querem para as filhotas? Parte do que você "quer" porque lhe foi imposto como regra social? Você foi condicionada a querer?

O casamento nem sempre (e nem por todo mundo) é encarado como uma salvação. A aviadora Amelia Earhart, primeira aviadora a fazer um voo solo sobre o Atlântico, recebeu seis propostas de casamento até dizer sim e, ao fazê-lo, escreveu uma carta para George Putnam, o noivo, dizendo, entre outras coisas (Kershaw e Kobak, 1982:27):

> Por favor, não vamos interferir nos trabalhos um do outro, nem deixemos que o mundo veja nossas alegrias ou discordâncias. Nessa ligação, eu tenho de ter um lugar onde possa ir para ser eu mesma, de vez em quando, pois não posso garantir que vá aguentar o confinamento, nem mesmo em uma gaiola atraente.

Para alguns, é somente isso: uma prisão.

O casamento traz um peso enorme para a mulher, pois ela se sente obrigada pela sociedade, pelos pais, pelas amigas, pelos filhos, a permanecer casada. O homem pensa que o fardo é grande para ele, mas é umas dez vezes mais pesado para a mulher. Para Johnson (1989), o casamento não é uma questão de sacrifício para o homem, mas algo de muito sacrificante na experiência da mulher.

Até para adotar um cachorro pensei durante anos.

Aquele filme *28 dias* mostra isso. Depois da reabilitação por dependência química da personagem da Sandra Bullock, uma das internas pergunta ao instrutor responsável: "E a questão de relacionamento? Como vou saber se estou preparada para entrar em um?". O instrutor dá a dica: "Compre uma planta. Se ela estiver viva e saudável depois de um ano, compre um cachorro. Se os dois estiverem vivos e bem depois de dois anos, então você pode começar a pensar em ter uma relação com alguém".

Qualquer coisa exige algum cuidado. Na verdade, nem sabemos cuidar de nós. Somos como um bebê que está aprendendo a engatinhar. Não sabemos caminhar e já queremos nadar? Não sabemos nadar e queremos pular na água quando alguém está se afogando?

"Conheça-te a ti mesmo." Essa é a inscrição encontrada no portão de entrada do templo de Delfos, na Grécia. Sua origem é muito controversa. Uns acham que foram os sete sábios (Tales de Mileto, Periandro de Corinto, Pítaco de Mitilene, Bias de Priene, Cleóbulo de Lindos, Sólon de Atenas e Quílon de Esparta) que a criaram. Citada por Platão, é atribuída a Sócrates. A pitonisa do templo dedicado ao deus Apolo recebeu a visita de Sócrates que lhe disse: "Só sei que nada sei". A partir dessa visita, a sacerdotisa reconheceu-o como o homem mais sábio de toda a Grécia.

O que quer dizer essa frase? Quem é você? Gosta de ovo *poché*? Café com açúcar, adoçante ou nada? Panetone, chocotone (odeio aquelas frutinhas com gosto de sei-lá-o-quê) ou nenhuma das alternativas acima? Empada de frango ou de palmito? Doce ou salgado? Praia ou montanha? Alemão ou francês? Caminhar na praia ou mergulhar? Filme de ação, ficção científica ou romance? *Game of Thrones* ou *Outlander*?

São tantas alternativas. Não precisam ser excludentes, dependendo do dia.

Há dias que escuto jazz, quando quero me concentrar, e há dias que só ABBA resolve minha fixação em dançar na sala, pôr os bichos para fora e cantar, desafinado de quebra. Abençoados sejam meus vizinhos.

Então, o que é você, nessa miríade? Fromm (2000:39) discorre acerca do conhecer a si mesmo da seguinte maneira: "Eu tenho de conhecer a outra pessoa e a mim mesmo de modo objetivo, a fim de ser capaz de ver sua realidade, ou melhor, de superar as ilusões, o quadro irracionalmente distorcido que tenho dela".

O fato é que nos iludimos. Tanto acerca de nós mesmos como dos outros. Alimentamos algo que não é verdadeiro, inventamos histórias e fantasiamos o impensável. A ilusão é muito perigosa.

Thoreau (2017:100) comenta que:

> Imposturas e ilusões são estimadas como as mais sólidas verdades, ao passo que a realidade é fabulosa. Se os homens observassem constantemente apenas as realidades, e não se deixassem iludir, a vida, comparada às coisas que conhecemos, seria como um conto de fadas ou uma história das Mil e uma noites. Se respeitássemos apenas o que é inevitável e tem direito de existir, as ruas ressoariam com música e poesia. Quando somos sábios e não temos pressa, percebemos que somente as coisas grandes e valiosas têm alguma existência absoluta e permanente – que os pequenos medos e pequenos prazeres não passam de sombras da realidade.

O que é o inevitável? O que você gosta de fato? Se ainda não sabe do que gosta, comece descartando o que não gosta. Como em um concurso público com perguntas de múltipla escolha: quando não sabemos a resposta, vamos por exclusão: o que não pode ser. Que tipo de ovo você não come de jeito nenhum?

Se já sabe, nem chegue perto. Estés (2014:137) recomenda que:

> Se a mulher conseguisse parar para examinar seu próprio coração, ela veria nele uma necessidade de que suas habilidades, seus dons e suas limitações fossem respeitosamente reconhecidos e aceitos. Portanto, para começar a cura, pare de se iludir com a ideia de que um pequeno paliativo irá consertar uma perna quebrada. Seja franco frente às suas feridas, e assim terá uma imagem correta do remédio.

Estou aqui a dar conselhos, como se fosse bem-sucedida na arte de amar (nos moldes da sociedade).

Não sou. Mas sei o que não é amor. Por exclusão, como nas questões de múltipla escolha, lembra?

Campello (blogueiro a princípio) discorre sobre os truques dos homens na tal arte. Ele escreveu um livro muito bom quando você não tem noção do que está acontecendo e fica se perguntando: "O que eu fiz de errado? Por que ele não me ligou/ mandou mensagem/sinal de fumaça? Por que ele me ignora agora?".

Sabe todas aquelas perguntas que você já se fez algum dia? Então, esse cara dá algumas respostas. Ignore o que for machista (leia e ouça tudo que puder, só retenha o que é bom para você) e pense que é uma espécie de dedo-duro do outro grupo. Afinal, ele tem informações privilegiadas. Um bom começo, se ainda não quiser comprar o livro, é o *blog*. Dê uma clicada lá.

E o que acontece com nosso corpo quando arrebatados por coisa intangível? Para Robles (2013:205):

> Amando e desamando, no abandono ou na plenitude, a humanidade atravessou os séculos clamando aos deuses por misericórdia, a fim de mitigar os furores do coração. As aventuras dos amantes encabeçam a preocupação literária em todas as línguas, pois pela paixão que cresce entre duas pessoas se expande uma espiral de emoções que, por estranho arrebatamento se transmuta em fonte de outros delírios em que se misturam o devaneio, o afã pelo poder, um enorme horror à morte e a veemência que impulsiona o flechado (por Cupido) a passar por um renascimento interior dominado por forças súbitas que ele não reconhece como suas.

Delírio, devaneio, afã pelo poder e horror à morte.

Bem parecido com a Síndrome de Estocolmo, não? Primeiramente, você fica com medo, depois decide que a criatura "não é tão ruim assim". Justifica a prisão (cárcere), a intimidação e as ameaças e passa a ver o sujeito com bons olhos. Na verdade, ótimos olhos. Quem sabe esse cara é para casar? Quando será que ele vai me apresentar à mãe? Mudar o *status* do Facebook? Levar-me naquela viagem romântica para Monte Verde ou Campos do Jordão (no inverno, para sentir mais frio ainda)?

Esse estado de paixonite, como dizemos aqui, pode ser devastador.

Dorothy Tennov (1979) inventou um termo para explicar aquela coisa intensa e avassaladora que invade sem que você saiba de onde veio e se tem fim. O termo é *limerância*. Apareceu pela primeira vez no livro *Love and limerence: the experience of being in love* ("Amor e limerância: a experiência de estar apaixonada", em tradução livre).

Ela define o termo como uma entrega total e irrestrita ao tsunâmi da paixão ilógica, uma atração obsessiva e involuntária que depende da correspondência emocional do objeto de desejo. Comportamentos obsessivos e compulsivos, muito parecidos com TOC, como esperar que ele ligue ou passe mensagem, para só então começar de fato o seu dia, cancelar compromissos pessoais ou ajeitar a sua agenda para que você possa vê-lo no horário que ele estabelecer, deixar de comparecer a eventos sociais como aquele jantar com suas amigas para falar com ele nem que seja por Skype, ciúme irracional e injustificado, pânico de ser abandonada ou rejeitada, sentimentos de inferioridade e inadequação, vontade de concordar com tudo que ele diz ou faz, entre outros.

Ela compara essa sensação louca com a de um bebê que necessita da mãe para se alimentar e, quando a mãe não está, ele pensa e sente que vai morrer. Somos adultos e repetimos um padrão inconsciente de crianças dependentes e frágeis para obter o amor do objeto de desejo ou da *limerância*. A pessoa ultrapassa as barreiras de sua própria identidade, a fim de adequar-se ao outro, e se torna dependente das respostas emocionais dele. Se ele está bem, eu fico bem. Se ele está zangado hoje, pronto, meu dia acabou.

Os sintomas são quase iguais aos da paixão. A diferença é que na *limerância* essa dependência pode durar anos, até mesmo uma vida inteira. Essa idealização do que chamamos amor pode causar estragos infinitos na autoestima. Em geral, temos noções erradas do que é o amor. Pelo padrão de comportamento daqueles que nos cercam, os responsáveis pela confiança básica e pelo primeiro amor. Por vezes, entendemos o sentimento nobre como desamparo, negligência e alienação, pois foi isso que vivemos em nossa primeira infância. Outras vezes, a referência de amor é ainda pior: maus tratos, abuso sexual e/ou psicológico, abandono, e a lista continua. Imagine que repetimos esse padrão ao longo de nossa vida e confundimos o cara que nos trata mal, por exemplo, com alguém que ama, pois foi mostrado o primeiro amor. Ficou um *imprint*: uma marca em nossa alma.

Fromm (2000:117) denomina o sentimento de amor neurótico, cuja base:

> está no fato de que um dos "amantes" (ou ambos) permanece preso à figura dos pais e transfere sentimentos, expectativas e medos que teve na infância em relação ao pai ou à mãe para a pessoa amada na vida adulta. As pessoas envolvidas em tal tipo de amor nunca saíram de um padrão de ligação infantil e buscam esse padrão em suas necessidades afetivas na vida adulta.

Às vezes, o resultado é um adulto com fome de amor, na verdade, insaciável. Ninguém pode aplacá-lo. Ninguém de fora, mas seu eu de dentro pode. Com o tempo e muito esforço (pois é, dá trabalho), você vai aprender a se saciar ou, pelo menos, a desviar sua libido, talvez com a ajuda dos que estão dispostos a te amar de maneira genuína, como amigos, família e quem sabe um companheiro. Essas pessoas complementam o seu amor próprio, mas não o substituem, nem suprem. Apenas complementam. Ajudam a encher o buraco, o vazio que cresce no coração ou na alma com os baques da vida. Cada vez que você se sente rejeitado (ou porque foi mesmo ou porque se imagina dessa forma), aumenta o buraco. Por isso a importância de quem deixar entrar na nossa vida, tanto amigos quanto amores.

Para Estés (2014:83), esse abrir a porta em nossa vida é:

> ter um companheiro/amigo que a considere como uma criatura viva, em crescimento, [...] ter um companheiro e amigos que a considerem um verdadeiro ser que vive e respira, que é humano e composto de elementos delicados e mágicos [...] um companheiro e amigos que apoiem a criatura que existe em você [...] são essas as pessoas por quem você está procurando. Elas serão amigas da sua alma pela vida afora. A escolha criteriosa de amigos, companheiros e mestres tem importância crítica para continuar consciente, para continuar intuitiva, para manter o controle sobre a luz incandescente que vê e sabe.

Solnit (2006) escreveu que amou um homem que era um deserto. Quem nunca? Árido em sentimentos, pelo menos aqueles que são reais. Ou cheio deles, mas na verdade nenhum tem raízes.

Gosto muito de deserto. Há a verdadeira luta pela sobrevivência. Um monte de areia sem fim e, de repente, você avista um oásis. Ali, no meio do nada, a vida se mostra resiliente. Corajosa. Brava. Forte. Como aquela planta que tem um nome maravilhoso: comigo-ninguém-pode. O deserto repleto de nada não pode com a vida que insiste em aparecer.

Mas não moraria lá se pudesse escolher. Passaria férias no Marrocos, no magnífico Saara, mas não fixaria residência. Deserto não é para casar, gente.

Em inglês, há uma expressão que se refere a pessoas que não são apropriadas para uma relação duradoura: *he is not marriage material*. Não é feito para casar. Pode ser para uma aventura, uma paixão, uma *infatuation*, mas não para se dedicar, apostar e tentar uma vida a dois.

Ninguém quer viver no deserto. A não ser os beduínos.

Insistimos ainda mais um pouco. Procuramos nossa alma gêmea.

Esse poderoso nome – que consome nossos sonhos e fantasias – veio do mito de Andrógino, criado por Platão, no livro *O Banquete*, segundo o qual no início havia três sexos: homem, mulher e andrógino. Os três apresentavam quatro pernas, quatro braços e uma cabeça com dois rostos virados para lados opostos. Eram seres poderosos, que desafiaram os deuses por também quererem se tornar deuses. Zeus decidiu lhes dar uma lição, cortando-os em dois, e chamou Apolo para a tarefa ingrata. Zeus teria dito:

> Acho que tenho um meio de fazer com que os homens possam existir, mas parem com a intemperança, se tornados mais fracos. Agora, com efeito, eu os cortarei a cada um em dois e, ao mesmo tempo, eles serão mais fracos e também mais úteis para nós, pelo fato de se terem tornado mais numerosos; e andarão eretos, sobre duas pernas. Se ainda pensarem em arrogância e não quiserem acomodar-se, de novo, eu os cortarei em dois e assim sobre uma só perna eles andarão, saltitando (Platão:18).

Apolo torceu-lhes a face, para que se encarassem para sempre, e costurou, repuxou a pele até formar o ventre e o umbigo. Entretanto, os órgãos reprodutores ficavam nas costas e eles só copulavam com a terra e não um com o outro. Obrigados a ficar sem parte do seu corpo e a olhar para sempre para sua metade de frente, passaram a se interessar apenas por abraçar seu outro eu e morreram de fome, pois não comiam nem bebiam nada.

Nise da Silveira (2006:87) verifica que desde que a nossa natureza se mutilou em duas, ansiavam cada uma por sua própria metade e a ela se uniam, envolvi-a com as mãos e enlaçavam-se um ao outro. No ardor de se fundirem, morriam de fome e de inércia, por nada quererem fazer longe um do outro. E sempre que morria uma das metades, a sobrevivente ficava à procura de outra com que se enlaçar, quer fosse mulher – o que agora chamamos mulher — quer fosse um homem. E assim iam se destruindo.

Zeus apiedou-se dos seres nessa condição e colocou seus órgãos reprodutores à frente, para que a raça continuasse dessa forma, mas a alma saberia que só um encontro com sua metade amputada lhe traria paz e a metade que lhe falta, a que lhe fora arrancada, cortada por Apolo.

Desde então, cada um procura ansiosamente sua metade. O homem e a mulher sofrem esse mesmo sentimento, expresso pelo mito de serem incompletos quando sozinhos, pois a natureza do homem pressupõe a mulher e a natureza da mulher pressupõe o homem.

Daí nasceu a história bem-contada da alma gêmea.

O mito é muito bonito e é reforçado pelo cinema e pelos contos de fada, pois desde pequenas ouvimos contos sobre princesas, castelos e príncipes que as salvam. A cavalo. Ou com uma Ferrari, não sem antes passar por uma prova de fogo: matar o dragão, desafiar o pai, a política, o poder vigente etc. Nossa alma gêmea vai nos encontrar e seremos felizes para sempre e sempre.

Pais protetores e mães meigas e submissas. Uma verdadeira família de comercial de margarina. Até que as princesas foram "customizadas" aos tempos modernos, transformadas em mulheres que lutam e algumas até propõem sua própria mão em casamento, a exemplo da ruiva arqueira. Ou daquela Branca de Neve que salva o príncipe, pois ela aprendeu as manhas com os anões. Manhas e artimanhas na verdade. Lembra-se da versão do conto de fadas com a Julia Roberts como madrasta?

Parece que a demanda por uma representação mais atualizada ou uma versão mais moderna da mulher levou Hollywood a enveredar por novos caminhos. E as princesas não são mais tão meigas e nem tão desesperadas para encontrar sua alma gêmea e casar.

Mérida (a ruiva do filme *Valente*), uma Ártemis completa – até arco e flecha é seu esporte favorito – nem queria casar, pois já se encontrava completa em si mesma. Um dos aspectos do mito da deusa da caça. Talvez Ártemis fosse andrógina. Já parou para pensar nisso?

O aspecto virgem mencionado pelos escritores quando falam das deusas nada tem a ver com sexo ou com a falta dele. A virgem é a deusa que não pertence a nenhum homem, que existe completamente separada dele, que é uma em si mesma, conforme a análise de Bolen (1990:65):

> Psicologicamente, a deusa virgem é aquele aspecto da mulher que não foi afetado pelas expectativas coletivas sociais e culturais, determinadas pelo sexo masculino, daquilo que uma mulher deveria ser, ou por um julgamento individual que alguém do sexo masculino faz dela. O aspecto da deusa virgem é uma pura essência de quem é mulher e daquilo que ela valoriza. Ele permanece imaculado e não contaminado porque ela não o revela, porque o mantém sagrado e inviolado, ou porque o expressa sem modificação para refutar os padrões masculinos.

Ficar sozinha não é o fim do mundo. Na verdade, pode ser o início de um universo novo. Viajar sozinha é tão bom! Você se desafia de muitas maneiras, não somente por sair da acomodação, mas ao pegar o transporte público, balbuciar qualquer coisa na língua nova e estranha em geral, prestar atenção em como o povo se porta e o que veste, como bebem café e saboreiam suas comidas típicas. Há tantas coisas novas que a assimilação do que te aconteceu não se dá logo que você volta, mas, às vezes, só semanas ou meses após o seu retorno.

A palavra autonomia ganha novos contornos. Você se transforma em alguém muito mais independente. O mesmo vale para nossas relações. Quão melhor é ser genuinamente independente?

Essa questão é examinada por Balieiro (2014:30):

> Ter real independência, autonomia e viver a vida que se escolhe é muito mais do que ganhar a vida, apesar de que ser capaz de fazer isso é requisito fundamental. É ter capacidade de sustentar, em todos os sentidos, as próprias escolhas e as consequências delas. É ser capaz de ficar só, mesmo que seja doído, se a vida a dois estiver ruim ou péssima ou mesmo insatisfatória. É construir uma vida autêntica que tenha significado e sentido e bancá-la, sem conceder por carência, medo ou até preguiça de enfrentar "as batalhas" da vida. Implica tanto conquistas externas, no mundo de fora, quanto internas, no mundo de dentro.

O ideal seria compartilhar a jornada com alguém que fosse a alma gêmea do mito. Há pessoas que gostariam de companhia (de mochila ou de *resort*) ou que estão em busca, ou que esperam que surja do nada, tal qual mágica.

E, de fato, viajar acompanhada também é muito bom, desde que a companhia a respeite, a aceite e saiba compartilhar.

Acho que não devemos depositar no outro a expectativa de que nos complete, nos enxergue, nos absorva, sei lá. Primeiro, porque devemos ser uma em nós mesmas. Completar-nos, encontrar-nos, a exemplo do homem que percorreu o mundo e voltou para casa, onde encontrou a si no local de onde partiu.

A ideia de *O alquimista*, de Paulo Coelho, citado em todos os *blogs* de viagem, mencionado pelas viajantes como seu livro favorito, é a busca incessante pelo eu, pela essência. O que poderia ser interpretado como a alma gêmea. O tesouro que está enterrado no seu próprio quintal. Poucas vezes temos um vislumbre dele. Damo-nos conta de que as respostas estão aqui, dentro da nossa alma, e sempre estiveram. O mundo completo, o universo, sou eu, feito de energia e matéria, emoção, sensação e o impalpável.

Uma verdade universal, que está no inconsciente coletivo.

Penso que é responsabilidade demais colocar nossa esperança de vida em outro ser humano, não? Parece-me um fardo pesado e injusto.

Se não der certo, você certamente vai cobrar da criatura. Do responsável pelo fracasso. Afinal, para que dedicou tanto tempo, amor, ouvido a todas as lamúrias? Ele ou ela precisa pagar o preço. Mas, espera: o preço de te completar? Está projetando sua felicidade no outro. Complicado isso, hein?

Talvez devêssemos recorrer à Atena e à Ártemis que há em nós e buscar esse aspecto de uma em si mesma, pelo complemento que achamos que o outro tem para nos dar. O que nosso outro do mito de Platão pode transpor para dentro de nós, como o rio que deságua no mar? Qual correnteza nos leva e onde é o mar?

Não se diminua para caber na poça d'água do outro. Se você é rio, vai bater no meio do mar, como diz a música. Vai se perder no meio do oceano sem fim, que não te agarra e nem te sufoca, não faz joguinhos de não vou mandar mensagem, assim ela me valoriza mais; aliás: não faz jogo nenhum.

Quem quiser que vá atrás. Quem se importar ficará por perto. Manda mensagem para saber como foi a prova no curso, lê seu *blog* ou seus escritos, quer saber se seu ouvido melhorou e vai te ouvir com empatia quando você se queixar que o metrô estava lotado demais ou que seu trabalho não satisfaz.

A falta de mensagem já é uma mensagem. Alguém disse.

Não queremos que alguém conserte as coisas, mas apenas um ouvido real, que a pessoa ouça com genuíno interesse. Não para dizer como agir para melhorar aquela situação, isso você já sabe. Só queremos reclamar mesmo. E muitas de nós não temos grana para pagar alguém para ouvir.

Não existe alma gêmea em outra pessoa, mas existe alma genuína. Você tem uma ou duas amigas assim, não é?

Aquelas que são empáticas, que sentem suas dores, que a escutam e a aconselham. Aquela que se posiciona silenciosamente ao seu lado enquanto você chora e soluça descontroladamente e a olha com afeição, porque já passou por aquilo. Que a leva ao cinema para ver um filme idiota só para rir um pouco. Que manda mensagem perguntando: "Como está a perna? Você tem de alongar antes do exercício, já lhe disse isso!". Aquela bronca de amor.

Quando você não tem dinheiro para viajar, sabe exatamente o que está sentindo: como um pássaro preso na gaiola, que nem cantar sabe mais. Pois, para Balieiro (2014:35):

> Diante de uma verdadeira amiga podemos ser totalmente nós mesmas, podemos nos sentir completamente à vontade, relaxadas, pois ela nos aceita como somos, sem expectativas de quem ou de como deveríamos ser. Não precisamos "mentir emocionalmente" para preservar a relação; podemos ser autênticas. Podemos rir ou chorar juntas, sem medo de sermos taxadas de malucas.

Se existem amigas assim, quem sabe não existam caras assim?

Yo no creo en las brujas pero de haberlas haylas (Miguel Cervantes, *Dom Quixote de La Mancha*). Algo como: não acredito nas bruxas, mas que elas existem, existem.

Brincadeira. Conheço caras legais. Até mesmo os que querem uma namorada, não apenas um contatinho. Aqueles que estão buscando, como a maioria das mulheres, sua alma gêmea. Alguém para compartilhar destinos, com mochilas separadas, mas que possam caminhar juntos nas trilhas da vida.

Com eu disse, na psicologia junguiana, todos temos um princípio feminino e masculino dentro de nós, algo denominado por Jung, grosso modo, *anima* e *animus*. Tais princípios não estão em ordem. Há uma bagunça interna que não conseguimos arrumar porque um se sobrepõe ao outro e não incorporamos direito o masculino e o feminino em nosso ser. Assim como o consciente (que sabemos, ou assim pensamos), o inconsciente (o mundo subterrâneo da mente) também está bagunçado. O propósito é inteirar, agregar essas partes, ou integrar, na linguagem dos psicólogos, pelo processo de individuação, no qual se procura a totalização do ser.

Nise da Silveira (2006) vê os prazeres e sofrimentos vivenciados num nível mais alto de consciência, e assim o homem torna-se ele mesmo, um ser completo, composto de consciente e inconsciente, que incluem aspectos claros e escuros, masculinos e femininos, ordenados segundo o plano-base que lhe for peculiar.

Ou seja, tomar consciência de que é um ser único (que você já é), para fazer aquilo que veio ao mundo realizar, mas ainda não se deu conta. Tornar-se singular, ímpar, com as duas partes perdidas reunidas em um só local, em harmonia. Individuar é encontrar-se, encantar-se e, às vezes, assombrar-se. É confrontar o que há de bom e o lado negro (da força e do seu ser), aceitar o que você não pode mudar, como diz a oração, e transformar aquilo que você tem controle. Ao aceitar quem você é sem resistência ao que lhe acontece no caminho e aprender a cada passo, tomando ciência de que todos e tudo são professores, você se dá conta de quem é, retira as máscaras e aprecia o que de bom tem a oferecer, para si mesmo e para o mundo à sua volta.

Assim, a alma gêmea do mito está dentro de você. É esse pedaço que você sente que falta. Essa saudade de algo que nem sabe o que é. É sua outra metade, separada de você nesse momento de vida. O seu gêmeo está bem aí, tal qual tesouro escondido.

O mapa é a individuação. O fruto desse processo, de acordo com os autores junguianos e, em particular, a Dra. Von Franz, é o seguinte: o fato é que cada indivíduo tem de realizar algo de diferente, exclusivamente seu.

Um bom começo é se conhecer para realizar algo que seja só seu. É um processo doloroso e longo. É uma viagem cujo destino você não conhece, quanto mais o fim! Você percebe que há um começo, ainda que involuntário, quando o seu ego deixou para trás as ilusões de grandeza e você sabe que existe algo mais profundo, maior do que você e de seus desejos mesquinhos, mas não controla nem o desenrolar do processo nem o resultado, seja ele qual for.

Cada um tem sua própria jornada, que é única e subjetiva, do mesmo modo que somos indivíduos singulares. Assim é nossa travessia pelo labirinto do inconsciente e pelas pontes do ego, que funciona como um juiz ou árbitro.

Bolen (1990:364) analisa o interior da mulher, no qual:

> as deusas podem rivalizar entre si, ou uma delas pode ser dominante. Cada vez que a mulher precisa tomar uma decisão importante, pode haver disputa entre as deusas. Se formos afortunados, um ego saudável senta-se à cabeceira da mesa, preside a reunião e decide quando e quem deveria ter a vez ou tomar a palavra. Um presidente mantém a ordem como participante atento e executivo eficaz, qualidades de um ego em bom funcionamento.

Não há fórmula para isso, mas posso te garantir que a ignorância não é uma bênção. Melhor saber.

Reúna as deusas que há em você. Descubra seus limites e talentos, faça as pazes com seus defeitos, celebre suas peculiaridades, viaje com um plano, mas esteja aberta às mudanças bruscas de tempo. Ouça sua intuição, ela tem muito a dizer. Compartilhe seus conhecimentos e habilidades, converse com suas amigas (as outras deusas) e peça conselhos daquela que você acha mais equilibrada. Sobretudo, confie em você mesma. Desenvolva sua intuição e preste atenção, fique atenta ao itinerário e mantenha a mente aberta para mudá-lo se for o caso. Não se prenda a ideias preconcebidas sobre os países, vá e sinta por si só.

Inseguro é ficar em casa sem se arriscar a mudar a rota.

Melhor entregar-se a esse trajeto que se assemelha muito a uma peregrinação, uma jornada para dentro de si mesma. Ajuste o cinto de segurança.

Boa viagem.

Apêndice
(arruma a mala aê)

We do not need to understand other people and their customs fully to interact with them and learn in the process; it is making the effort to interact without knowing all the rules, improvising certain situations, that allow us to grow.	Não é necessário entender completamente as pessoas e seus costumes a fim de interagir com elas e aprender no processo; é fazendo o esforço para interagir sem saber as regras do jogo, improvisando em determinadas situações, que nos fará crescer.

MARY CATHERINE BATESON, PERIPHERAL VISIONS, 2009

Gostaria muito que você reunisse a Ártemis e a Atena que há em você e, em vez de esperar a disponibilidade de uma amiga ou do namorado (marido, contatinho, ficante) para fazer aquela viagem tão sonhada, fosse sozinha mesmo.

As dúvidas que temos ao preparar uma viagem são inúmeras: como vou arrumar a mala? É perigoso? Posso mesmo ir sozinha? Levo dinheiro ou cartão? O que é *jet lag*? Todo mundo sofre com isso? Mas e a língua, como eu faço?

Seguem aí umas dicas que podem ser úteis para a sua viagem.

» A escolha do destino depende de grana, quantidade de dias, fuso, temperatura, passagem aérea, chefe, férias, disponibilidade, ufa! Muitas e muitas coisas. Acredito que podemos ir para qualquer lugar, mas há alguns que não valem a pena se você não dispõe de tempo suficiente. Se o destino escolhido for a Ásia ou Oceania, por exemplo, conte com, pelo menos, dois dias de viagem para chegar e mais dois para voltar, ainda que você ganhe um dia com o fuso na volta: 35, 38, 42 horas de viagem. Fora o tempo de aeroporto. Aqui em Sampa, temos de sair de casa pelo menos com quatro horas de antecedência se o embarque for em Guarulhos (Cumbica). É o mesmo em Tóquio ou Hanói, por causa do trânsito. Assim, ao acrescentar as esperas e conexões, acrescente pelo menos mais 48 horas ao todo. A maioria dos destinos dispõe de transporte público no aeroporto de chegada, mas ainda há alguns em que você não terá alternativa a não ser pegar um táxi. O que fazer? A melhor opção é pedir um *transfer* do *hostel* (ou do hotel) que você vai ficar. Por ser mais seguro, embora caro, é mais tranquilo. Se você desembarca à noite em uma cidade desconhecida e não quer pegar o metrô porque vai estar cansada, com olheiras, com fome, ou enjoada, com sono (eu, sempre), é muito melhor pedir que alguém esteja lá no portão de desembarque com uma plaquinha na mão. Se o destino for na Ásia, eu faço isso quando viajo sozinha. No Japão, entretanto, peguei o Narita Express, depois o metrô. Cheguei ao *hostel* depois de 38 horas. Mas estava com uma amiga, então é mais fácil. Quando desci em Saigon, o motorista que eu havia contratado pela empresa Satsco não estava lá. Tive de pegar um táxi para o *hostel*, e eu já sabia (tinha lido em alguns *blogs*) que taxista no Vietnã é complicado. Pedi que ligasse o taxímetro, ele reclamou muito (na língua dele), deve ter até me xingado, dirigiu como um louco e eu fiquei me sentindo refém do cara durante o trajeto. Acontece. Depois de enviar e-mail e receber um pedido de desculpas (que de nada adianta), eles me reembolsaram (também não paga o estresse). Para evitar esse tipo de situação, contrate um translado diretamente do seu local de hospedagem quando não houver transporte público.

» Planejar e escolher o destino. O que for mais a sua cara. Do que você gosta? É mais urbana ou mais natureza? Montanha ou praia? Frio incomoda? Acrescente na escolha a pesquisa de temperatura durante o mês que você vai. É supercaro e não cabe no seu orçamento? Planeje e guarde durante um ano. Foi o que eu fiz para o Japão, a Noruega e a Islândia. Comprei as passagens e demorei de oito meses a um ano para realizar a viagem. Ainda não consegui fazer o Serengeti, porque não tenho grana para ir sozinha, mas eu chego lá. Enquanto não consigo fazer aquela viagem que vai custar os olhos que não tenho na cara, faço menores e mais baratas, intercalo países caros com mais baratos. Fui para a Islândia em junho de 2017, então escolhi março, junto com a Páscoa, do ano seguinte, 2018, para ir à Turquia. A lira turca é quase como o real e posso comer por R$ 20,00, além de conseguir um *hostel* bem barato. A única coisa cara da viagem é o voo de balão pela Capadócia. O restante dá para pegar ônibus nos trechos internos e um voo no trecho mais longo (R$ 50,00 a passagem). É possível viajar com pouca grana e é isso que eu faço, mas requer um planejamento extensivo e antecipado, além de economia (no cofrinho mesmo). Você vai ter de cortar a TV a cabo em algum momento ou parar de jantar fora ou mesmo comer fora, levando marmita para o trabalho. Faça os cortes que não vão pesar tanto assim. Livre-se do que não precisa. Acredite, há muita tralha na sua casa. Abra espaço e ganhe uns trocados. Dê aula de alguma coisa para reforçar o orçamento. Deixe de ir para balada todo fim de semana. E, depois de um ano, você consegue ir para aquele destino com o qual que sonhava tanto. Faça uma conta-viagem. Não precisa ser na poupança, pode ser em casa mesmo. Junte, guarde, economize. E, leve em conta que não será uma viagem confortável: serão horas de deslocamento de um canto para outro, alojamento bem simples, refeição decente talvez uma ou duas por dia, passagem obrigatória no mercado local e esqueça as coisas que você considera um luxo.

» A coisa mais cara é a passagem aérea. Faça a cotação: Kayak, Google Flights, Decolar, Skyscanner. Se for múltiplo destino, escolha o ícone opções avançadas. Depois de ter uma ideia de preços (use a opção data variável para uma melhor comparação), dê uma passada nas companhias aéreas que apareceram e faça uma nova busca nos seus *sites*. Em geral, o valor é superior ao encontrado nas páginas de busca, mas pode trazer vantagens: uma rota menor, uma escala única em um aeroporto mais confortável e que não exija visto, um tempo menor de espera e sem troca de companhia aérea para não ter de pegar a mala na esteira e fazer um novo *check in*.

» Depois da compra da passagem, que pode ser dividida em até dez vezes em alguns *sites*, ou antes se quiser, você vai verificar a questão do visto. É necessário visto para o destino? Dá uma olhada no site do Itamaraty. Em geral não é. E quando é, dá para tirar sozinha – sem utilizar agência. O visto do Japão tirei no consulado em São Paulo (siga o texto no meu *blog* que explica como fazer). Uma coisa que você deve prestar atenção: a validade do seu passaporte. A maioria dos países exige seis meses de validade, e outra coisa: se há folhas suficientes para carimbar. Acredite: já mandaram gente para casa, do embarque, porque não havia mais de duas folhas em branco. E tem gente que carimba onde quer, né? Já despacharam criaturas no controle de passaporte por conta da validade. Lembrei-me daquele filme *O terminal*. Imagine ficar preso num aeroporto porque não pode entrar no país. Gosto de aeroportos, mas não quero morar em um.

» O seguro: questão controversa essa. Há algumas agências que exigem o seguro-viagem. Há alguns países que também o exigem. Eu faço. Ainda não usei, e faço sempre o mais barato, mas faço. Se você usar o cartão de crédito da bandeira Visa ou Mastercard para comprar sua passagem aérea de ida, tem direito a um seguro viagem. Eu faço à parte agora. Pesquiso em alguns lugares e faço o mais barato. *Better safe than sorry*. Não sei precisar como funciona exatamente, pois ainda não usei (ainda bem!). Com a quantidade de coisas que eu como, inclusive comida de rua, e de transportes que utilizo, nunca se sabe. Alguns sites para sua pesquisa: www.mondialtravel.com.br/seguro-viagem; www.allianz-assistance.com.br/seguro-viagem/aereo; www.assistcard.com.br; www.worldnomads.com/travel-insurance/travel-insurance-quote.

» Vacinas: a maioria dos destinos exige vacina contra febre amarela, que é bem burocrático aqui para conseguir. No Emílio Ribas, em São Paulo, você tem de fazer o agendamento e estar com a passagem aérea na mão para comprovar que o destino exige a vacina. E sai de lá com o certificado internacional. O *blog* Viagem na Viagem (do superexperiente Ricardo Freire) dá as dicas. Essa foi a única vacina que eu tive de tomar. Se há outras eu não sei, é preciso verificar o destino que você vai e o que é exigido.

» Dinheiro ou cartão? Levo dinheiro, mas desbloqueio o cartão de crédito, por segurança. Vai que. Não faço saques, porque o cartão cobra taxas absurdas. Evito a todo custo usar o cartão de crédito (IOF bandido!). A questão é que você acaba andando com um bolo de grana. E, atualmente, eu não deixo no *hostel*/hotel/alojamento. Carrego comigo no porta-dólar embaixo da calça. Vi num vídeo que há um código mestre, como uma chave-mestre, que abre qualquer cofre que fica nos alojamentos (em alguns deles pelo menos). Às vezes, deixo os cartões e alguma grana trancados na mala, com o cadeado. Em geral, carrego tudo comigo e no corpo, não na mochila. Se for possível levar a moeda do local, eu já saio daqui com ela. Se não, eu troco lá. E levo dólar para a Ásia ou Oceania. A Europa hoje é o paraíso. Euro para quase todo lugar. Entretanto, na Escandinávia, os países têm sua própria moeda (coroa alguma coisa). Mesma coisa na República Tcheca e na Hungria. Então, mesmo que esteja com euro, vai ter de trocar no aeroporto ou na casa de câmbio mais próxima. Não se esqueça de, na volta ao Brasil, trocar tudo, pois aquela moeda só é usada lá e não há como trocar aqui no aeroporto.

» Clima/temperatura: muito importante e não apenas para arrumar a mala. Há alguns países nos quais você não vai suportar a temperatura, que chega a - 40º e não vai ser possível sair do alojamento por dias se houver uma nevasca ou estado de emergência. Então, antes de separar seus dias de férias, decida para onde quer ir e como é a temperatura naquela época. A Islândia é maravilhosa no inverno, com a aurora boreal, *trekking* em cavernas de gelo e no glaciar, diversas atividades de inverno, como esquiar ou caçar a aurora boreal. Mas deve ser muito, muito, muito gelado. Fui durante o verão e não senti frio porque estava superagasalhada. Então, o que você quer ver? Eu já tinha visto a aurora na Noruega, onde fui durante a primavera, especificamente para a caça, numa cidade chamada Tromso. O que eu desejava na ilha era passear, caminhar, andar a cavalo, ir até as cachoeiras e ver os vulcões. O verão serviria bem para esse propósito. E, mesmo assim, é frio e chove. O sudeste asiático e a Índia têm as monções numa determinada época do ano nas quais chove sem parar, como na Amazônia (um dilúvio!). Além de alagar tudo, você não consegue sair. Tive que planejar minha viagem solo para o Vietnã de modo que acomodasse os três países (Camboja e Tailândia também), numa só ida, sem pegar as chuvas torrenciais. Consegui encaixar os três, mas peguei 37º à noite no Camboja. Como você pode ver, a temperatura importa até para a preparação e compra da passagem. E, claro, a mala. Viajo cada vez com menos coisas. E você já ouviu isso diversas vezes de viajantes experientes, não é? Sempre há desodorante e pasta de dente no destino. Ou blusa mais quente. Ou casaco. Ou guarda-chuva. A não ser que você vá acampar no deserto. Daí, sim, tem de levar na mala quase tudo. Caso contrário, não vai passar aperto, pois há de tudo em quase todo lugar, apenas numa língua diferente. Leve uma mala pequena, de preferência de mão, que possa levar no avião, mas se não der leve uma média, com quatro rodinhas, que possa levantar sem dificuldade, colocar no compartimento acima da sua cabeça no trem, arrastar por ruas com degelo, subir as escadarias do metrô (em Santiago e em Madri). Lembre-se de que vai ficar com ela durante toda a sua viagem. Se estiver frio, três ou quatro blusas segunda pele, alguns pares de meia (se chover leve mais), um casaco bom, que dê para levar na mão no voo, duas calças (vai que uma molha): uma para esquiar (forrada e impermeável), um lenço (se for *pashmina*, melhor, pois esquenta e é bonita), um gorro, um par de luvas, algumas roupas íntimas e duas camisetas ou camisola para dormir, uma bota forrada de cano curto (para trilha, se for caminhar), um sapato fechado e um par de chinelos (havaianas, por favor), uma roupa mais ou menos para sair (vai que pinta um convite) e *voilà*. Mala pronta. Para que mais do que isso? Sim, vai voltar tudo sujo. Paciência. Esqueça esse negócio de ser sensual quando está viajando. Difícil ser sexy e não morrer de frio. Prefere conforto ou hipotermia, amada? Se for quente, bom. Moramos no Brasil, né? Você sabe fazer uma mala (pequena, por favor). Aliás, se for para a Ásia, pode mandar lavar a roupa no hotel, porque é bem barato. Coloque as meias e calcinhas dentro do sapato, para ganhar espaço, e faça rolos com as camisetas. Uma dica que acho imprescindível: uma calça que vira bermuda. Nos templos, você tem de entrar com as pernas cobertas. Quando você sair, pode abrir o zíper e vira uma bermuda. Ou leve uma canga, serve para cobrir seus ombros e fazer as vezes de saia. Lembre de que os ombros também devem estar cobertos, portanto uma camiseta com manga 3/4 é suficiente. A grande maioria desses lugares tem uma barraca na frente, vendendo lenço ou, no guichê (onde você compra a entrada), pode alugar uma roupa. Em Meteora, na Grécia, para entrar nos mosteiros, que parecem pendurados em uma rocha a milhares de metros do chão, eles providenciam uma espécie de saia para colocar em cima da calça e não cobram nada por isso. Em algumas mesquitas no Marrocos, também providenciam lenço para fazer de *hijab*. Eu levo o meu, somente um, mas serve para tanta coisa que não é espaço desperdiçado na mala. Há um vídeo no YouTube que ensina a fazer uma mala. Para pesquisar a temperatura, para mim, o melhor *site* é: www.accuweather.com/en/br/brazil-weather.

» Fuso: 99% das pessoas que eu conheço tem *jet lag* pesado – aquela sensação ao viajar para um destino cujo fuso horário é diferente do seu – e passa mal. Tem dor de cabeça, enjoo, dor de barriga, enfim, dor de tudo. O corpo demora a se adaptar à diferença de hora. É só lembrar quanto tempo demora a se adaptar ao horário de verão aqui em Sampa. Imagine dez horas a mais? Quando o que era dia vira noite? O café da manhã é o lanche da tarde? Espera! Que horas são? Duas da manhã? O que eu tô fazendo acordada? Ásia e Oceania são desafios enormes. Para mim, o maior desafio é o fuso. Na volta, então, passo muito mal. Dizem que, para cada hora que aumenta, seu corpo precisa de um dia de adaptação. Quem tem dez dias na volta das férias para adaptar o corpo? Ninguém, né? Tem de voltar ao trabalho, mesmo que para você seja madrugada na hora em que pega o metrô. Mas o corpo acostuma de novo. Vai passar. Dicas: não beba álcool, porque desidrata muito mais rápido; beba muita água e procure forçar o corpo ao horário novo. Sim, você vai pescar no trabalho. Avise ao chefe antes. Coma pouco. Se possível, procure chegar ao destino à noite, porque você vai dormir de cansaço, mesmo que seu corpo ache que é dia. E, na volta, reserve pelo menos dois dias, se conseguir, para ficar em casa readaptando o corpitcho.

» Outro dia, ouvi elogios de uma portuguesa aos *blogs* de viagem brasileiros. Somos detalhistas e, como não ganhamos em euro, falamos muito de dinheiro: quanto custa um café, uma cerveja, e as coisas a que estamos acostumados aqui. É verdade. Todas as minhas viagens foram preparadas olhando *blogs* de viagem. Já fomos para todos os cantos daqui. Nepal? Tem. Cazaquistão? Também. Para o Vietnã, peguei a dica em um *blog* chamado Ideias na Mala, da Mari Vidigal, sobre uma agência de viagem para Halong Bay. E foi excelente o atendimento. Quando viajamos sozinhas, precisamos de toda a ajuda e os brasileiros são especialistas em poucos gastos e viagens econômicas. Gosto muito dos nossos *blogs* e *sites* de viagem. Há roteiros prontos de três a cinco dias nas cidades principais, dicas do "bilhete único" local, como sair do aeroporto, como pagar menos para entrar na Sagrada Família. Há de tudo. De mochileiros a conforto total. Estimativa de gastos é aqui. Outro *blog* do qual sou fã demais é o 360 Meridianos. Em alguns *blogs* você encontra as dicas sobre os usos e costumes locais. O que vestir e como se comportar em locais sagrados (templos, igrejas etc.). Varia muito de país para país, e você deve ter uma ideia com antecedência, para arrumar melhor sua mala sabendo o que colocar dentro. Sempre é bom ter cuidados básicos: cobrir o corpo, mesmo que esteja um calor de Manaus, no Oriente Médio e na Ásia. Não ter manifestações de afeto (beijos na boca) na rua, porque pode ser ofensivo e é em alguns lugares. Não sentar com os pés virados para alguma imagem, por exemplo, os budas na Ásia: sente-se em cima dos joelhos com os pés para trás. Aliás, cometi gafes (inúmeras, claro, e não me lembro de todas) no Egito. A eletricidade estática estava louca no meu corpo em Luxor, então tive a brilhante ideia de tirar a bota e pisar no chão (fazer um fio terra básico... olha a mente suja!), mas, na minha frente, estava sentado o dono da pousada, bastante ortodoxo, com aquela roupa que mais parece um vestido longo a candora. Não tive dúvidas, tirei a bota e fui pisar na terra em volta da piscina. Ele saiu rapidamente da mesa e entrou. Mostrar a sola do pé nos países mulçumanos é considerado uma ofensa, pois é a parte mais suja do corpo para eles. Eu só queria parar de ter choque a cada cinco minutos. Não tem jeito, por mais preparada que esteja, vai pisar no tomate (ou na jaca) em algum momento.

» Hospedagem: a exemplo da passagem aérea, você vai ter de procurar. Os *sites* que eu uso são os seguintes: www.booking.com/index.pt-br.html; www.trivago.com.br (apesar de não aguentar mais ver ou ouvir aquela criatura na propaganda – ô coisa chata!); www.brazilian.hostelworld.com (fico bastante em *hostel*) e, por fim, www.hoteis.com. Tenho uma conta no Booking e, invariavelmente, a taxa cobrada é a mais barata. Vez por outra, o Hostelworld bate o preço. Mesmo assim, visito todos eles antes de me decidir por um alojamento. Se você é mais alternativo e quer desbravar novos horizontes, ficar com gente que não conhece, recomendo o Couchsurfing (do qual faço parte, mas nunca fiquei na casa de ninguém, apesar de já ter recebido pessoas em São Paulo): www.couchsurfing.com. Recomendo precaução para as meninas, pois muitas vezes vi comentários e experiências de viajantes solo que foram assediadas pelo anfitrião. Outra comunidade, específica para mulheres, é o Broads Abroad, do Facebook. Mulheres se hospedam na casa de outras. A mesma ideia por trás do *site* (para o qual escrevo algumas vezes): womantrip.com. Uma comunidade de viagens somente para mulheres. Assim, não há motivo para deixar de viajar, pois você consegue hospedagem até de graça. Novamente, cuidado! Use seus instintos para identificar se a situação é perigosa e saia quando se sentir ameaçada de alguma forma. Faça uma reunião de urgência com a Perséfone que há em você e procure por orientação. As respostas estão aí. Ou peça ajuda para as outras deusas de plantão. Se o cabelo da nuca arrepiar: corra, *baby*, corra!

» Faça um roteiro e organize seu itinerário. Nem que seja um esboço dos pontos que você deseja ver naquele país. Imprima as passagens, a confirmação da reserva do alojamento e o roteiro. Algumas vezes, no controle de passaporte (no Reino Unido, sempre) vão lhe perguntar quanto tempo pretende ficar e onde. Mostre logo a passagem de volta. Isso demonstra que você não tem a intenção de permanecer no país. Vejo muitas americanas do grupo de viagens de que participo que compram uma passagem só de ida. Não sei como isso funciona ao certo, talvez para elas não seja necessário demonstrar que não quer ficar no destino da vez. Para nós, brasileiras, infelizmente, ainda é obrigatório. Seu plano de viagem não é algo imutável. Pode ajustá-lo, à medida que vê como é a cidade em que chegou, se decide ficar mais um pouco ou ir em seguida para outra cidade. Deixe espaço para mudanças, elas acontecem e são sempre bem-vindas. Aconselho ter a passagem de volta, ainda que não tenha todas as reservas de hotel em mãos (porque quer mudar no meio do caminho), é essencial para evitar fadiga emocional no controle.

» Leve uma mochila com uma muda de roupas. Se você despachou sua mala, há uma possibilidade de ela se extraviar. As companhias aéreas oferecem um *voucher* para o cliente quando isso acontece (depois de passar por toda a burocracia de preencher inúmeros papéis ao avisar que sua bagagem não se encontra na esteira). Entretanto, em geral, o valor é ínfimo. Se você tem uma calça e uma camisa na mochila (e roupa de baixo) não vai passar apuro depois de tomar aquela ducha gostosa no alojamento. Até sua mala chegar, pelo menos você tem um coringa. Algumas vezes, a televisão na frente da sua poltrona não funciona, ou nem tem uma (Air Europa), então leve um passatempo também: um livro, sudoku, palavras cruzadas. Qualquer coisa que te distraia. *Podcast* no celular, se for possível carregar no avião, vai te ajudar a ficar menos entediado com as longas horas de voo. Ah! Leve uma lixa de unha. Quebrei uma unha e a escala era em Dubai. Resultado: o cortador de unha custou o valor de uma refeição completa. Lixa pode levar, cortador não.

» Economize tempo nos raios-x: se você tem celular, para que levar máquina fotográfica e *tablet*? Eu sei, as fotos têm uma resolução melhor, mas você vai carregar mais peso e ter de tirar mais coisas da mochila nos raios-x. Uma dica que vi no filme *Amor sem escalas*: se puder escolher a fila, fique atrás de asiáticos. Eles são superorganizados (a grande maioria) e não carregam mil coisas que têm de tirar dos bolsos na hora de passar no controle. Na maioria dos aeroportos da Europa, há mais de um controle e devem-se tirar os sapatos. No Egito também. Viaje de tênis, de preferência com velcro, assim, é só puxar do pé. Ou já entre com o cadarço desamarrado (é o que eu faço). E, sim você vai ter de pagar R$ 10 por uma garrafa d'água nas lojinhas depois do controle. A não ser que leve uma vazia e encha na torneira do banheiro antes de embarcar.

» Marque seu assento no voo: tem-se de pagar para marcar a poltrona (com antecedência) ou deixar que a companhia escolha por você, na maioria das empresas aéreas. Se você prefere janela ou corredor, melhor pagar e marcar antes. Do contrário, a probabilidade de acabar no assento do meio é enorme. Algumas poltronas têm mais espaço do que outras (não estou falando do espaço extra que você tem de comprar), outras não têm janela ou são muito próximas dos banheiros. Para escolher o melhor, há um *site* que ajuda. Você só precisa saber em que tipo de aeronave vai voar para fazer a pesquisa. Pegue o número do voo e coloque no Google ou no Flightaware (o que eu uso para acompanhar a rota quando alguém está viajando). Vai aparecer se é um A380 (sorte sua) ou 747, ou seja lá o que for. De posse do tipo de aeronave, volte ao *seatguru* e marque seu assento. Aparece o avião com as poltronas e as melhores estão indicadas.

» E a língua? Como faço? Em algum momento, o inglês foi escolhido como língua oficial dos viajantes. Se você ainda não fala com fluência, mas tem uma noção básica, vai servir. Antes de ir, use aqueles aplicativos que ajudam na preparação do básico. Infelizmente (ou não), você tem de falar alguma coisa. E isso já basta. Na Ásia, por exemplo, é um desafio entender o que eles falam. Gestos e um bom sorriso te levam muito longe. Uma ótima ferramenta na viagem é ter e gerar empatia, muito mais do que a fluência em qualquer idioma. Em determinados lugares, não vai adiantar falar inglês, como Marrocos e Japão, por exemplo. Não serve para quase nada. Antes de ir para o destino da vez, eu faço um pequeno dicionário da língua local, aprendo na internet a pronúncia e pronto. Por favor, obrigada, bom dia, olá, ajuda, banheiro, onde é, quanto custa, metrô, ônibus, avião, aeroporto etc. Sempre foi suficiente. Se você tiver *wi-fi* dá para usar o Google (ele fala por você na língua local). Mas nem sempre o interlocutor vai entender. Minha amiga fez isso no Japão para a senhora da recepção do *hostel*, pedindo um edredom a mais (estava frio demais) e ela fez aquela cara que cachorro faz, com a cara virada para um lado. Cara de interrogação. Com gestos e bastante mímica, ela entendeu e providenciou. Acredite em mim: uma disposição boa e um sorriso no rosto vão ajudar. A atitude é mais importante do que a língua ou mesmo a quantidade de pesquisa que você fez.

» Precisamos falar sobre preconceito. Quando morei na Inglaterra (há muitos anos), havia uma enorme xenofobia, especialmente direcionada a latinos. Hoje, a direção é outra: são os mulçumanos (islamofobia) os mais afetados. Entretanto, o preconceito permanece. Não há lugar mais demorado para passar no controle de passaporte do que a Inglaterra. Caras e bocas desconfiadas, assim como nos Estados Unidos, e lá só tende a piorar. Quando escolho um local para fazer conexão na Europa, prefiro a Alemanha. Não perguntam nada, nem olham para a sua cara e pronto. Foi. Melhor: fui. Somos invariavelmente alvo de olhares estranhos, até porque a maioria não sabe precisar de onde viemos, só sabe que somos latinos (pelo sotaque, provavelmente). Com o passar dos anos, aprendi que, quanto menos eu falar, melhor. Quanto mais preparada (com papéis) para demonstrar que não tenho interesse em ficar, mais seguro. E quanto mais discretas as roupas, menos tempo vou ficar no controle. Por incrível que pareça, o único lugar da Europa que me param para revistar a mala é em Portugal. Toda vez que viajo sozinha, eles me param. Já me costumei e, como não tenho nada a esconder, para mim tanto faz. Mas é chato, não é? Evito viajar por lá. E vou pela Alemanha para a Ásia, por exemplo. Ou mesmo para a Escandinávia. Se não houver voo direto (ou se for muito caro), Frankfurt ou Munique são meus pontos para conexão.

» Há muitas frases de viagem (dessas prontas, tipo mistura para bolo) e algumas delas me incomodam sobremaneira. Por exemplo, não seja um turista, seja um viajante. Bom, entendo que se quer diferenciar viajar somente para tirar foto e postar em algum lugar e viajar para de fato conhecer uma cultura. Isso não importa. Somos todos turistas. Mesmo se você ficar seis meses no Nepal vai ser um turista ou, pelo menos, um expatriado doido. Querer diferenciar as duas coisas é como comparar o seu telefone: "Ah, mas o meu é iPhone 53xyz...", e daí? Bom para você. Um turista por acaso não é um viajante? Viajante não tira foto? Eu tiro. Qualquer celular não tira também? Isso é ridículo. Sua maneira de ver o mundo depende de quem você é e não da quantidade de dias que você passa em algum lugar. É o jeito como você se porta com os locais e não se vai para lugares conhecidos ou deixa de ir. Portanto, #somostodosturistas.

» Frase atribuída a Santo Agostinho: *O mundo é um livro e aqueles que não viajam leem apenas uma página.* Quê? A maioria das pessoas não viaja porque não tem dinheiro mesmo. Há um percentual (pequeno) que não sabe que pode fazer a coisa de maneira que caiba no seu orçamento. E há quem só queira fazer viagens superconfortáveis. Há de tudo. Frase mais nada a ver. Ridículo dois, a missão.

» Há um movimento em ascensão contra o turismo, principalmente na Europa. Por vários motivos, mas o principal é a superlotação dos locais. Assim, em Veneza ou em Barcelona, por exemplo, a população local (grande parte dela) não gosta de turistas e quer limitar o número de pessoas que chegam. Outro motivo é o valor dos imóveis que sobe por conta da demanda na estada do viajante e os valores cobrados pelo Airbnb. Outra justificativa é o impacto que a quantidade de gente causa ao meio ambiente: a cidade medieval de Civita, na Itália, agora cobra dos visitantes que querem entrar. Há que se preparar psicologicamente para enfrentar esse tipo de coisa, se ainda quiser ir a esses lugares. Enfim, o movimento de fobia a turista só cresce. Lembre-se de que o mundo é grande. Dá para evitar tais locais.

» Outra frase em voga é o turismo responsável. O antigo ecoturismo. O movimento agora é antiplástico. Os campeões desse tipo de propaganda são os Estados Unidos, mas também aparece na Ásia. Não estou pregando que você jogue lixo na rua e use cinquenta sacolas plásticas. Dá para fazer as coisas com moderação, não é? Sem ter de usar esses artifícios que, em geral, político utiliza. Já basta ter de ouvir essas criaturas. Ainda temos de usar os mesmos jargões quando estamos de férias? Ter consciência não é uma questão de moda.

» Outra modinha é largar tudo para viajar sem destino tipo *Easy rider*. Ok. Até eu quero isso. A questão é que também é um modo de vida. As pessoas que fazem isso são jovens que não têm hipoteca para pagar ou prestação da casa, apartamento, carro. Em geral, eles moram com os pais, em algum momento guardam grana e se dispõem a fazer um mochilão pela Ásia e ver no que dá. Outra questão é que eles sabem o inglês como língua nativa, e há diversos trabalhos (dar aula, traduzir ou ser intérprete) para tal categoria. E tem de ser nativo. Os chamados *millennials* são seres afortunados, sim. Hoje é muito mais fácil (por conta da tecnologia) largar seu emprego (especialmente se você tem apenas um bico) e morar no Tibet. Requer coragem, mas não há nenhum compromisso assumido previamente, não há raízes e nem desejo de criá-las por enquanto. Mas não é para todo mundo. Infelizmente. Há outra opção muito popular também: nômade digital. A pessoa tem a possibilidade de trabalhar remotamente e realizar suas tarefas usando o computador com uma conexão *wi-fi* disponível (assim, pode trabalhar de qualquer lugar do mundo). Acho que um ano sabático é uma boa ideia, e se você conseguir fazer isso vai ser fantástico. Cada um faz o que dá, de acordo com suas possibilidades. Não se pode comparar sua vida com a de outras pessoas. A grama nem sempre é mais verde do outro lado da cerca. Se passar um fim de semana em Campos do Jordão é o que dá no momento, aproveite! Curta muito e tome bastante chocolate quente. Não é só viajar para o exterior que consta como viagem. Se você for a Sorocaba já está contando, meu amigo. Vale ressaltar que, na maioria das vezes, viajar aqui dentro é muito mais caro do que lá fora. Se você é do Sul ou do Sudeste do Brasil, compare os preços de um fim de semana na Argentina (duas horas e meia daqui) com uma ida a Belém do Pará. E me diz depois. Ou com uma passada em Trancoso, na Bahia. Montevidéu, Buenos Aires, Lima, Santiago. Ótimos lugares para começar se você ainda não se arriscou lá fora. E, ao pesquisar bem, fazer por conta (sem agência), sai muito mais barato. Dito isso, repito: o Brasil tem lugares lindíssimos e ainda não vi nenhum com a diversidade de natureza que temos aqui. Ok, mentira: a Islândia. Mas aí, né? Foi amor mesmo. Para não dizer que tudo é perfeito lá: a temperatura é uma desgraça e os preços ninguém sabe de onde vieram. Já ouvi alguns comentários como: "O tipo de viagem que eu faço não é como o seu, você só vai para o exterior". E coisas do gênero. Como você sabe? Já leu meu *blog*? É o www.monicabarguil.com. Falo de Belém, do Rio. Já estive no Amazonas e quero ir às Serras Gaúchas. Esses comentários infundados (a pessoa não sabe nada da minha vida) nem merecem resposta. Em geral, eu só dou um sorriso e digo um: é... pois. Não julgue sua coleguinha que viaja, ela não julga o fato de você se interessar por carro e roupa de marca. Cada um investe naquilo que acha melhor. Respeito.

» Viajar sozinha é mais complicado para nós, mulheres, por motivos óbvios. Tomo alguns cuidados: não saio à noite sozinha (somente quando tenho companhia), não bebo bebida alcoólica, os mesmos cuidados que você toma aqui com um boa noite, Cinderela tem de tomar lá fora; falo com todo mundo, mas uso meus instintos para indicar se devo ou não mencionar onde estou hospedada; fico bastante em *hostel*, mas em quarto privado, e não no dormitório com cinquenta pessoas; se decidir ter algum romance (de inverno), tenha o cuidado de não dormir com a criatura, senão você vai pagar uma diária a mais (no final, eles vão cobrar, porque o recepcionista tudo sabe e tudo vê) e se expor a algum acontecimento fora do seu controle; avise sempre a alguém onde você está e para onde está indo (se não quiser postar no Facebook); eleja um contato de emergência e mande, nem que seja por e-mail, seu itinerário ou qualquer mudança que tenha feito; não se exponha: nem no vestir nem na maneira de se portar (nossa simpatia latina pode ser encarada como um convite). Potts (2016) menciona que o gênero do viajante afetará a maneira como as pessoas reagem, e as mulheres em geral são alvo de curiosidade, assédio e uma certa duplicidade de critérios (algo como dois pesos, duas medidas): simpatia e contato visual podem ser interpretados de maneira errada por homens em culturas tradicionais e a independência feminina é estranhamente confundida com lascívia sexual em muitas partes do mundo.

» E, por fim, se jogue! O mundo é muito mais seguro do que você imagina. Moramos no Brasil, não é? Temos a experiência da insegurança pública diária (infelizmente) e ficamos nos perguntando para onde vão os impostos que pagamos. Tome todos os cuidados que você achar necessário, mas vá de coração aberto. Confie no seu sexto sentido e faça seu melhor. Mente aberta e, se estiver com medo, vá com medo mesmo (alguém já disse). Viajar é uma estrada para o autoconhecimento, assim como ler, assistir a um filme, sonhar. Se você prestar atenção no que está acontecendo enquanto está na experiência, qualquer coisa vai servir de guia. Para mim (como dá para perceber), foi viajar. Meu mundo é mais largo e sei que não vai mais encolher. A cada voo, minhas ideias preconcebidas vão ficando para trás. E ganhei mais tolerância, inclusive aqui em casa. Trago das jornadas muito aprendizado. E todas elas me levaram a um lugar que eu não sabia que existia: a individuação. Tornei-me esse ser que ainda não sei no que vai dar. Fui me descobrindo em cada esquina, com paralelepípedos de uma rua medieval, em cada dentada numa comida picante em Saigon, em cada lágrima que nem caiu nos momentos de deslumbramento (momentos "uau"). Descobri do que eu gosto de fato, o que desejo e como estabelecer limites. Nada disso é fácil, mas ficar em casa quando se tem asas também não é.

É isso. Descubra-se! Você vai se impressionar.
Vá explorar o mundão.

Até a volta.

Bibliografia

ATWOOD, Margaret. *O conto da aia*. Rio de Janeiro: Rocco, 2017.
BACH, Richard. *Ilusões*. São Paulo: Record, 1977.
BALIEIRO, Cristina. *O legado das deusas*. São Paulo: Pólen, 2014.
BISHOP, Elisabeth. One Art. In: *The Complete Poems 1926-1979*. New York: Farrar Straus and Giroux, 1983.
BOLEN, Jean Shinoda. *As deusas e a mulher*. São Paulo: Paulus, 1990.
BRADLEY, Marion Zimmer. *As Brumas de Avalon*. São Paulo: Nova Cultural, 1989.
BRANDÃO, Junito de Souza. *Mitologia Grega*. Petrópolis: Vozes: 1993. vol. I.
BUKOWSKI, Charles. *Mulheres*. Porto Alegre: L&PM, 1978.
BULLFINCH, Thomas. *O livro de ouro da mitologia*. Rio de Janeiro: Harper Collins Brasil, 2016.
CAMPBELL, Joseph. *O herói de mil faces*. São Paulo: Pensamento, 2013.
_____. *Deusas e os mistérios do divino feminino*. São Paulo: Palas Athenas, 2017.
CAMPELLO, Eugenio. *Desvendando os homens*. São Paulo: All Print, 2015.
CLAVEL, James. *Xogum*. São Paulo: Arqueiro, 2008.
DAVIDSON, H. R. Ellis. *Gods and Myths of Northern Europe*. London: Penguin, 1990.
DAVIS, Keneth C. *Tudo que precisamos saber, mas nunca aprendemos, sobre mitologia*. Rio de Janeiro: Difel, 2017.
ELLIOT, Jeffrey M. *Conversations with Maya Angelou* (literary conversations). USA: University Press of Mississippi, 1989.
ESTÉS, Clarissa Pínkola. *Mulheres que correm com lobos*. Rio de Janeiro: Rocco, 2014.

FROMM, Erich. *A arte de amar*. São Paulo: Martins Fontes, 2000.

GIBRAN, Kalil. *O profeta*. São Paulo: Madras, 2006.

GILBERT, Elizabeth. *Comer, rezar e amar*. Rio de Janeiro: Editora Objetiva, 2008.

GOLDEN, Arthur. *Memórias de uma gueixa*. Rio de Janeiro: Imago, 2006.

GROSS, Matt. *The turk who loved apples and other tales of losing my way around the world*. Boston: Da Capo, 2013.

HALL, Calvin S.; NORDBY, Vernon. *Introdução à Psicologia Junguiana*. São Paulo: Pensamento, 2017.

HARDING, M. Esther. *Os mistérios da mulher*. São Paulo: Paulinas, 1985.

HAWTHORNE, Nathaniel. *A letra escarlate*. Rio de Janeiro: Best, 2012.

JOHNSON, Robert A. *She*. New York: HarperCollins, 1989.

JUNG, Carl G. *O homem e seus símbolos*. Rio de Janeiro: Nova Fronteira, 2015.

KERSHAW, Liz; KOBAK, Annette. *The Nomad. The Diaries of Isabelle Eberhardt*. Boston: Beacon, 1988.

LACERDA, Marcos. *Favela High Tech*. São Paulo: Scritta, 1993.

MAYA, Angelou. *Wouldn't Take Nothing for My Journey Now*. USA: Random House, 1993

MURAKAMI, Haruki. *1Q84*. Rio de Janeiro: Objetiva, 2009.

NIN, Anaïs. *The diary of Anaïs Nin* (vol. 4 1944-1947). New York: Harvest/HBJ book, 1971.

PLATÃO. *O Banquete (o amor, o belo)*. Disponível em: <www.dominiopublico.gov.br/download/texto/cv000048.pdf>. Acesso em: 26 out. 2018.

PONTES, Maria do Rosário. *Os contos de fada e os valores do eterno feminino*. Disponível em: <repositorio-aberto.up.pt/bitstream/10216/10750/2/5924000067758.pdf>. Acesso em: 26 out. 2018.

PORTER, ELEANOR H. *Poliana*. São Paulo: Nova fronteira, 2018.

POTTS, Rolf. *Vagabonding*. New York: Ballantine Books, 2016.

ROBLES, Martha. *Mulheres, mitos e deusas*. São Paulo: Aleph, 2013.

SILVEIRA, Nise da. *Jung, vida e obra*. São Paulo: Paz e Terra, 2006.

SLURTUSON, Snorrii. *The Prose Edda*. London: Penguin, 2005.

SOLNIT, Rebecca. *A field guide to getting lost*. London: Canongate, 2006.

STEIN, Murray. *Jung, o mapa da alma*. São Paulo: Cultrix, 2016.

TENNOV, Dorothy. *Love and Limerance. The Experience of Being in Love.* New York: Stein and Day, 1979.

THOREAU, Henry David. *Walden.* Porto Alegre: L&PM Pocket, 2017.

TOLLE, Eckhart. *O poder do agora.* São Paulo: Sextante, 2002.

_____. *Um novo mundo. O despertar de uma nova consciência.* São Paulo: Sextante, 2014.

WEINER, Eric. *The Geography of Bliss.* London: Black Swan, 2008.

WOOLF, Virginia. *Passeio ao farol.* Rio de Janeiro: Rio Gráfica, 1987.

WOOLGER, Jeniffer Barker; WOOLGER, Roger. *A Deusa interior.* São Paulo: Cultrix, 2017.

Este livro foi composto em Utopia Std 11/14
e impresso pela Gráfica Paym em papel Offset 75g/m².